U0451248

陕西师范大学"211工程"建设项目资助

跨语言文化研究

Cross-Linguistic & Cross-Cultural Studies

第十四辑

王启龙　曹　婷　主编

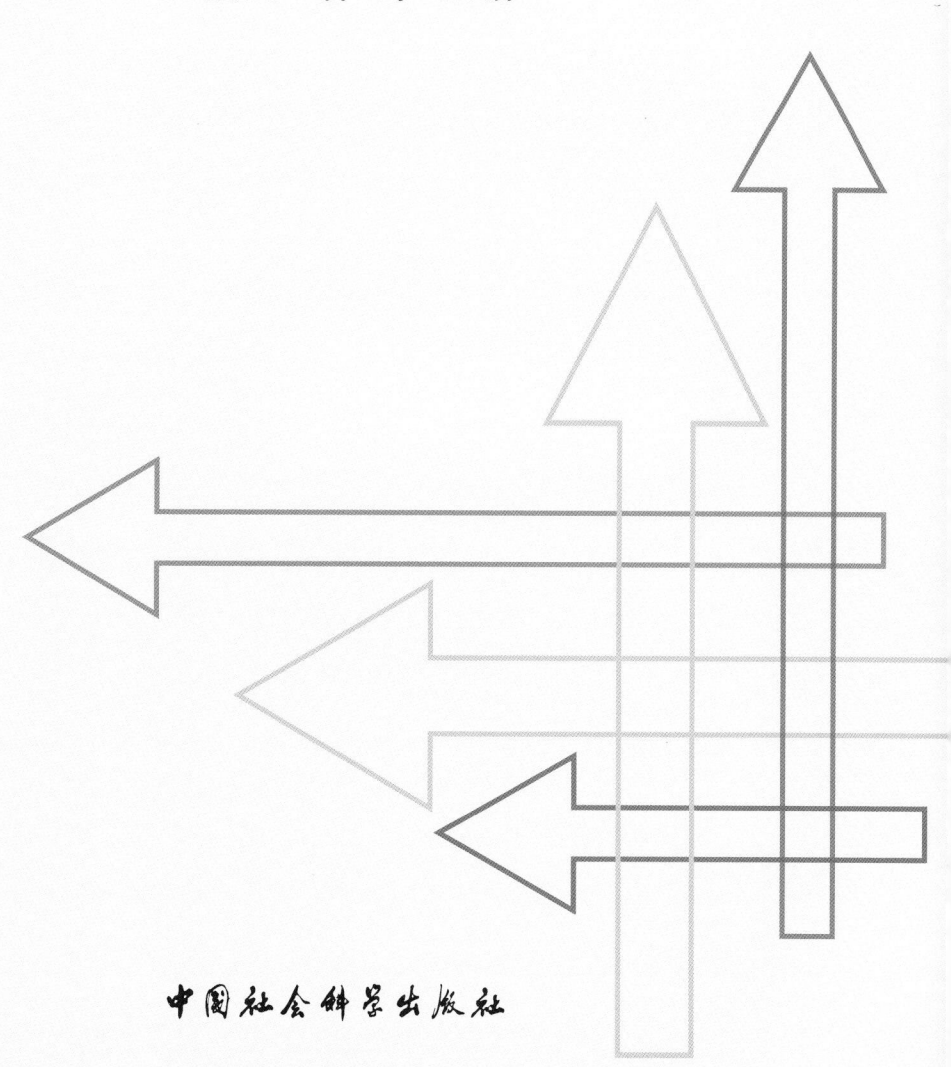

中国社会科学出版社

图书在版编目(CIP)数据

跨语言文化研究.第14辑/王启龙,曹婷主编.—北京:中国社会科学出版社,2020.7
ISBN 978-7-5203-7395-1

Ⅰ.①跨… Ⅱ.①王…②曹… Ⅲ.①语言学—研究②世界文学—文学研究 Ⅳ.①H0②I106

中国版本图书馆 CIP 数据核字(2020)第 199349 号

出 版 人	赵剑英
责任编辑	任　明
责任校对	王　龙
责任印制	郝美娜

出　　版	中国社会科学出版社
社　　址	北京鼓楼西大街甲 158 号
邮　　编	100720
网　　址	http://www.csspw.cn
发 行 部	010-84083685
门 市 部	010-84029450
经　　销	新华书店及其他书店

印刷装订	北京君升印刷有限公司
版　　次	2020 年 7 月第 1 版
印　　次	2020 年 7 月第 1 次印刷

开　　本	710×1000　1/16
印　　张	21.75
插　　页	2
字　　数	372 千字
定　　价	110.00 元

凡购买中国社会科学出版社图书,如有质量问题请与本社营销中心联系调换
电话:010-84083683
版权所有　侵权必究

主　编：王启龙
副主编：曹　婷

编委会成员：（按照姓氏笔画排序）
　　　Bob Adamson（香港教育大学）
　　　王　宁（清华大学）
　　　王启龙（陕西师范大学国外藏学研究中心）
　　　刘全国（陕西师范大学外语教育研究中心）
　　　孙　坚（陕西师范大学外国语学院）
　　　杨金才（南京大学）
　　　李雪涛（北京外国语大学）
　　　张　韧（陕西师范大学语言与认知研究所）
　　　张建华（北京外国语大学）
　　　孟　霞（陕西师范大学外国语学院）
　　　曹　婷（陕西师范大学外国语学院）
　　　潘　钧（北京大学）

目 录

特约论文

高コンテクスト言語における言語表現選択への文化モデルの
　効果 …………………………………………………… 于　康（3）
Narrating "Frog Stories" in Two Languages: How English-Japanese
　Bilingual Children Encode and Schematize Perspectives
　………………………………………… Masahiko Minami（27）
第二言語習得におけるシャドーイング・音読のプラクティス
　効果 ……………………………………………… 門田　修平（70）
「結ぶ」と「縛る」の項交替 ……………………… 岸本秀樹（79）
Factors for Resolving Relative-Clause Attachment
　Ambiguities ……………………………… Yoko NAKANO（103）

文学与文化

《负罪和悲哀》中华兹华斯对贫穷话语的改写 ………… 刘庆松（127）
吉姆男性气质的动态建构 ………………………………… 郭　荣（137）

翻译与文化

老舍早期的小说创作与翻译文学：互文性探究
　………………………………………… 李文革　马春兰（151）
日本17—19世纪翻译文化考 …………………………… 席卫国（160）
从严复的《天演论》看译者主体性的社会性 ………… 王春兰（173）

探析后殖民翻译理论视域下中国文学作品中的文化因素
　　外译 …………………………………………… 郭瑞芝　黄　杨（182）
跨文化传播视阈下《先知·论孩子》及其三个译本的分析
　　与浅评 ……………………………………………………… 张　敏（194）
翻译本科专业语言类课程的设置与实施研究 ……………… 杨冬敏（205）
句群—翻译的单位 …………………………………………… 黄　梅（218）

文化与教学

明治大学芦田文库所藏中国古地图研究 …………………… 曹　婷（233）
我国近五年来跨文化交际研究现状及思考 ………………… 贺　敏（245）
"构建中国"与价值取向
　　——美国报刊 TIME 的中国形象误读 ………………… 张志强（256）
高校外语教师传统文化素养现状及外宣教学能力提升
　　研究 ………………………………………………………… 杨关锋（269）

语言与教学

过程性写作教学模式在非英语专业大学生英语写作教学中的
　　应用研究 …………………………………………………… 兰　军（281）
试论翻译专业翻译教学与翻译能力培养 …………………… 操林英（297）
微课在大学英语专业语法教学中的应用研究
　　——以陕西师范大学英语专业语法教学为例 ………… 张春娟（311）
对研究生英语学习焦虑的结构化访谈研究 ………………… 唐麦玲（320）
核心素养视角下法语口语教学合作产出法研究 …………… 吴　晶（334）

特约论文

高コンテクスト言語における言語表現選択への文化モデルの効果

于　康

1. 問題提起と研究目的

　エドワード・T. ホール（1979：107—109）では、文化のことを、高コンテクスト文化（high-context）と低コンテクスト文化（low-context）に分類している。高コンテクスト文化とは、「情報のほとんどが身体的コンテクストのなかにあるか、または個人に内在されており、メッセージのコード化された、明確な、伝達される部分には、情報が非常に少ない」ものであるのに対し、低コンテクスト文化とは、「まさにこの反対である。つまり、情報の大半は明白にコード化されている」ものである[1]。つまり、高コンテクスト文化に属する言語は、コード化されたことばそのものに加え、その言語の背景にある非言語的要素を取り入れて総合的に判断しなければ、理解できないことが多い。それに対し、低コンテクスト文化に属する言語は、言語の曖昧性がなく、非言語的要素に依存することなく、文字通りに的確に理解できるものである。定義的に

　作者简介：于康（1957—），男，日本/关西学院大学国际学部教授，关西学院大学研究生院语言交际文化研究科教授，研究方向：日语语法，汉日语法对比，二语习得与日语偏误研究。

　[1]　岩田（2003：263）は、高コンテクスト文化と低コンテクスト文化について、次のように解釈している。「高コンテクスト文化では、話し手と聞き手との間に共有されている情報が多いため、はっきりことばに出して話す必要がなく、時にはことばに出して話さなくてもコミュニケーションが成り立つこともある。いわゆる「察し」が成り立つのである」。それに対し、「低コンテクスト文化ではお互いに共有する情報・経験が少ないため、お互いにはっきりとことばに出して（もしくは文書に書いて）コミュニケーションしないといけない。お互いに相手の「察し」に頼ることはできないのである。コンテクストに頼らない言語コードを駆使する必要がある」。

は、前者は制限コード（restricted code）と、後者は精密コード（elaborated code）[1]と似通ったところがあるが、根底が違うし、対象も異なるため、本研究では両者を異なるものとして見なすこととする。

　エドワード・T.ホール（1979：77, 108）では、中国文化と日本文化をともに高コンテクスト文化であると指摘している。ことばが文化の投射物でもあるという視点からすれば、中国語も日本語も高コンテクスト文化を背景とする、曖昧性を有し、非言語的要素に依存し、暗黙の了解といった既有知識を重視し、すべての内容をはっきりとことばで表現しない言語となる。しかし、以下の用例からもわかるように、日本語と中国語は、両者とも高コンテクスト文化を背景とする言語ではあるが、それぞれの振る舞いは必ずしも同じではない。つまり、縄張りの意識や、聞き手・参加者への配慮、物事の捉え方について異なるところが多いのである。

---

[1]　精密コードと制限コードについては、諸説ある。その代表的な説明は、以下の通りである。岩田（2003：203）は、「イギリスの社会学者 Bernstein（1971）は、イギリスの中流階級と労働者階級の子供の言語行動を調べた結果、中流階級の子供たちは「精密コード」（elaborated code）を使用し、労働者階級の子供たちは「制限コード」（restricted code）を使用するという結論を出した。精密コードの特徴は、文構造の選択肢が多く、スピーチの構成が複雑で工夫されており、コミュニケーションの主な手段は言語であり、コミュニケーションの様式に個性があることである。制限コードの特徴は、文構造の選択肢が少なく、スピーチの構成が単純で、コミュニケーションの主な手段は非言語であり、コミュニケーションの様式は紋切り型である。」と解釈している。高見等（2004：175）では、「制限コード（restricted code）」を「家族や友人間のインフォーマルな場で使われることば。制限コードはその場の状況に依存し、はっきり言わなくても皆が暗黙に了解している前提が多くある。文は短く単純で、語彙の選択範囲も限られている。」と定義し、「精密コード（elaborated code）」を「意見や経験を論理的に正確に伝えるために、フォーマルな場での討論や学問的な議論といった場で使われることば。精密コードでは、ある意味を伝えるのに、非言語行動や、皆が暗黙のうちに了解しているというような言語外の特徴に頼ることがない。文は複雑で語彙の選択範囲も広い。」と定義している。それに対し、近藤・小森編（2012：126）では、精密コード/精練コード（elaborated code）を「言語外の要素への依存度が小さく、言語形式は複雑で、多様な表現が可能なコード（code）。教育などの場で用いられる。」と定義し、限定コード（restricted code）を「言語外要素への依存度が大きく、言語形式は単純で決まりきった表現が多いコードで、家庭など日常生活の場で用いられる。」と定義している。以上から、精密コードと制限コードの定義や使用は、Bernsteinから変化してはいるが、高コンテクスト文化と低コンテクスト文化とは出発点やフォーカスするところが異なることが分かる。

（1）先生の研究分野にもっとも向いていると思いますので、もしできれば、<u>先生のゼミにしたいです</u>。よろしくお願い申し上げます。(M1/学習歴4年/滞日0)①

（2）食堂で<u>おれ</u>の一番好きな料理はラーメンです。それはほんとうに美味しいです。ほかに、<u>おれたち</u>の学校も美しいです。<u>おれ</u>は大学が大好きです。これからも一生懸命勉強します。(学部1年生/学習歴半年/滞日0)

（3）この夏休み、となりのおばさんの親戚が遊びに来た。<u>この親戚の子供</u>が日本生まれで日本育ちなので、全然中国語が話せない。しかも勉強したくなく、日本だけがいいと思っている。「仕方がない。」と<u>この子の親</u>が言った。(学部3年生/学習歴3年/滞日0)

（4）わたしは中北大学の新入生です。<u>どうぞよろしく</u>。(学部1年生/学習歴1年/滞日0)

（5）このところずっと<u>お忙しかった</u>ですが、くれぐれもご自愛くださいますようお祈り申し上げます。(中国大学日本語教員/学習歴17年/滞日半年)

（1）—（5）はいずれも中国語母語話者日本語学習者の作文に見られた誤用である。

　　（1）における「先生のゼミにしたいです」という表現は、面識のない教員に届いたメールの内容である。文法的に許容されるとしても、意味的には上から目線で、自分の縄張りに突然土足で踏み入れられる感が強く、その教員はあまりいい気分にはならないであ

---

① 誤用例は、いずれも于康（2019）『YUKタグ付き中国語母語話者日本語学習者作文コーパス』Ver.10からの引用である。データの内訳は次の通りである。56校の大学（中国の大学は50校、日本の大学は6校）から集めてきた学部生、大学院生、日本語教員の作文（感想文、研究計画書、レポート、宿題、メール、翻訳、外交通訳の録音資料、卒業論文、修士学位論文、博士学位論文）と日本の大学や会社に在職中の教員と会社員の作文（数は少量）。日本語学習歴（使用歴を含む）が3ヶ月から34年まで。正用タグ付きと文法タグ付き。ファイル数が4,273、文字数が6,014,321、タグ数が延べ数213,742。

ろう。「先生のゼミにぜひとも入れていただきたいです」とか「先生のゼミに入らせていただけないでしょうか」とかといった距離感のある表現が望まれる。

　　（2）は一年生の学生が書いた大学の紹介文である。人称詞の使い方に大きな問題がある。確かに、「おれ」という人称詞は一人称を表すことができるが、日本語の人称詞には言外の意味が強く含まれており、聞き手との人間関係を踏まえずに使うことはできない。ここの「おれ」は初対面でもよく使われる「わたし」としたい。

　　（3）は指示詞の誤用である。日本語の指示詞は、中国語の指示詞と違って、参加者や物事との親疎関係や縄張りの関係も含意されている。（3）に登場した子供は、となりのおばさんの親戚の子供であり、その子供とその子供の親は話し手の親戚でもなければ、親友でもなく、面識のない人達である。この場合は、「コ」ではなく「ソ」の方が自然である。「ソ」であれば、自分の縄張りに属さない人や物事を表すことができる。

　　（4）は一年生の学生が新歓コンパで行った自己紹介である。参加者とはほとんど初対面なので、いきなり親しい人間関係でしか使わないため口ことばの「どうぞよろしく」だと、上から目線や失礼なイメージになりかねない。初対面でよく使われる「どうぞよろしくお願いします」を使いたい。

　　（5）はベテランの現役の日本語教員の誤用である。「お忙しかった」には、「お」がついていることから、相手に敬意を込めていると勘違いをしてしまった好例である。いくら「お」がついたとしても、相手のことを断定的に言うのは日本語としては好まれる表現ではない。「お忙しそうでした」のように、相手の様子を推測的にまたはそのように見えるといった表現の方が望まれる。

（1）—（5）は、日本語では誤用であるが、中国語では同じ内容を表現するとすれば、いずれも不自然な表現にはならない。于（2009：30—32）では、日本語の否定文と中国語の否定文のデフォルト的な意味について、次のように指摘している。例えば、食事を誘う時、日本語で

は、「食堂行かない?」のように否定疑問文を使うのが好まれるのに対し、中国語では、"你去食堂吗?（あなたは食堂へ行くか?[①]）"のように、肯定疑問文を使う方が好まれる。日本語では「食堂行く?」のように肯定疑問文、中国語では"你不去食堂吗?（あなたは食堂へ行かない?）"のように否定疑問文を使うこともあるが、人間関係とそこに含意される言外の意味が異なる。日本語の「食堂行く?」は、よほど親しい間柄でなければ、安易には使わない。これが反語の意味として読み取れる場合もあるからである[②]。中国語の"你不去食堂吗?"も「食堂行くべし」という反語の意味合いが含まれやすい。つまり、日本語の肯定疑問文と中国語の否定疑問文とでは、言外の意味が異なるのである[③]。

　日本語の「すみません」「ありがとう」と中国語の"対不起""謝謝"との違い、日本語の「すみません」と「すみませんでした」との違い、「ありがとうございます」と「ありがとうございました」との違い、日本語の否定文と中国語の否定文のプラグマティクス的な意味の違いなどについて、于（2009：23—39）では、日本語が"双圓模式（平行リングモデル）"、中国語が"套圓模式（多重リングモデル）"であるといった文化モデルを提案し、解釈を試みた。しかし、それは、ひな形であり、しかも中国語母語話者日本語学習者の日本語の誤用も視野に入れていなかったため、いくつか課題が残り、更に掘り下げ、検証する必要がある。そこで、本研究は、中国語母語話者日本語学習者の日本語の誤用を対象に、プラグマティクスの用法からみる日本語と中国語との異同に着目し、これまでの研究を踏まえた上で、日本語の文化モデルと中国語の文化モデルを再検証し、その有効性と有用性を明らかにしたい。

　[①]　原文を理解するために、直訳を用いている。従って、日本語としては不自然な表現になる場合もある。
　[②]　イントネーションによって、発話の真意が読み取れる場合が多いであろうが、多義的であることには変わりないであろう。
　[③]　日本語の否定疑問文も中国語の肯定疑問文も反語の意味がまったく読み取れないわけではないが、デフォルト的な意味つまり最初に活性化された意味は反語ではない。

2. 事例と分析

　吉本（1992：107—108）では、「指示を直接指示と間接指示とに分ける」とし、「直接指示とは指示物が外界，出来事記憶，または談話記憶を参照して同定される場合である」のに対し、「間接指示とは指示物が長期記憶を参照して同定される場合である」と定義している。そして、直接指示は、さらに「現場指示（deixis）」と「文脈指示（anaphora）」とに分けている。現場指示とは「指示物の同定が外界または出来事記憶にもとづいて行われる場合である。文脈指示とは指示物の同定が談話記憶にもとづいて行われる場合である」（吉本 1992：109）。金水・田窪（1992：127—128）は、「日本語の指示詞の場合，要素探索に関する語彙的特徴としては，話し手から要素までの心理的距離を指定する，ということが挙げられよう。」「コで話し手の近くにある要素を指し示せ」、「聞き手側の要素をソで指し示せ」といった特徴を有すると指摘し、「こ」と「そ」の違いを明らかにしている。

　一方、木村（1997：185—187）では、現場指示における中国語と日本語との非対応について、次の例を挙げて解釈している。

　(7)[1]と(8)では、相手の手にあるものが指示対象とされているが、いずれの場合も、その対象が話し手の手にも届く範囲の至近距離にあるところから、"这"が用いられている。

　　　　(7) 赛金刚："喂，拿酒来！"（把乙抱着的食盒轻轻夺过来）
　　　　　　乙："<u>这</u>，<u>这</u>是敬神的食盒。"（『赛金刚盛衰记』）
　　　　　　おんにょろ：やい，酒ェよこせ。（二の重箱を軽くひったくる）
　　　　　　二：<u>そ</u>，<u>そら</u><u>ア</u>，ま，祭りの重ね鉢だが。（『おんにょろ盛衰記』）
　　　　(8)（呱先生默不作声，取出一封信来看。）
　　　　　　戈洛（注意到送封信）："啊哟，<u>这</u>是什么？（把信抢过来）真不讲理！真不讲理！"

---

[1] 引用文の番号は、原文のままである。

呱先生："从这封信来看，你和休勒的关系也许是那个肉体一不，精神恋爱，可是，在相当程度上……"
（『蛙升天』）
ガー氏：（黙って手紙をとり出して読んでいる）
ケロ：（気がついて）あらっ！やっぱり！（手紙を引ったくって）ひどいわ、ひどいわ！
ガー氏：それで見るとだな、お前とシュレとは、その何だ、肉体ープラトニック・ラブであったかも知れんけれどもだな、しかし相当程度に。（『蛙昇天』）

　以上の先行説からも分かるように、日本語の指示詞は、話し手の心理的距離と関係している。本研究では、心理的距離のことを文化的な心理的距離と名付け、指示物が話し手と聞き手のどちらの縄張りに属するかは話し手自身の判断によってなされるものとする。物理的な距離は、言語が異なっても、共通するところが多いが、文化的な心理的距離は、言語によってかなり異なってくる。木村（1997）が挙げた用例からも分かるように、日本語の指示詞のルールは、必ずしも中国語には適用されない。むしろ、中国語に適用できない場合が多いと言えよう。日本語の指示詞と中国語の指示詞との違いについて、木村（1997：185—187）は「日本語なら、自分が手に持っているものや身につけているものは「コ」で指し、相手はこれを「ソ」で指すといった使い分けが自然だと感じられる状況でも、中国語では双方共に"这"を用いることが珍しくない。」「ここでの対象は、先の（7）や（8）ほど至近距離にあるわけではなく、物理的な距離としては明らかに、話し手よりも聞き手の方が近い位置にあるが、それが話し手自身の衣服であることから、自分の領域に属するもの、すなわち自分に近いものと認識され、"这"が用いられているものと理解される。日本語では、話し手と聞き手の、対象に対する物理的な距離の差が指示詞の使い分けに大きく関与し、上のような状況では、対象が聞き手の領域に属するものであることを「ソ」系列の指示詞によって明示する必要が感じられるが、ワレの領域に対立してナレの領域というものをマークする指示形式を特に持ち合わせていな

い中国語では，対象が自分にとって遠い存在だと認識されない限り，近称の"这"で指されてよいということである。」と述べている。

　ウチとソトといった概念を用いて説明を試みたのが牧野（1996）である。牧野（1996：80―88）では、神尾（1979）の「情報の縄張り（information territory）理論」について、「まさにコ、ソ、アの機能にぴったりです。話し手と聞き手の縄張りが交差していてコを使う場合も、共通体験をアで指す場合も、上のA①に対応します。ソは、情報が話し手になくて聞き手側にあるのですから、Bの場合に相当します。話し手の側に情報があって聞き手の側にない場合はコで、Cに対応します。「あれ、何ですか。」といって、話し手も聞き手も知らない場合はアがDに対応するのだと思われます。」と述べている。しかし、コとソが如何にしてウチとソトに関わっているかといった詳細については、言及されていない。しかも、情報が話し手か聞き手のどちらにあるという基準だけでは、以下の（9）と（10）における「これ」と「それ」との交替現象は説明できない。

　中国語母語話者日本語学習者の指示詞の誤用例を見てみよう。

> （6）李さんと私はともだちです、昨日は李さんの誕生日でした。私は友人と四人でレストランで昼食を食べました。<それ→これ>は私たちの公園であそんでいる写真です。
> （学部1年生／学習歴3ヶ月／滞日0）

　（6）は現場指示である。文法的には、「それ」を使っても「これ」を使ってもいずれも成り立つ。つまり、写真が話し手の近くにない場合は

---

① ここのABCDは次の図の中にあるABCDのことである。牧野（1996）では、神尾（1979）の図が引用されているが、神尾（1990：22）においては、次のようになっている。サブタイトルの表記がすこし異なっているが、図の内容は同じである。

		話し手のなわ張り	
		内	外
聞き手のなわ張り	内	A	B
	外	C	D

「それ」を、話し手の近くにある場合は「これ」を使い、写真と話し手の物理的な距離によって「それ」と「これ」の二者択一になるのである。しかし、次のような用法もよく見られる。

> (7) ドアの前に立つと、和佳子はマスターキーを鍵穴に差し込んだ。指先が震えていて、かちかちと金属音が鳴った。がちゃりと鍵が外れるのを聞き、深呼吸をしてからゆっくりとドアを開けた。室内はさほど散らかっていなかった。二つあるベッドの片方は、まるで使われた様子がない。ボストンバッグは部屋の隅に寄せられ、備え付けのテーブル上にノートパソコンが置いてあった。和佳子はおそるおそるバッグを開いた。中には簡単な着替えや洗面具などが入っていた。手帳や身分証明書の類は見当たらない。彼女の目がパソコンに向いた。これを使って写真の修復をしてくれたのだなと思った。そのことを考えると、こんなことをしていることが後ろめたくなった。（東野圭吾『さまよう刃』）[1]

　和佳子は、バックを開いて、中を調べたが、手帳や身分証明書の類は見当たらないため、目がパソコンに向いた。パソコンは距離的には必ずしも近距離というわけではないが、「これ」が使われている。日本語の教科書であれば、「それ」を使うのではないかと、日本語学習者は思うかもしれない。その続きの「そのことを考えると、こんなことをしていることが後ろめたくなった」においては、「そのこと」は明らかに「これを使って写真の修復をしてくれた」を指しているにもかかわらず、「これ」ではなく、「それ」が使われている。これもまた日本語学習者が理解しにくい用法である。そのあとは、また「こんなこと」の

---

　[1]　日本語の用例はいずれも『YUKANG 日本語コーパス』からの引用である。『青空文庫』（2019.4.2までの全データ。約14,000以上の作品）、『国会会議録』（2017.6.12までの全データ）、『毎日新聞』（1995年版と2009年版）、『新潮文庫の100冊』（1995）、『新潮文庫 明治の文豪』（1997）、『新潮文庫 大正の文豪』（1997）、新潮文庫の絶版100冊（2000）、『現代日本語小説』（40冊）、『ネット小説ランキング』（30冊）など。

ように「コ」に変わる。パソコンを「これ」で指示するのは、そのパソコンと話し手との物理的な距離を明示するためではなく、そのパソコンを使って修復した写真は和佳子の写真なので、和佳子とはウチの関係にあるということを示すためである。それに対し、「そのことを考えると」における「そのこと」は、写真修復を行った人の修復作業を指示するものである。写真修復は和佳子の行為ではなく、作業者の行為なので、「そのこと」の方が指示物の行為が和佳子とはウチの関係ではなく、ソトの関係にあるということがわかる。

(8) 近日中に私は連邦議会に予算案を提出する。これらを私は米国の未来のための青写真と考える。予算案ですべての問題が解決されるわけではない。1兆ドルの赤字や金融危機、景気後退という厳しい現実を反映している。(『毎日新聞』2009年)

(8) における「これら」は、「予算案」を指示するものである。「予算案」は、まだ提出されていないので、話し手の所有物であり、話し手の縄張りにある。提出済み、話し手の手元にない場合は、(9) のように、「これ」ではなく「それ」が使われる。これは、案が提出者の縄張りになく、相手の縄張りにあるからである。

(9) 今回の素案、年金改革案は、皆さんの素案を見ますと、その中身は、我々がこれまで提案してきた現行制度の改革案そのものなんですね。つまり、素案の中に改革案を示した、それは我々がこれまで提案してきた現行制度を前提とした改革案である。(『衆議院第180回予算委員会』)

また、以下のように、「これ」と「それ」の使い分けが、話し手の指示物に対する捉え方の違いを端的に表す。

(10) 職は失わなかったけれども、会社をかえなきゃならない、

同僚を離れて、また新しい人間関係の中に入っていかなきゃならない、これはやはり悩みであり痛みであると思います。(『衆議院第156回予算委員会』)
(11) だから、もっと国民的に、自分の子供という立場で、やっぱり、もう足かけ三十年ですから、考え直すときが来ていると思うんですよ。そうでないと、いまのあなたがお読みになったのは、それはおとなの悩みですよ、ほんとうに。(『参議院第072回予算委員会』)

(10) と (11) はいずれも「NPは+悩みだ」という構文であり、文脈指示である。NPに「これ」と「それ」のどちらを使っても文法的には成り立つ。「これ」と「それ」のいずれを選択するかは、話し手の指示物の捉え方、つまりウチの関係にある指示物として捉えるかソトの関係にある指示物として捉えるかということに関係する。「これ」を使うと、ウチの関係にある指示物として捉え、仲間意識や親近感を持ちやすいのに対し、「それ」を使うと、ソトの関係にある指示物として捉え、一定の距離感を置き、客観的に物事を述べる感が強いということになる。中国語母語話者日本語学習者の「これ」と「それ」の誤用はほとんどがこれに該当する。例えば、

(12) 私の悩みはどんな女性にもあると思います。<これ→それ>は自分の体型と容貌に不満があるという悩みです。(学部生3年/学習歴2年/滞日0)
(13) 外国人にとって、自分の母語以外のことばの勉強は大変だ。<これ→それ>はただことばの勉強だけでなく、その国の文化の勉強でもある。(学部3年生/学習歴2年半/滞日0)

(12) において、指示詞で指示する「悩み」はウチの関係にある「私」のものではなく、すべての女性が共有するもの、つまりソトの関係にあるものであるので、「これ」は使わない。(13) における指示詞も、話し手のウチの関係にある「勉強」のことではなく、ソトの関係

にある「勉強」を指示するものなので、ウチの情報としては扱いにくい。従って、(13) も「これ」を使うことができない。ウチとソトの関係をはっきりと示したいならば、「こっち」と「そっち」を用いて表す。(14) と (15) その例である。

  (14) そっちはそっちで自己責任でやってください。(『衆議院第 136 回予算委員会』)
  (15) こっちはこっちの立場を主張すればいいのです。(『衆議院第 072 回予算委員会』)

 (14) の「そっちはそっち」と (15) の「こっちはこっち」は、いずれも中国語の"那里是那里"と"这里是这里"または"那是那"と"这是这"で表現できず、"你是你"と"我是我"①のような言い方をすることになる。例えば、

  (16) 你是你，我是我（あなたはあなた、私は私），若是你硬那么着，我能有什么办法。(李方立《初春的一天》)②
  (17) 我实话告诉了你，我是看在大嫂份上才把这些告诉你。我手里提着我脑袋呢。我恨你们，我干爹说了私仇不用公报我才来了。明日再见了面，你是你我是我（おまえはおまえ、おれはおれ），对得起你们了。(王旭烽《茶人三部曲》)

 従って、(18) のように、日本語ではウチの関係かソトの関係かを明示する用法になるが、中国語では表現できないこともある。

  (18) とは言え、女を完全に許したわけでも、むろんない。それはそれ、これはこれと、一応区別しているだけのこと

---

 ① "我们""你们"のように、複数を表す人称代名詞も同様である。
 ② 中国語の用例はいずれも『北京大学中国語言学研究中心 CCL 語料庫』(詹衛東、郭鋭、諶貽栄 2003) からの引用である (7 億字、紀元前 11 世紀から現代まで。http://ccl.pku.edu.cn:8080/ccl_corpus)。

である。（安部公房『砂の女』）/然而，他当然不会完全原谅女人。钉是钉，铆是铆（釘は釘、リベットはリベット），大致得有个区别。（日本語文と訳文はいずれも《中日对译语料库》① から引用）

次の（19）は（3）の再掲であるが、ウチの関係かソトの関係かを示す好例であろう。

 （19）この夏休み、となりのおばさんの親戚が遊びに来た。この親戚の子供が日本生まれで日本育ちなので、全然中国語が話せない。しかも勉強したくなく、日本だけがいいと思っている。「仕方がない。」とこの子の親が言った。（学部3年生/学習歴3年/滞日0）（用例（3）の再掲）

（19）の指示詞は文脈指示の用法である。「親戚」は、ソトの人の親戚であって、ウチの親戚ではない。ソトの人の親戚の子供もソトの人なので、「その」で表すのが日本語的である。「親」も同じである。しかし、「コ」がまったく使えないというわけではない。例えば、

 （20）この小屋には、同じ組の二宮君と三木君が一番よく遊びに来た。この二人も、そうとうなアマチュアであった。隆夫の方はほとんどこの小屋から出なかった。友だちのところを訪れることも、まれであった。（海野十三『霊魂第十号の秘密』）

指示物が話し手のウチの関係にあるとすれば、むしろ「コ」の方が自然であろう。「二宮君と三木君」を「この」で表現するのは、話し手がウチの人として見なしているからであろう。従って、次の（21）においては、「その」を「この」にすることができない。

---

 ① 対訳の用例は『BJSTC中日対訳語料庫（第一版）』（北京日本学研究中心 2003）からの引用である。

(21) ある晩、国の方の人が私の夢に来た。その人は私の旧い住居が信州の小諸の馬場裏にあつた頃に隣家に住んで居た伊東さんといふ人だ。（島崎藤村『エトランゼエ』）

夢の中に現れてきた人なので、話し手がその夢の中の人をウチの関係にある人とするのはなかなか無理があり、ソトの人と見なす方が自然であろう。ソトの人である以上、「コ」は使えない。

要するに、物理的な距離を示す場合には、日本語の指示詞と中国語の指示詞とでそれほど大きな違いがあるというわけではないが[①]、文化的な心理的距離[②]即ち指示物をどう扱うか、どちらの情報縄張りに属するか、また属させるかとなると、日本語の指示詞と中国語の指示詞とでは大きく異なるのである。

3. 日本語の平行リングモデルと中国語の多重リングモデル

3.1 日本語の平行リングモデルの基本構成

于（2009：23—39）では、日本語が平行リングモデル、中国語が多重リングモデルであることを提案している。そして、日本語と中国語の間に存在する語彙や文に含意されるプラグマティクスの意味の違いは、この平行リングモデルと多重リングモデルで説明できる場合が多いと考えている。平行リングモデルと多重リングモデルの構成は次の通りである。

日本語の平行リングモデルは図1である。

AとBは接触こそしているが、重なってはいない。AはAの縄張りを意味するのに対し、BはBの縄張りを意味する。AにとってBはソトの関係にあり、BにとってAはソトの関係にある。Aのリングに属する人や事物すべてがAにとってはウチの関係にあるが、Bにとってはソトの関係に

[①] 日本語の「コ」も、30m先の搭乗ゲートを指さして、「これですよね」と言った人も増えているように、物理的な距離だけでは説明できそうにない用法もある。これについては、本稿では掘り下げず、他稿に譲ることとする。

[②] 本稿でいう「心理的距離」は、金水・田窪（1992）と重なる部分があるが、必ずしも一致するものではなく、「文化的な心理的距離」のことを意味することを強調したい。

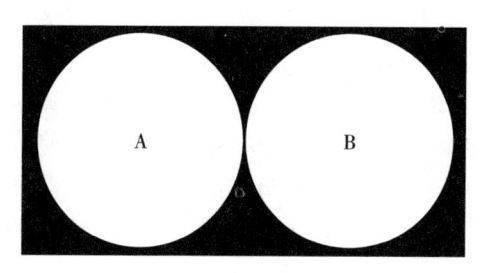

図1　平行リングモデル

ある。同様に、Bのリングに属する人や事物すべてがBにとってはウチの関係にあるが、AにとってはソトのA関係にある。つまり、Aにとっては、Aがこっちの世界、Bがそっちの世界であるのに対し、Bにとっては、Bがこっちの世界、Aがそっちの世界である。黒い部分はAにとってもBにとってもヨソである。このヨソは、神尾（1990）のDに相当する。ソトとヨソを同一視する説もあるが、神尾（1990）の指摘やこれまでの用例を見てみると、必ずしも相手の縄張りに侵入していない用法も確かに存在する。これについては、他稿に譲る。

　AとBとの関係は大きく分けると、2種類ある。一つは、縄張りの侵入型である。もう一つは、縄張りの明示型である。縄張りの侵入型には2種類ある。一つは、動作行為や言論が直接的に相手の縄張りに入ってしまう侵入であり、もう一つは、動作行為や言論が間接的に相手の縄張りに入ってしまう侵入である。例えば、聞き手にジュースを買ってもらったり、休み中の聞き手に手伝ってもらったり、道を尋ねたり、親が子供の部屋に入ったり、聞き手のことを誤解してしまう発言だったりする動作行為や言論は、直接的に相手の領域に関わっているので、相手の縄張りの直接侵入である。他方、席を譲られたり、お茶を持ってきてくれたり、けがをして他人に助けられたり、自分のことを心配してくれる相手のメールだったりする動作行為や言論は、話し手が自ら進んで行ったものではないとはいえ、間接的に相手の領域に関わってしまうので、相手の縄張りの間接侵入である。縄張りの明示型とは、文に登場する人や物事について、話し手が自分の縄張りに属するものとして見なすか否かをことばで示すことである。例えば、誤用例の（2）のように、「おれ」を使うと、聞き手が自分の仲間であり、親しい関係にあることを意味す

ることになる。聞き手は、話し手とは初対面の関係なので、いきなり話し手からウチの関係とされてしまうと困惑してしまうであろう。誤用例の（4）も同様である。「どうぞよろしく」も同じ縄張りにあることを意味する場合が多いので、初対面の人に対しては使わない。（12）と（13）において、中国語母語話者日本語学習者は、「それ」を使うべきところに「これ」を使ってしまったのも縄張りの明示型の間違いである。

　縄張りの侵入型と縄張りの明示型は日本文化の発想である。従って、日本語において、故意か不本意を問わず、直接的か間接的に何らかの形で相手の縄張りに入ってしまった場合、図2のように、ことばかジェスチャーの救済が必要になってくる。

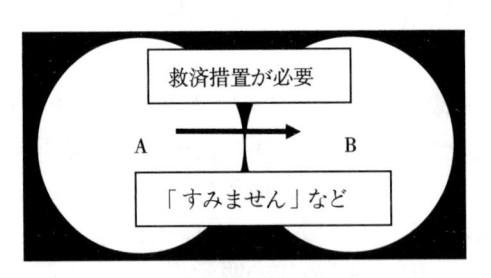

図2　平行リングモデル

　例えば、電車の中で、席を譲ってくれた人に、「ありがとうございます」よりは、「すみません」の方が好まれるのがそれである。その人が座っている席は、その人の縄張りにあり（一時的であっても）、譲られたことによって、間接的に自分が相手の縄張りに入ってしまうことになる。この「すみません」は、中国語の"対不起"に相当しない表現である。道を尋ねるときや落とし物を見て前の人に呼び止めるときなどにもよく使われている呼びかけ語の「すみません」も同じであろう。突然、他人に話しかけることや呼び止めることは、間接的にその人の縄張りに入ってしまうので、「すみません」になる。しかし、電車の中で席を譲ってくれたのが自分の部下だったり、身内の人だったりする場合は、「すみません」は使わない。使うとすればせいぜい「ありがとう」であろう。部下に道を尋ねたり、身内の人の落とし物を見て呼び止めたりする場合なども「すみません」は使わない。「すみません」の使用も

可能ではあるが、その場合、ウチの関係でなくなり、ソトの関係になってしまうということになる。
　これまでは、ウチの関係とソトの関係に触れてきたが、一つ大きな問題がまだ残っている。これは、ウチの関係とソトの関係について何を基準にして判断するかである。ウチとソトの基準について、牧野（1996：11—12）では、次のように述べられている。

　　　　私はたった今、ウチという空間は「かかわりの空間」と定義しましたが、ウチの空間では、人々はまさに視覚、聴覚、喫覚、味覚、触覚という五感を使って、直接的なかかわりが持てるのです。ウチの空間にいてこそ、私たちは、その中の生物、無生物を見て、その言語音、非言語音を聞き、その匂いを嗅ぎ、時にはそれを味わい、触って、その存在を確かめる、ということができるのです。五感でのかかわりの持てない空間がソトで、ウチの人はそういうソトの人とは異なる、共通の判断力を持っているはずです。

　しかし、上の用例分析からもわかるように、ウチの関係は必ずしも直接的な関わりをもつものだけではない。筆者は、牧野（1996）の定義とすこし異なる、神尾（1990，2002）を踏まえた上で、次のように定義したい。

　　　（22）ウチの関係とは、話し手の領域内のことであるの対し、ソトの関係とは、話し手の領域以外のことである[1]。ウチの関係とソトの関係は相対的な概念である。話し手が発話時の気持ちや様々な状況によって判断されるものである。話し手がウチの関係にあると思う人や物事ならウチの関係となり、話し手がソトの関係にあると思う人や物事ならソトの関係となる。ウチの関係とソトの関係はタマネギ式である。タマネギの芯が話し手自身である。

---

[1]　ヨソとの関係はここではしばらく不問とする。

その外側が、一親等、二親等、三親等、親友、知り合い、友達、同僚、上司や目上の人、違う学校や職場やグループの人、友達ではない人、初対面の人などといった順でウチとの関わりの度合いから、ウチの関係からソトの関係に変わっていく。即ち、ウチの関係とソトの関係は、階層的であり、それを決めるのは話し手である。

例えば、一親等がデフォルト的にはうちの関係にあるが、兄弟間であっても、親子関係であっても、借金する時はウチの関係からソトの関係に変わる。上司はデフォルト的にはソトの関係にあるが、他社の人に対して言う場合は、ウチの関係に変わる。日本語には、（いわゆる）標準語と方言があり、文体的には、ため口ことばと敬語①がある。距離のある人に対しては、標準語と敬語を使うが、距離の近い人か距離ゼロの仲間に対しては、方言とため口ことばを使う。つまり、距離が近ければ近いほど、方言やため口ことばが使われやすくなるのに対して、距離があればあるほど、標準語や敬語が使われやすくなるのである。日本語の敬語は、聞き手や参加者に敬意を表するために使われるというよりは、むしろ、その人との距離を示すために使われるものであると解されるべきである。次の誤用例は、その距離の捉え方が間違っているものである。

(23) お忙しいところに私の文章を直して<くれて→いただき>、誠にありがとうございました。いろいろ面倒を見て<くれて→いただき>、深く感謝いたします。（M1/学習歴5年/滞日1年）
(24) 私はちちからノートパソコンを<いただきました→もらいました>。（学部1年生/学習歴6ヶ月/滞日0）

(23)は指導教員への感謝のことばである。「ていただく」は、距離

---

① 日本文化審議会が答申した「敬語の指針」によって、敬語は「尊敬語」、「謙譲語」、「丁重語」、「丁寧語」、「美化語」の5種類に分類される。「美化語」以外は、いずれもウチとソトの関係に関わる。

のある人に対して言う表現であるが、「てくれる」は、距離が近いか距離ゼロの人に対して言う表現である。「てくれる」は使用不可ではないが、それを使ってしまうと、教員と学生との関係が非常に近いということを示唆することになる。（24）は自分の父からもらったものなので、「いただく」を使うと、距離が感じられる言い方になり、不自然である。

　2.で取り上げた日本語の指示詞の用例は、そのほとんどがこのモデルで説明できる。「コ」はウチの関係にあることを表し、「ソ」はソトの関係にあることを表すものである。物理的な距離が近くても、話し手はソトの関係として捉えるなら、「ソ」が使われる。逆に、物理的な距離が遠くても、話し手はウチの関係として捉えるなら、「コ」が使われる。

3.2　中国語の多重リングモデルの基本構成

　日本語の平行リングモデルと異なり、中国語は多重リングモデルである。于（2009：23—39）では、図3のように示している。

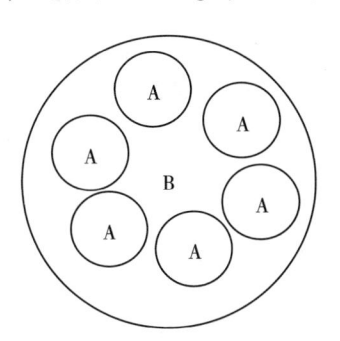

図3　多重リングモデル

　Bのリングは、無数のAから構成される。Bの領域に存在するAは独立してはいるが、すべてBの構成員である。Aを出ても、図4のように、Bという大きなリングに入るだけで、他人の領域には侵入しないことになる。このBはまるで一つの大きな家族のような構図である。論語の"四海之内皆兄弟（《论语 颜渊》世界中の人が兄弟である）"ということばのように、日本語のようなウチの関係とソトの関係の発想は、中国語には見られない。

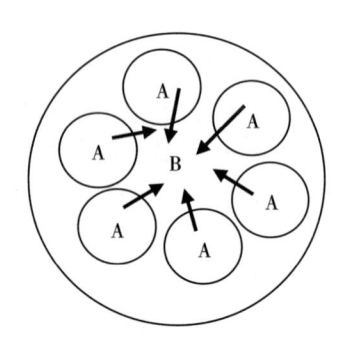

図4　多重リングモデル

　従って、電車の中で席を譲られた時や、先生がドアを開けてくださった時などは、"对不起"と言わず、"谢谢"と言う。"不好意思"という言い方もあるが、これは決して謝る表現ではなく、「恥ずかしいです」とか「恐縮です」とか「おそれいります」といった意味になる。道を尋ねる時も、他人の足を止めたとしても、他人の縄張りに侵入したという意識がないため、"对不起"とは言わない。落とし物を見て他人を呼び止める時、中国語ではどのような呼びかけ語を使えばいいのか難しい。呼び止めることが間接的に他人の縄張りに入ってしまうという発想はないので、そのときの状況に基づき、呼び掛けことばを選択するが、決して"对不起"とは言わない。

　ただし、図5のように、明らかに相手の縄張りに侵入したとなると、そのときになってはじめて"对不起"と言う。

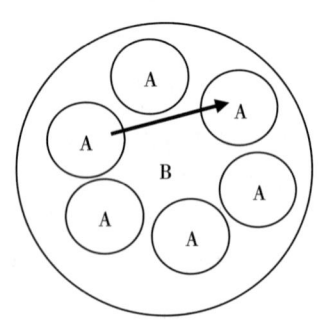

図5　他人の縄張りに侵入

　中国語の多重リングモデルにおいては、他人との関わりよりも個々の

領域のことの方が重要視されている。Aを出ても必ずしもBの領域に入るわけではないので、中国語には、縄張りの侵入型がそもそも存在しないと言えよう。人や物事が話し手との関係を示す表現は、中国語にもあるが、ウチの関係とソトの関係という視点からのものではなく、話し手自分自身との関わりを中心とするものである。例えば、

  (25) 平时我上班，家中只有老与小，他们之间<u>那些破事</u>也只有他们俩说得清，我累了一天，回家懒得听双方毫无逻辑的即兴汇报。(叶广岑《女儿顾大玉》)

  (26) 他们生意谈不谈得成，跟我有什么相干，更碍不着您呀！早知道这样，我才不管他们<u>这些破事儿</u>呢……(谌容《梦中的河》)

における"那些（破事）"と"这些（破事）"の違いは、話し手自分自身がどの程度関わっているかを示すものであって、その"破事"をウチの関係にあるかソトの関係にあるかという視点から捉えているものではない。

 上の木村（1997）が挙げた（7）において、"<u>这</u>，这是敬神的食盒。"を日本語では「コ」ではなく、「<u>そ</u>，<u>そらア</u>，ま、祭りの重ね鉢だが」のように「ソ」で表現している。ここに正に「祭りの重ね鉢」における話し手の捉え方の違いが表されている。中国語では、「祭りの重ね鉢」が"赛金刚"のところに移ったとしても、話し手の乙から遠く離れたところにあるわけではなく、目の前にありつまり自分の領域範囲内にあるので、"那"ではなく"这"で表現される。一方、日本語は異なる。「祭りの重ね鉢」は、すでに乙から"赛金刚"のところに移り、所有物の所有者（縄張り）が変わりつまり乙の縄張りになく、"赛金刚"の縄張りに変わったため、乙はウチの関係を表す「コ」は使えない。ソトの関係を表す「ソ」で表現するしかないのである。(8)も同様である。

 また、日本語の用例（7）「<u>これ</u>を使って写真の修復をしてくれたのだなと思った。<u>そのこと</u>を考えると、<u>こんなこと</u>をしていることが後ろめたくなった。」において、パソコンは物理的に話し手の和佳子の所有物ではなく、手元にあるわけでもないにもかかわらず、「これ」で表現

できるのはパソコンそのものを指示するのではなく、パソコンを使って修復した写真は和佳子の写真なので、和佳子とはウチの関係にあるということを示すためである。その続きに、「このこと」ではなく、「そのこと」が使われるのは、パソコンの持ち主が写真を修復する作業の行為が和佳子にとってウチの関係にある行為ではなく、ソトの関係にある行為だからである。最後にまた「コ」に戻ったのは、「こんなこと」で表現するのは話し手自身の行為を指示するからである。しかし、ここの「これ」「そのこと」「こんなこと」は、中国語の指示詞で表現するとすれば、いずれも"这"であって、"那"ではない。

4. まとめ

　以上、中国語母語話者日本語学習者の誤用や、プラグマティクスの用法における日本語と中国語の指示詞の異同、日本語の敬語とため口ことばにおける距離の示し方などを対象に、日本語が平行リングモデル、中国語が多重リングモデルであることについて論じてきた。その際、視点は話し手にとってそれらがウチの関係にあるかソトの関係にあるかというものであった。すこし補足してまとめると次のようになる。
　①日本語の指示詞の「コ」と「ソ」の選択は、物理的な距離も基準の一つであるが、文化的な心理的距離つまり話し手がその情報がウチの関係にあるかソトの関係にあるかといった捉え方も重要な基準である。しかも後者の方が大いに「コ」と「ソ」の選択を支配している。一方、中国語の指示詞の"这"と"那"の選択は、文化的な心理的距離に基づくものではなく、物理的な距離か話し手自分自身との関わりに基づくものであると言っても過言ではないであろう。
　②日本語の敬語とため口ことばの選択は、聞き手や参加者に対して敬意を表するよりは、聞き手や参加者との距離に基づくものである。その距離を決めるのが話し手である。つまり話し手が意図する距離の度合いによって、敬語やため口ことばが選択されるのである。
　③日本語と中国語とは、同じく高コンテクスト文化を背景にする言語ではあるが、明らかに文化モデルが異なる。両言語とも他人のことを配慮する一面もあるが、日本語が平行リングモデルであるのに対し、中国語が多重リングモデルである。日本語の平行リングモデル

においても、中国語の多重リングモデルにおいても、それぞれの中心に位置するのは話し手自分自身である。ただし、日本語の平行リングモデルは他人との関係がウチの関係にあるかソトの関係にあるかを重要視するのに対し、中国語の多重リングモデルはそうではない。

④平行リングモデルと多重リングモデルは、文法的にも意味的にも説明が困難な誤用についても解決の糸口を提供することができる。

ただし、この文化モデルは、階層的であると述べたが、それぞれの層においてどのような構成になっているか。また、日本語と中国語はともに相手を配慮しながらコミュニケーションの構築を行う高コンテクスト文化を背景とする言語であるが、両言語の共通点や相違点のメカニズムがどのようになっているかについては、更に掘り下げる必要がある。これは今後の課題とする。

参考文献

岩田裕子．高コンテクスト文化（high context culture），低コンテクスト文化（low context culture）［M］//小池生夫編．応用言語学事典．東京：研究社，2003．

岩田裕子．精密コードと制限コード（elaborated code and restricted code）［M］//小池生夫編．応用言語学事典．東京：研究社，2003．

干康．雙圓模式輿套圓模式在中日文化理解中之應用［J］．廣譯．國立政治大學外國語文學院，2009．

神尾昭雄．情報のなわ張り理論［M］．東京：大修館，1990．

神尾昭雄．続・情報のなわ張り理論［M］．東京：大修館，2002．

木村英樹．中国語指示詞の「遠近」対立について—「コソア」との対照を兼ねて［M］//大河内康憲編．日本語と中国語の対照研究論文集．東京：くろしお出版，1997．

金水敏，田窪行則．談話管理理論からみた日本語の指示詞［M］//金水敏，田窪行則編．指示詞．東京：ひつじ書房，1992．

近藤安月子，小森和子編．研究社 日本語教育事典［M］．東京：研究社，2012．

鈴木孝夫．日本人の言語意識と行動様式－人間関係の把握の様式を中心として［M］//川本茂雄・國廣哲彌・林大編．日本の言語学第五巻　意味・語彙．東京：大修館，1979．

髙見澤孟，伊藤博文，ハント蔭山裕子，池田悠子，西川寿美，恩村由香子．新・はじめての日本語教育［M］．東京：アスク，2004．

牧野成一. ウチとソトの言語文化学—文法を文化で切る [M]. 東京: アルク, 1996.

吉本啓. 日本語の指示詞コソア体系 [M] //金水敏, 田窪行則編. 指示詞 [M]. 東京: ひつじ書房, 1992.

Edward T. hall. BEYOND CULTURE. Anchor Press, Doubleday, New York. 1976. 岩田慶治・谷泰訳. 文化を越えて [M]. 東京: ティビーエス・ブリタニカ, 1979.

Kamio, Akio. "On the Notion Speaker's Territory of Information: A Functional Analysis of Certain Sentence-final Forms in Japanese" In G. D. Bedell, E. Kobayashi, M. Muraki (eds.), Explorations in Linguistics: Papers in Honor of Kazuko Inoue. Kenkyusha. 1979.

摘　要：本文以汉语母语话者日语学习者的日语偏误、日汉指示词的语用义的异同以及日语表达方式中的距离感为研究对象，论证了日语为双圆模式，汉语为套圆模式的理论模式。并指出视点的焦点在于说话人是将事物看作「ウチUCHI」的关系，还是「ソトSOTO」的关系。本论文主要阐明了以下4个问题。①日语指示词「コ」和「ソ」的选择标准除了物理性距离外，文化上的心理距离也是一个非常重要的选择标准。而且，文化上的心理距离对「コ」和「ソ」的选择具有很强的支配能力。而汉语指示词"这"和"那"的选择标准并非依据文化上的心理距离，而是依据物理性距离或事物与说话人自身的关联方式。②日语敬语和非敬语表达方式的选择标准并非依据是否需要对听话人或话题参与人表示敬意，而是依据说话人与听话人或话题参与人的距离。决定距离的是说话人，即说话人依据自己与他人的距离来选择是否需要使用敬语或使用何种敬语来表达。③日语和汉语同属高语境文化的语言，但各自文化模式显然不同。日语和汉语都注意与他人的关系来选择表达方式，但是，日语属于双圆模式，而汉语属于套圆模式。无论是双圆模式还是套圆模式，处于中心位置的都是说话人。双圆模式重视自己与他人的关系是否为「ウチUCHI」或「ソトSOTO」的关系，套圆模式不注重这种关系。④双圆模式和套圆模式可以为解决语法和语义上无法解释的日语偏误问题提供一个重要的线索。

关键词：双圆模式；套圆模式；指示词；文化上的心理距离；「ウチUCHI」和「ソトSOTO」；平行リングモデル；多重リングモデル；指示詞；文化的な心理的距離；ウチの関係とソトの関係

Narrating "Frog Stories" in Two Languages: How English-Japanese Bilingual Children Encode and Schematize Perspectives

Masahiko Minami

Abstract: In the process of language development children are faced with a variety of interlocking challenges, which may become more complicated for bilingual children who need to learn more than one set of language-specific principles. The purpose of this study is to examine within- and across-language relationships between grammatical forms and semantic/communicative functions by focusing on complex grammatical measures, such as transitive and intransitive verbs, active and passive voices, durative and completive forms, as well as referential topic management. Forty English-Japanese bilingual children produced narratives in both languages, describing two scenes of agency and its resultant causal implications. Analyses of these bilingual children's narrative examples—examining how the narrator adopted a particular perspective to describe a particular scene—reveal strong associations between the perception/ schematization of the scene and selected grammatical measures, indicating how language supports the narrator's cognition/schematization. Some relationships between grammatical forms have also been identified across the two languages, and we may consider the existence of such cross-linguistic correlations in the light of cognitive development in bilingual children; that is, bilinguals schematize a given scene in similar or even identical ways, choose an appropriate verb, and encode agency accordingly. Cross-linguistic comparisons, at the same time,

---

作者简介：南雅彦（1952—），男，美国/旧金山州立大学人文系教授，研究方向：语言学，语言发展，发展心理学

indicate a language-specific tendency to use continuative/completive, and, educationally more important, to use sporadically or even omit encoding causality.These findings will lead to a discussion of issues particular to bilingual children in educational settings.

Key words: narrative; bilingual; schema/schematization; transitive verb/intransitive verb;active voice/passive voice;durative form/completive form

1. Introduction

Words are crucial for delivering and communicating one's intent to others. In the process of language development, children acquire more than a system of grammatical forms and semantic/communicative functions (Slobin, 1991). They are also faced with a variety of interlocking challenges through which they learn, from a range of available alternative options, to adopt a particular framework for schematizing experience. For example, children need to learn vocabulary, which includes nouns, verbs, adjectives, and adverbs, and use these parts of speech appropriately for schematizing their experience.

Narrative is generally defined as the manner of talking about a series of logically and chronologically related events (Ervin-Tripp & Küntay, 1997; Labov,1972).Berman and Slobin (1994) used an elicited narrative method to collect narratives depicting the same events from speakers of five different languages—English, Hebrew, Turkish, Spanish, and German. The pioneering work of these researchers helped later researchers (e.g., Eriksson, 2001; Manhardt & Rescorla 2002; Stavans, 1996) to identify dynamics within the language acquisition process that come from the linguistic system of the language being acquired. For instance, McIntire and Reilly (1996) compared how English speakers' strategies differed from those of American Sign Language (ASL) users, and found that stories told by ASL users contained more dramatic strategies with more explicit markers.

A schema (plural:schemata) is defined as a structure in semantic memory that identifies the general or expected arrangement of a body of information (Carroll,1986). A story schema governs our processing of a story—what we expect to happen in that story (i.e., cognitive structures for comprehension). Studies of narrative schemata, in fact, are not new. Bartlett's (1932) work on recall of stories from unfamiliar cultures is considered the first of such studies; in his early work Bartlett attempted to reveal that remembering is not simple reproductive processing of a story, but that it rather represents the listener's reconstructing process based on an overall impression of the story.

If children acquiring different languages end up with different conceptual frameworks or schemata, the question arises about what happens in the case of bilinguals, particularly in relation to narrative. Take the use of verbs, for instance. In the case of English, intransitive verbs and their transitive counterparts, which usually take identical forms (e.g., "Spring passes and summer *follows*." vs. "Summer *follows* spring."), sometimes establish the dichotomy of inchoative and causative. In Japanese, on the other hand, a great number of intransitive-transitive pairs share identical roots but different suffixes are attached (e.g., "*tsuzuk-u*" vs. "*tsuzuk-e-ru*" = "follow"). Previous studies on the acquisition of verbs in Japanese have shown that Japanese-speaking children, in their early stages of language development, use more intransitive verbs than transitive verbs (Nomura & Shirai, 1997; Tsujimura, 2006). This is not a universal tendency, however. Children's early verbs are predominantly transitive verbs in some other languages including English (Fukuda & Choi, 2009). Then, as a result of acquiring two languages of different verb type bias (transitivity vs. intransitivity), it is interesting how bilingual English-Japanese school age children use intransitive and transitive verbs when narrating stories in both languages.

Recent studies include much more literature on bi- and tri-lingual narratives (e.g., Gutiérrez-Clellen, Simon-Cereijido, & Wagner, 2008; Simon-Cereijido & Gutiérrez-Clellen, 2009). Studies included in Verhoeven and Strömqvist (2001), for example, cover narratives told by children in a great number of languages, such as English, Norwegian, Finnish, Swedish, German, French, Dutch, Spanish, Hebrew, Turkish, Papiamento (a Creole language evolved from an Afro-Portuguese Pidgin spoken in West Africa), Moroccan Arabic, and American Sign Language. While narrative development among bilinguals was less studied compared to that among monolinguals, the studies included in Verhoeven and Strömqvist identified that regardless of the language, and irrespective of being monolingual or bilingual, interactive activities such as storybook reading positively affect children's narrative development.

With respect to the bilingual development of school age children, however, it is not yet clear what kinds of operating principles they use to separate the two languages (Verhoeven & Strömqvist, 2001). Research examining the interdependence of the grammar and communicative functions in older bilingual children, in particular, children who are learning English as a second language, is also limited and inconclusive, because of the measures used across studies. To address this gap, the current study follows the method developed by Berman and Slobin (1994), who compared ways in which speakers of different languages depict the same events in words. The current study, however, compares ways in which bilingual children describe the same scenes in two different languages, namely, English and Japanese. Rather than comparing ways in which speakers of different languages depict the same events in words, the study explores whether English-Japanese bilingual children, when narrating stories, are aware of how to encode certain aspects of their stories in order to signal their perspectives. In what ways do such factors as language, schematization, and grammar interact with each other in language production? Specifically, the following questions serve as a guide for the discussion that follows:

(1) To understand how a story is organized and to represent their perspectives accordingly (i.e., to schematize a story, hereafter), how do bilingual children encode agency and causality in the two languages?

(2) Does the encoding of agency reflect the schematization of the scene in similar ways in both languages, or does it show disparities between the two languages?

(3) Do unanticipated patterns of encoding (i.e., deviation from the book author's intent) indicate signs of language deficit or attrition?

2. Method

Participants

Forty Japanese-speaking school-age children residing in the multilingual San Francisco area participated in the study. This age group was selected because (1) the process of children's language development, in many important ways, continues actively into the elementary school years, and (2) the elementary school years are a period of extremely rapid development in the acquisition of literacy-related skills. There were 17 boys and 23 girls, ages six to twelve. Specific information regarding the 40 participating children and their families is as follows: (1) All the children were either enrolled in English/Japanese bilingual programs in public elementary schools or were taking Japanese language classes on weekends in addition to attending public schools. (2) Twenty-five children were from families in which both parents were native Japanese speakers; the remaining 15 children were from families in which only the mother was a native Japanese speaker. (3) Nineteen children were born in Japan; the remaining 21 children were born in the United States. Finally, because all the mothers were native speakers of Japanese and used that language exclusively with their children initially, the children's first language was considered to be Japanese, regardless of their fluency or level of competency in that language at the time of the study.

By the time this study was conducted, however, the children's proficiency in English may have exceeded that in Japanese. It is common to classify bilinguals as being dominant in the first language (L1), the second language (L2), or balanced (i.e., equally proficient in both L1 and L2). A balanced bilingual may be identified through a variety of tests (Flege, MacKay, & Piske, 2002). In the current study, the *Bilingual Verbal Ability Tests* (BVAT) (Muñoz-Sandoval, Cummins, Alvarado, & Ruef, 1998) was used as a screening measure. It was found that the children performed approximately equally well in both languages, and were therefore "balanced" bilinguals.

Procedure

Mercer Mayer's (1969) wordless storybook, *Frog where are you?*, was used to elicit narratives in English and Japanese. The book consists of a sequence of 24 illustrations. Mayer's book has an engaging story; narrators are expected to use their own words to create a story, using appropriate linguistic devices (e.g., connectives) if necessary. Previous research (e.g., Berman & Slobin, 1994) has shown that the book is useful for successfully eliciting verbal participation from children. The book, which was first used by Bamberg (1987) for a research purpose, describes the adventures of a young boy and his pet dog as they search for his run-away frog. Throughout their quest, the boy and the dog encounter several challenges, including a swarm of angry bees, a ride on the antlers of a deer, and a tumble into a pond. These obstacles appear during the story, impeding the boy and his dog's attempts to achieve their goal. Eventually, however, the boy and his dog find their frog, which was resting with its mate and baby frogs. The story concludes with the boy waving goodbye while holding a baby frog in his hand.

The participating children were first allowed to look through the pictures to become familiar with the plot. They were then asked to narrate the story with the support of the pictures, first in English and then in Japanese or vice versa. The so-called *frog story*, which consists of a series of pictures representing a number of dynamic interactions among the boy, the dog, the frog, and other characters over time and in different physical settings, was thus judged to be appropriate for examining children's encoding of agency. Note that in the tables that appear in this paper, the children's names appear in the ascending order of their year in school (grade). [Note: All children are referred to at least once in the text, and a complete list of the children's grades and ages is available in Table 13.] The participants did not tell stories at the beginning of a school year. Thus, in order to show clearly the grade of the participants on the date they narrated stories, the grade level was divided into tenths. For instance, because Natsuko (Girl; Age 10 years, 9 months) told stories on April 1, her date falls in the seventh month of a ten-month school year (.7). Because she was in the fifth grade, her grade was recorded as 5.7.

Coding Rules

Narrative samples elicited with the aforementioned wordless frog story were transcribed and broken into utterances according to the guidelines of Codes for the Human Analysis of Transcripts (CHAT), so that they were readable by the computer program Computerized Language Analysis (CLAN) (MacWhinney, 2000; MacWhinney & Snow 1985, 1990).

The coding rules are as follows:

(1) In English and Japanese, linking verbs are excluded for analysis, e.g., be-verbs in English and their equivalents of Japanese auxiliary verb *desu* and *deshi-ta* (the past tense of *desu*). [In English, "get" in get-passives is not counted because it is a copula and performs a similar function to be-passives (with regard to get- and be-passives, see the results section).]

(2) In English expressions, such as "start to chase" and "start chasing", both "start" and "chase" are considered verbs. In Japanese, *te*-linkage, or more broadly the *-te* form, is generally considered to consist of two verbs when used to combine two or more verbs.

(3) In both languages, repeated words are excluded from analysis.

To examine how bilingual children encode perspective in their narratives, the present study performed both qualitative and quantitative analyses.

3. Results

As mentioned earlier, the data used for this study—transcriptions of narratives elicited by a picture storybook without words, *Frog, where are you?* (Mayer, 1969)—make it possible to examine the range of constructions used across speakers to present particular scenes and episodes. Following Slobin (1994), the study focuses on how bilingual children narrate two particular scenes in both languages. These two scenes come from the middle of the book. Something happens in a location among trees. Something happens to the boy, and something also happens to the dog. In these events an owl, bees, and a deer are involved.

Bee-chase Scene

As mentioned above, the basis for this research is the re-telling of the so-called *frog story*. The dog and bees have already appeared in scenes prior to the chasing scene (Pictures 11-12), where the dog knocks down a beehive hanging from a tree and runs away from a swarm of bees.

Topic, Agency, and Verb Types

The concern of this section is relative topicality of agent and patient as the critical pragmatic dimension. Narrators have a variety of options to choose to express causality. Specifically, one of the goals of this section is to explore how English-Japanese bilingual narrators make use of verbs, in particular in passive and alternative constructions, across the two languages.

English. In the narration of the chasing scene (Pictures 11-12) in English, 25 (62.5%) of the 40 bilingual narrators selected the bees as topic, and 20 of them (80%) used "chase" or "follow" as a transitive verb. Among the remaining five narrators, one used "follow (after the dog)" as an intransitive verb, one used "chase (after the dog)" as an intransitive verb, one used "go (toward the boy)", and two used "run (after the dog)". While "chase" seems to have a strong connotation (in the sense of attacking the dog), "follow" may not sound as strong as "chase", and "go" and "run" do not sound strong at all. All of these narrators described the scene using either progressive/durative or simple past. Note that the use of the simple past tense signals that an action is, more or less, punctual or completed; on the other hand, the use of the progressive/durative signals that an action is continuative.

Table 1   *Chasing Scene (Pictures 11-12): English*

	Subject/ Topic	Verb	Verb Type	Voice	Simple Past	Agency	Start + to Infinitive (or Gerund)	Progressive
Melissa				none				
Maria	bees	run (after dog)	vi.	Active		×		√
Takuto	bees	chase	vt.	Active	√	○		
Ayako	bees	follow	vt.	Active	√	×		

续表

	Subject/Topic	Verb	Verb Type	Voice	Simple Past	Agency	Start + to Infinitive (or Gerund)	Progressive
Mike	dog	chase	vt.	Passive	√	○		
Eriko				none				
Leon				none				
Koharu	bees	chase	vt.	Active		○		√
Misa	dog	chase	vt.	Passive	√	○		
Hiro	dog	run (from bees)	vi.	Active		×		√
Kaori	dog	chase	vt.	Passive	√	○		
Misaki	bees	chase	vt.	Active	√	○		
Taichi	bees	chase	vt.	Active	√	○		
Momoe	bees	chase	vt.	Active	√	○		
Asami	bees	follow (after dog)	vi.	Active		×		√
Mika	bees	chase	vt.	Active		○		√
Miki	bees	chase	vt.	Active		○		√
Nicole	bees	chase	vt.	Active		○	*	
Tadashi	bees	chase	vt.	Active		○	*	
Sachiko	bees	chase (after dog)	vi.	Active	√	○		
Miho	bees	run (after dog)	vi.	Active		×		√
Genki	bees	chase	vt.	Active	√	○		
Ryu	bees	chase	vt.	Active	√	○		
Masaaki				none				
Kenta	dog	chase	vt.	Passive	√	○		
Kahori	bees	chase	vt.	Active		○		√
Jon				none				
Sandy	bees	chase	vt.	Active		○	*	
Taizo	dog	chase	vt.	Passive		○		√
Naoto	bees	chase	vt.	Active		○	*	
Keigo	bees	chase	vt.	Active		○		√
Eimi	bees	go (toward boy)	vi.	Active	√	×		

	Subject/Topic	Verb	Verb Type	Voice	Simple Past	Agency	Start + to Infinitive (or Gerund)	Progressive
Hanayo				none				
Takashi	bees	chase	vt.	Active		○		√
Natsuko	bees	chase	vt.	Active		○	*	
Asuka				none				
Kenji				none				
Mai	bees	chase	vt.	Active	√	○		
Sayuri	dog	chase	vt.	Passive		○		√
Kazuo	bees	chase	vt.	Active		○		√

Notes: vt.: transitive verb, vi.: intransitive verb; Agency: ○: high agency, ×: low or no agency; *: Start + to Infinitive (or Gerund)

Seven narrators (17.5%) selected the dog as topic. Of these, all except for one used either the passive or the progressive-passive as seen in Taizo's [Boy; Grade 4.7; Age 10 years, 0 months] narration "The dog was being chased by bees". In other words, six narrators selected a Cause-View; namely, the bees play a controlling role in the dog's actions, such as "The dog was chased by the bees". On the other hand, one narrator, Hiro [Boy; Grade 2.6; Age 9 years, 2 months], selected the dog as actor and said, "The dog was running from the bees". In this case, bees do not necessarily seem to be serving as controller even if the narrator's intention was to describe the bees as contributing some degree of agency to the event. Thus, while intransitive syntax does not necessarily encode a non-causal event view and may still indicate a hint that the locus of control lies outside the dog, the choice of the intransitive verb "run" signals a minimal degree of agency to the listener.

When returning to the issue of bees as controller, note that among those who used the passive voice, two narrators, Kaori [Girl; Grade 2.5; Age 8 years, 2 months] and Kenta [Boy; Grade 3.7; Age 9 years, 7 months], opted for the so-called get-passive, "The dog got chased by bees". While the ordinary passive voice (i.e., the be-passive) and the get-passive both function in similar ways, the latter implies that the patients are negatively affected. That is, the get-passive strongly implies the Cause-View whereas the be-passive seems to have diminished agency. In this case, the dog is perceived as the victim, which probably conforms to the author's intent.

Regardless of their choice of active or passive voice, however, some narrators did not encode high agency. High agency is correlated with use of the transitive verb whereas low agency is correlated with the intransitive verb, $r_s = .80, p < .0001$. [Note that the Spearman rank correlation coefficient was used because it is suitable for data of an ordinal level.] This is not a complete correspondence, because one narrator's [Ayako; Girl; Grade 1.5; Age 7 years, 1 month] choice of a transitive verb "follow" is here categorized to have a relatively low degree of agency. If Ayako had added an adverb "angrily" and narrated, "The bees angrily followed the dog", categorization would have been different and the correlation would have been a perfect 1.0. On the other hand, Eimi [Girl; Grade 4.8; Age 10 years, 8 months] narrated using an intransitive verb, "The bees went straight toward him". But if the narrator had added an adverb such as "angrily" and said, "The bees angrily went straight toward him", the correlation would have been lower because even an intransitive verb can achieve high agency with the addition of an adverb. Thus, regardless of the verb types, agency is possibly heightened by associated adverbs. Additionally, the use of an intransitive verb "run" as in "the bees run after the dog" and "the dog runs from the bees" reflects a relatively low degree of agency.

Finally, the remaining eight narrators did not narrate the chasing scene in English. They either entirely neglected to narrate the scene or paid attention to other things as seen in Eriko's [Girl; Grade 1.8; Age 7 years, 2 months] narration "The owl flew out and scared him to fall right on the ground".

Japanese. In Japanese narration of the chasing scene, 26 (39.5%) of the 40 narrators selected the bees (*hachi*) as topic. One child used "*mitsubachi* (honeybee)" whereas two narrators did not know how to say "bee" in Japanese and thus used "bee", and, likewise, one used "*hae*" (fly). Likewise, some narrators did not have Japanese equivalents of English verbs. One narrator [Girl; Grade 1.7; Age 6 years, 6 months], for instance, did not seem to have a Japanese equivalent of "follow" and thus simply said, "follow *shi-te-i-ru*(be following)". The use of an English verb (e.g., follow, chase) + a variation of a Japanese verb *suru* (which is a Japanese equivalent of an English verb "do"), which was sometimes observed [not only in the chasing scene but also in the deer scene], indicates how bilinguals may need to stretch their limited resources for the communicative context in the other language. These variations are all included here (see Table 2).

Overall, high agency is correlated with use of the transitive verb whereas low agency is correlated with use of the intransitive verb, r_s = .88, p < .0001. The correlation was not perfect because "*oikakekko o suru*(do a chasing activity)" (which will be shown soon after) is judged to have a low degree of agency.

Table 2   ***Chasing Scene (Pictures 11-12) : Japanese***

	Subject/Topic	Verb	Verb Type	Voice	Simple Past	Agency	Progressive
Melissa	*hachi*	*tsuku*	*vi.*	Active		×	√
Maria	bee	follow *shi-te-i-ru*	*vt.*	Active	√	×	
Takuto	*hachi*	*oikakeru*	*vt.*	Active	√	○	
Ayako	*mitsubachi*	*kowaku-naru*	*vi.*	Active	√	×	
Mike	*inu*	chase+*sareru*	*vt.*	Passive	√	○	
Eriko	*hachi*	*iru*	*vi.*	Active		×	
Leon	*hachi*	*kuru*	*vi.*	Active		×	
Koharu			none				
Misa	*inu*	*oitsuku/oikake-rareru*	*vt.*	Passive	√	○	
Hiro	*hachi*	*oikakeru*	*vt.*	Active	√	○	
Kaori	*hachi* *inu*	*kuru* *hashiru*	*vi. vi.*	Active		×	
Misaki	*hachi*	*oikakeru*	*vt.*	Active	√	○	
Taichi	*hae*	*oikakeru*	*vt.*	Active	√	○	
Momoe	bee	*oikakeru*	*vt.*	Active	√	○	
Asami	*hachi*	*tsui-te-i-ru*	*vi.*	Active		×	√
Mika	*hachi*	*tsui-te+kuru*	*vi.*	Active	√	×	
Miki	*hachi*	*oikake-te-i-ru*	*vt.*	Active		○	√
Nicole	*hachi*	*oikakekko o suru*	*vt.*	Active	√	×	
Tadashi	*inu*	*hashi-tte+kuru*	*vi.*	Active	√	×	

续表

	Subject/Topic	Verb	Verb Type	Voice	Simple Past	Agency	Progressive
Sachiko	inu	sas-areru	vt.	Passive	√	○	
Miho	hachi	ki-masu	vi.	Active	√	×	
Genki	inu	oikake-rareru	vt.	Passive	√	○	
Ryu	hachi	oikakeru	vt.	Active	√	○	
Masaaki			none				
Kenta	hachi	oikakeru	vt.	Active	√	○	
Kahori	hachi	oikake-te-iru	vt.	Active		○	√
Jon			none				
Sandy	hachi	tonde+kuru	vi.	Active	√	×	
Taizo	inu	oikake-rare-te-i-ru	vt.	Passive		○	√
Naoto	hachi	oikake-te+kuru	vt.	Active	√	○	
Keigo	hachi	oikakeru	vt.	Active	√	○	
Eimi	hachi	tonde-i-ru	vi.	Active	√	×	
Hanayo			none				
Takashi	hachi	o-tte+kuru	vt.	Active	√	○	
Natsuko	hachi	oikakeru	vt.	Active	√	○	
Asuka			none				
Kenji			none				
Mai	hachi	oikakeru	vt.	Active	√	○	
Sayuri	inu	owareru	vt.	Passive		○	
Kazuo	hachi	oikakeru	vt.	Active	√	○	

Notes: Verb Types: *vt.*: transitive verb, *vi.*: intransitive verb; Agency: ○: high agency, ×: low or no agency

Japanese words: Nouns: *hachi* (bee); *hae* (fly); *inu* (dog); *mitsubachi* (honeybee); *oikakekko* (chasing activity); *tsuku* (to follow after); Verbs: (r) *areru* (passive form); *hashiru* (to run); *iru* (to exist); *kowaku-naru* (to become scary); *kuru* (to come); *oikakeru* (to chase); *suru* (to do); *tobu* (to fly)

The aforementioned 26 cases need more detailed descriptions, however. Fifteen narrators selected a transitive verb "*oikakeru/ou* (chase)". By using "*oikakeru/ou*" high agency is encoded. On the other hand, while the remaining 11 narrators (25.5%) selected the bees as topic, high agency is not necessarily encoded. Eriko, for example, narrated "*hachi ga i-mashi-ta* (There existed bees)" and Leon [Boy; Grade 1.8; Age 7 years, 5 months] narrated "*motto takusan hachi ga ki-ta*(More bees came)". Likewise, the use of inchoative verb in Ayako's narration of "*mitsubachi mo zenzen kowaku nat-chat-ta* (The honeybees became very scary)" simply informs the reader of the state being described, or the narrator simply taking a Become-View with a verb of diminished agency. Thus, lexical choice reflects varying degrees of agency. Furthermore, Nicole's [Girl; Grade 2.9; Age 7 years, 7 months] narration, "*hachi wa inu to oikakekko o shi-te-i-mashi-ta*(The bees and the dog engaged in a chasing activity)", also does not imply the victimization of the dog. In addition to the aforementioned 26 narrators, one narrator (Kaori) narrated the actions of the bees and the dog as if those actions happened without any Cause-View; "*hachi ga ki-te, inu ga hashit-te*(Bees came whereas the dog ran)" does not imply the bees' causal role.

Seven narrators selected the dog as topic. Of these, all except for one used either the passive or the progressive-passive (e.g., "*inu wa hachi ni oikake-rare-te-i-mashi-ta*" (Taizo)] The dog was being chased by bees"). [Note that, interestingly, Taizo used the progressive-passive form in both English and Japanese.] One narrator (Tadashi [Boy; Grade 2.9; Age 8 years, 6 months]) selected the active voice, "*inu ga kyuu ni hashitte kite*(The dog suddenly came running)", and thus the bees in his narrative do not play any causal role.

The remaining six narrators did not narrate the chasing scene at all. They either entirely ignored the scene or paid attention to other things. Like English, therefore, there is a great amount of variation in Japanese when it comes to the degree of agency, while choosing the dog as topic and the locus of effect, bees as controller, and a Cause-View.

Similarities and Differences Between English and Japanese

Recall that, setting aside the degree of agency, eight narrators did not describe the chasing scene in English, and six narrators did not describe the scene in Japanese. Melissa [Girl; Grade K.7; Age 6 years, 1 month], Eriko, and Leon, for instance, did not do so in English but they did refer to the chasing scene in Japanese. In contrast, Koharu [Girl; Grade 1.9; Age 7 years, 0 months] referred to the chasing scene in English, but she omitted the narration in Japanese. The remaining five narrators did not refer to the chasing scene either in English or in Japanese (see Table 3).

Table 3   *Chasing Scene (Pictures 11-12): English and Japanese*

	Subject/Topic		Verb				Voice		Duration	
	English	Japanese	English		Japanese		English	Japanese	English	Japanese
			Agency		Agency					
Melissa	none	bees	none		vi.	×	none	Active	none	√
Maria	bees	bees	vi.	×	vt.	×	Active	Active	√	
Takuto	bees	bees	vt.	○	vt.	○	Active	Active		
Ayako	bees	bees	vt.	×	vi.	×	Active	Active		
Mike	dog	dog	vt.	○	vt.	○	Passive	Passive		
Eriko	none	bees	none		vi.	×	none	Active	none	
Leon	none	bees	none		vi.	×	none	Active	none	
Koharu	bees	none	vt.	○	none		Active	none	√	
Misa	dog	dog	vt.	○	vt.	○	Passive	Passive		
Hiro	dog	bees	vi.	×	vt.	○	Active	Active	√	
Kaori	dog	bees dog	vt.	○	vi. vi.	×	Passive	Active		
Misaki	bees	bees	vt.	○	vt.	○	Active	Active		
Taichi	bees	bees	vt.	○	vt.	○	Active	Active		
Momoe	bees	bee	vt.	○	vt.	○	Active	Active		
Asami	bees	bees	vi.	×	vi.	×	Active	Active	√	√
Mika	bees	bees	vt.	○	vi.	×	Active	Active	√	
Miki	bees	bees	vt.	○	vt.	○	Active	Active	√	√
Nicole	bees	bees	vt.	○	vt.	×	Active	Active	*	
Tadashi	bees	dog	vt.	○	vi.	×	Active	Active	*	
Sachiko	bees	dog	vi.	○	vt.	○	Active	Passive		
Miho	bees	bees	vi.	×	vi.	×	Active	Active	√	
Genki	bees	dog	vt.	○	vt.	○	Active	Passive		
Ryu	bees	bees	vt.	○	vt.	○	Active	Active		
Masaaki	none	none	none		none		none	none	none	none
Kenta	dog	bees	vt.	○	vt.	○	Passive	Active		

续表

	Subject/Topic		Verb				Voice		Duration	
	English	Japanese	English		Japanese		English	Japanese	English	Japanese
				Agency		Agency				
Kahori	bees	bees	vt.	○	vt.	○	Active	Active	√	√
Jon	none	none	none		none		none	none	none	none
Sandy	bees	bees	vt.	○	vi.	×	Active	Active	*	
Taizo	dog	dog	vt.	○	vt.	○	Passive	Passive	√	√
Naoto	bees	bees	vt.	○	vt.	○	Active	Active	*	
Keigo	bees	bees	vt.	○	vt.	○	Active	Active	√	
Eimi	bees	bees	vi.	×	vi.	×	Active	Active		
Hanayo	none	none	none		none		none	none	none	none
Takashi	bees	bees	vt.	○	vt.	○	Active	Active	√	
Natsuko	bees	bees	vt.	○	vt.	○	Active	Active	*	
Asuka	none	none	none		none		none	none	none	none
Kenji	none	none	none		none		none	none	none	none
Mai	bees	bees	vt.	○	vt.	○	Active	Active		
Sayuri	dog	dog	vt.	○	vt.	○	Passive	Passive	√	
Kazuo	bees	bees	vt.	○	vt.	○	Active	Active	√	

Notes: vt.: transitive verb, vi.: intransitive verb; Agency: ○: high agency, ×: low or no agency; *: Start + to Infinitive (or Gerund)

Degree of agency. With regard to the degree of agency, recall that Eriko and Leon did not encode a high degree of agency in their Japanese narrations. Likewise, Melissa narrated "(*hachi ga*) *ippai wanwan ni tsuite* (A lot of bees stuck to the doggie)", which does not involve a Cause-View. Thus, except for Koharu (who referred to the chasing scene in English but not in Japanese), all narrators behaved in more or less similar ways in both languages. As seen in Table 4, overall, 20 narrators encoded a high degree of agency in both languages. Five narrators encoded a high degree of agency in English but encoded a low degree of agency in Japanese, whereas one narrator encoded a high degree of agency in Japanese but a low degree of agency in English. Five narrators encoded a low degree of agency in both languages, $X^2(1,31) = 8.88$, $p < .003$. Thus, there is a greater degree of encoding high agency in narration of both languages.

Table 4   *Chasing Scene (Pictures 11-12) : English and Japanese (Degree of Agency)*

		English	
		High	Low
Japanese	High	20	1
	Low	5	5

Moreover, those narrators who provided a high degree of agency in English tended to do the same in Japanese; in like manner, those who encoded a low degree of agency in English tended to do the same in Japanese, $r_s = .54$, $p < .002$. It thus appears that beyond the language of narration, bilinguals schematize the scene in similar or even identical ways in both languages.

Voice. As seen above, Taizo, for example, narrated the scene using the passive-progressive form in both languages. As seen in Table 5, however, 23 narrators chose the active voice in both languages whereas four narrators chose the passive voice in both languages. Two narrators chose the active voice in English but used the passive voice when narrating the same scene in Japanese. Two narrators used the passive voice in English but used the active voice when narrating the same scene in Japanese, $X^2(1,31) = 10.67$, $p < .002$. Thus, there seems to be a greater tendency to use the active voice when narrating the chasing scene in both English and Japanese.

Table 5   *Chasing Scene (Pictures 11-12) : English and Japanese (Active Voice or Passive Voice)*

		English	
		Active Voice	Passive Voice
Japanese	Active Voice	23	2
	Passive Voice	2	4

In addition, those narrators who used the active voice in English also tended to do so in Japanese; likewise, those who used the passive voice in English also tended to do so in Japanese, r_s = .59, p < .001. The selection of the voice, which signals who is the topic, shows perspective or schematization differences between individuals, but not necessarily within individuals. Thus, we may conclude that regardless of the language of narration, bilinguals tended to describe the scene from the same perspective.

Completion or continuation. Kazuo [Boy; Grade 6.8; Age 12 years and 1 month] considered all actions of the boy, the dog, and the bees to be continuing and thus narrated, "Mark was still searching for his frog" and "All the bees were chasing Mark's dog, and the dog was running hard". Perhaps recognizing the durativity of searching, he also narrated, "*Maaku wa kaeru o sagashi-te-i-mashi-ta*(Mark was searching for his frog)", but he narrated "*nanbyappiki no hachi wa zenbu Maaku no inu o oikake-mashi-ta*("Hundreds of bees all chased Mark's dog") as if it were punctual and completed. The same individual thus might see the same action to be perfective and durative (imperfective) in different languages.

Fourteen narrators described the scene as a completed action in both languages. On the other hand, four narrators chose the progressive form in both languages (see Table 6). Eight narrators who chose the progressive in English selected the completive in Japanese. [Note that one narrator (Melissa) used the progressive form in Japanese to describe the scene, but she did not refer to the scene in English.] While duration of an action was observed in the two languages as seen above, the "start + to infinitive or gerund" form, which indicates that a particular action begins, showed a great difference between the two languages. Five English narrators chose the "start + to infinitive or gerund" form, such as "The bees came out and started to chase the dog" (Nicole). This form indicates the moment of a particular action taking place and that action continuing afterward for a certain duration of time. While such a form is also available in Japanese, it was not observed at all in Japanese narrations. When the "start + to infinitive or gerund" form is also counted as duration, then, four narrators described the scene as a continuing action in both languages whereas

14 described the scene as a completed action in both languages.

Thirteen narrators described the scene as a continuing action in English, but they described the same scene as a completed action in Japanese. Yet there was no narrator who described the scene as a completed action in English but as a continuing action in Japanese, χ^2 (1,31) = 3.78, p < .06. [Note that, as reported above, although Melissa described the scene as a continuing action in Japanese, her narration was not included since she did not refer to the scene in English.] Thus, there are two predominant pairings: (1) using the completive in narrations of both languages, and (2) using the completive in Japanese narration but the continuative in English narration. One possible interpretation is that bilingual narrators tended to focus more on the process or continuation in English narration, but tended to focus on the completion or even the result of an event in Japanese narration. In other words, bilingual children, when narrating in English, may adopt a process-focused point of view whereas they adopt a result-focused point of view when narrating the same scene in Japanese. Another interpretation is that the language influences the form of expression even though the bilingual narrator perceives or schematizes a certain event in similar ways.

Table 6   *Chasing Scene (Pictures 11–12): English and Japanese (Completive or Continuative)*

		English	
		Completive	Continuative
Japanese	Completive	14	13
	Continuative	0	4

It has turned out, however, that those narrators who used the completive in English also tended to use the completive in Japanese; similarly, those who used the continuative (or durative) in English also tended to use the continuative in Japanese, r_s = .35, p < .06. These seemingly mixed results suggest to some degree that while the choice of language may influence the preference of form, bilingual narrators conceptualize and schematize the scene in similar or even identical ways—whether complete or continuing—in both languages.

The Deer Scene

Prior to the deer scene (Pictures 15–17), the boy climbs onto a rock, holding onto some branches, which unexpectedly turn out to be a deer's antlers. This event is accidental and surprising both to the boy and the deer, and the deer picks the boy up and throws him into a pond.

English. The deer scene turned out to be much more complex than the chasing scene. Thirty-nine narrators narrated Picture 17 in which the deer throws the boy into a pond. Using transitive verbs, such as "throw", "dump", "knock", and "drop", 22 narrators, more or less, selected a Cause-View with the deer as topic. Seventeen narrators, in contrast, did not encode an agency, such as "The boy and the dog fell" (Kaori). Note that one narrator, Mika [Girl; Grade 2.8; age 7 years, 9 months], narrated, "The reindeer fell the boy to the pond", but this use of verb "fall" should be interpreted as a retrieval error. It should be interpreted that she wanted to say "The reindeer dropped the boy into the pond". High agency is correlated to the transitive verb whereas low agency is correlated to the intransitive verb, r_s = .95, $p < .0001$. [Note that the Spearman rho (ρ) or r_s is a special case of the Pearson product-moment correlation coefficient.] The fact that the correlation was not perfect is attributable to one narrator's [Jon; Boy; Grade 3.9; Age 8 years, 11 months] choice of a transitive verb "bring", which was judged to have a lower degree of agency.

When viewing Pictures 15–17 as a sequence, we have a better sense of the narrators' thought processes (see Table 7). Story characters can be described in various ways: (1) using a full noun phrase, a reduced noun phrase (e.g., a pronoun), or zero-marking/zero anaphora (ellipsis/omission of an overt reference term). If pronouns are used excessively, for instance, the listener may have difficulty determining their antecedents, as in "Then, he got stuck on the deer's horn. The deer took him to a high mountain, and he dropped him down to the lake" (Taichi [Boy; Grade 2.7; Age 8 years, 0 months]). A more relevant issue here is encoding of agency. Describing Pictures 15–17, for example, Maria

[Girl; Grade 1.7; Age 6 years, 6 months] narrated, "The big deer came and picked him up, and threw him down from the big cliff". In this example, Maria encoded a relatively high degree of agency by using the verbs "pick up" and "throw" (in contrast to the diminished agency of the deer as seen in the use of a neutral verb such as "get": "Then, he (= the deer) gets him (= the boy) on" (Takuto [Boy; Grade 1.7; Age 6 years, 11 months]). As a matter of fact, four narrators chose "pick (up)" in either Picture 15 or 16, and seven narrators chose the verb "throw" in Picture 17.

　In the sequence of these three pictures, 12 narrators chose the deer as topic or subject of a verb of motion throughout. In contrast, only one narrator chose the boy as topic or subject of a verb of motion, namely, "He went on the reindeer and he fell in the swamp" (Hanayo [Girl; Grade 5.7; Age 11 years, 2 months]). In this example, we do not see any Cause-View, and virtually no agency is attributed to the deer. However, this does not necessarily mean that we cannot expect high agency when the boy is used as topic. With the boy as topic in Picture 15, one narrator, Misaki [Girl; Grade 2.7; Age 7 years, 9 months], used a simple active verb of posture, "He held onto something, which was a moose".

　Twenty-three narrators used a mix (the boy and the deer as actors). Four of them included passive constructions at least somewhere in one of the three pictures, and three were in the form of the get-passive: "The boy got stuck on the deer's horn" (Hiro, Taichi, Picture 15) and "He got carried" (Mike [Boy; Grade 1.7; Age 7 years, 7 months]: Picture 16). While a be-passive appears only once ["He was picked up by something" (Taizo: Picture 15)], none of them used passive constructions—either a get-passive or a be-passive—when describing Picture 17, such as "The boy was thrown/dropped/dumped by the deer". These narrations give us a Cause-View. On the other hand, narrations such as "It was a deer's horns, and the deer went to the cliff, and the boy fell off his head" (Naoto [Boy; Grade 4.7; Age 10 years, 0 months]) and "The deer ran and suddenly stopped, and the boy and the dog fell" (Keigo [Boy; Grade 4.7; Age 9 years, 7 months]) do not necessarily give us a Cause-View even if the narrators intended to imply it.

Table 7   *Deer Scene (Pictures 15–17) : English*

	Picture 15 Topic	Picture 16 Topic	Picture 17 Topic
Melissa	reindeer	reindeer (*vt.* : take him)	he (= reindeer; *vt.* : throw him)
Maria	big deer	ø (= deer; *vt.* : pick him)	ø (= deer; *vt.* : throw him)
Takuto	deer	he (*vt.* : get him)	deer (*vi.* : run)
Ayako	deer	none	deer (*vi.* : turn)
Mike	none	he (= boy; *vt.* : get carried)	ø (= deer; *vt.* : drop him)
Eriko	it	it (*vi.* : moving)	he (*vt.* : drop boy)
Leon	none	they (= boy & dog; *vi.* : get on reindeer)	reindeer (*vt.* : drop ø)
Koharu	boy (*vt.* : think)	deer (*vi.* : run)	rocks (*vi.* : fly)
Misa	they (= boy & dog)	deer (*vi.* : go)	ø (= deer; *vt.* : drop two)
Hiro	boy (*vt.* : get stuck)	deer (*vt.* : begin to run)	deer (*vi.* : stop)
Kaori	deer (*vi.* : come)	ø (*vt.* : get him)	boy & dog (*vi.* : fall)
Misaki	he (= boy; *vi.* : hold onto)	moose (*vi.* : go)	boy & dog (*vi.* : fall)
Taichi	he (= boy; *vt.* : get stuck)	deer (*vt.* : take him)	he (= deer; *vt.* : drop him = boy)
Momoe	he (= boy; *vt.* : get to know) he (= boy; *vi.* : get on reindeer)	he (= deer or boy; *vt.* : chase dog)	they (= boy & dog; *vi.* : fall)
Asami	he (= boy; *vi.* : get on head)	animal (*vi.* : runs)	animal (*vt.* : knock him = boy)
Mika	he (= boy; *vt.* : pick)	he (= boy; on reindeer)	reindeer (*vt.* : fall the boy)
Miki	it (= deer horn)	deer (*vt.* : try to drop)	deer (*vt.* : drop dog & boy)
Nicole	it (= deer; *vt.* : make boy jump)	deer (*vt.* : scare boy, chase dog)	deer (*vt.* : knock them)
Tadashi	none	deer (*vt.* : bring boy)	deer (*vt.* : throw him)
Sachiko	he (= boy)	animal (*vi.* : move)	he (= animal; *vt.* : let go of him)
Miho	branch	deer (*vi.* : run)	ø (= deer; *vt.* : drop him)
Genki	deer (*vt.* : get boy)	deer (*vt.* : chase dog)	he (= deer; *vt.* : drop boy)

续表

	Picture 15	Picture 16	Picture 17
	Topic	Topic	Topic
Ryu	animal	animal (*vt.*: move boy)	boy & dog (*vi.*: fall)
Masaaki	deer (*vi.*: come)	none	boy & dog (*vi.*: fall)
Kenta	none	none	deer (*vi.*: slip)
Kahori	boy	none	deer (*vt.*: throw boy)
Jon	those (= antlers)	none	deer (*vt.*: bring him)
Sandy	deer (*vi.*: come)	ø (= deer; *vt.*: rest him)	boy (*vi.*: fall)
Taizo	he (= boy; *vt.*: be picked)	deer (*vt.*: start to run)	deer (*vi.*: stop)
Naoto	deer	deer (*vi.*: go)	boy (*vi.*: fall)
Keigo	deer	deer (*vi.*: run)	boy & dog (*vi.*: fall)
Eimi	deer	none	he (= deer; *vt.*: throw him)
Hanayo	none	he (= boy; *vi.*: go on reindeer)	he (= boy; *vi.*: fall)
Takashi	deer (*vt.*: pick boy)	he (= deer; *vi.*: xx to cliff)	none
Natsuko	deer (*vi.*: come)	ø (= deer; *vt.*: carry boy)	boy & dog (*vi.*: fall)
Asuka	they (= boy & dog; *vt.*: met deer)	deer (*vt.*: carry them)	ø (= deer; *vt.*: dump them)
Kenji	he (= boy; *vt.*: holding)	deer (*vt.*: raise him)	ø (= deer; *vt.*: throw him)
Mai	deer (*vi.*: come)	ø (= deer; *vt.*: pick boy)	ø (= deer; *vt.*: put boy down)
Sayuri	boy (*vi.*: fall)	deer (*vi.*: go)	ø (= deer; *vt.*: make boy & dog fall)
Kazuo	boy (*vt.*: know)	deer (*vi.*: run)	deer (*vt.*: throw boy & dog)

Notes: *vt.*: transitive verb, *vi.*: intransitive verb

Japanese. In Picture 17, the event can be seen from the perspective of the boy as subject of a verb of motion. When this happens, unless the passive voice is used, the boy simply falls into a pond. That is, those narrators who treat the boy as topic and actor, unless they are using the passive form and thus maintaining the boy's volitionality, describe the scene as if the boy (and the dog) simply fell from the cliff. As a matter of fact, more than half of the narrators (21) expressed diminished agency by choosing the intransitive verb "*ochiru* (fall)" or its variations (*okkochiru*, *ochichau*), and thus did not take any Cause-View. With the deer as topic, on the other hand, the narrator does not fail to take a Cause-View. Kazuo, in fact, used both active and passive voices, "*Maaku o soko ni omoikkiri otoshi-mashi-ta* (ø threw Mark away very strongly to that place)" "*inu mo isshoni otos-are-mashi-ta* (the dog was thrown away together with him)".

The event can be seen from the perspective of the boy as subject of a verb of motion. In order to depict it that way, there is a need to choose the passive voice. As mentioned above, three narrators used the passive voice with the boy as subject. By doing so, they defocused the agent (i.e., the deer) with concomitant topicality of the patient (i.e., the boy), but they still maintained a Cause-View perspective. But here, as also seen above, we need to simultaneously consider the Japanese agentless passive, and in order to understand its function we need to see the entire sequence (Pictures 15-17). [Note: Ten narrators used a copula when narrating Picture 15, but those linking verbs are not listed in Table 8.]

As mentioned earlier, story characters can be described in various ways. From a syntactic perspective, Japanese, in contrast to English, can be categorized as a so-called pro-drop language due to frequent zero pronouns, and thus, the narrator's referential choice could be a serious issue leading to possible confusion on the part of the listener. However, even if the narrator uses zero-marking, narration may be clear to the ear of the native speaker of Japanese as long as the subject stays the same. One clear example of this is Kenji's [Boy; Grade 6.7; Age 12 years, 6 months] narration: "*soshitara soko ni shika ga ita node, sono ue ni nokke-rare-te, ike ni otos-are-mashi-ta* (then, because there was a deer there, ø was carried on its back and thrown into a pond)". If the subject changes and ellipsis is used at the same time, on the other hand, it will be very difficult to identify the subject.

Here high agency is perfectly correlated to transitive verbs whereas low agency is perfectly correlated to intransitive verbs, r_s = 1.000, $p < .0001$. Caution is warranted, however. As we have reviewed, agency can be heightened by lexical choice of the verb (or verbs) as well as associated adverbs.

Table 8　　　　　　　　*Deer Scene* (*Pictures* 15–17) : *Japanese*

	Picture 15	Picture 16	Picture 17
	Topic	Topic	Topic
Melissa	mono(vi. : agaru)	none	ø(= boy : vi. : okkochiru)
Maria	deer(vt. : pick up suru)	ø(= deer : vt. : bring suru)	ø(= boy : vi. : ochiru)
Takuto	ø(= boy : vt. : mitsukeru)	none	ø(= deer : vt. : otosu)
Ayako	shika	ø(= boy : vi. : noru)	shika(vt. : ochi-saseru)
Mike	deer	deer(vt. : motte-iku)	ø(= deer : vt. : otosu)
Eriko	ø(= boy : vi. : noru)	ø(= boy : vi. : noru)	ø(= boy : vi. : ochiru)
Leon	ø(= boy : vi. : noru)	ø(= deer : vi. : hashiru)	ø(= boy : vi. : okkochiru)
Koharu	shika	shika(vi. : hashiru)	otoko no ko to inu(vi. : ochiru)
Misa	otoko no ko(vi. : ochiru)	shika(vt. : motsu)	ø(= deer : vt. : otosu)
Hiro	ø(= boy : vi. : notchau)	shika(vi. : okoru)	ø(= deer : vt. : otosu)
Kaori	shika(vt. : toru)	none	ø(= boy : vi. : ochiru)
Misaki	doobutsu	doobutsu(vt. : noseru)	minna(= boy : vi. : ochiru)
Taichi	ø(= boy : vi. : hikkakaru)	none	shika(vt. : otosu)
Momoe	ø(= boy : vi. : noru)	reindeer(vt. : oikakeru)	otoko no ko(vi. : ochiru)
Asami	ø(= boy : vi. : noru)	ø(= boy : vi. : itchau)	ø(= boy : vi. : ochichau)
Mika	shika(vt. : otosoo to suru)	wan chan(vi. : tsuite iku)	shika(vt. : otosu)
Miki	shika no tsuno	shika(vt. : otosoo to suru)	shika(vt. : otosu)
Nicole	otoko no ko(vi. : noru)	shika(vi. : oikakeru)	otoko no ko to inu(vi. : ochiru)
Tadashi	shika(vi. : iru)	shika(vi. : tsurete iku)	ø(= deer : vt. : hoori-nageru)
Sachiko	doobutsu	otoko no ko(vi. : noru)	otoko no ko(vi. : ochiru)
Miho	shika no tsuno	none	otoko no ko(vi. : okkochiru)
Genki	shika no tsuno	shika(vt. : noseru)	ø(= deer : vt. : otosu)
Ryu	shika(vi. : dete kuru)	none	ø(= deer : vt. : nage-komu)
Masaaki	tonakai(vi. : kuru)	tonakai(vi. : aruki-hajimeru)	kodomo to inu(vi. : ochiru)
Kenta	shika(vi. : dete kuru)	ø(= boy : vi. : ochisoo ni naru)	Alf(= boy : vi. : ochiru)
Kahori	shika(vi. : dete kuru)	ø(= deer : vt. : oikakeru)	ø(= deer : vt. : otosu)
Jon	otoko no ko(vt. : mitsukeru)	shika(vt. : tsurete iku)	otoko no ko(vi. : hairu)

续表

	Picture 15	Picture 16	Picture 17
	Topic	Topic	Topic
Sandy	*shika*(*vi.*: *dete kuru*)	ø(= deer: *vt.*: *noseru*)	*otoko no ko to inu*(*vi.*: *ochiru*)
Taizo	*otoko no ko*(*vi.*: *notte iru*)	*shika*(*vi.*: *hashiri-dasu*)	*otoko no ko* (*vi.*: *okkochite shimau*)
Naoto	*shika no tsuno*	none	*shika*(*vt.*: *hoori-komu*)
Keigo	*shika*	*shika*(*vi.*: *hashiru*)	ø(= boy: *vi.*: *ochiru*)
Eimi	*shika*(*vi.*: iru)	none	*shika*(*vt.*: *otosu*)
Hanayo	ø(= boy: *vi.*: *butsukatte iku*)	ø(= boy: *vi.*: *noru*)	ø(= boy: *vi.*: *iku*)
Takashi	deer(*vt.*: *mochi-ageru*)	ø(= deer: *vt.*: *orosu*)	*inu to kono hito* (*vi.*: *ochichau*)
Natsuko	*moose ka nanka*(*vi.*: *kuru*)	ø(= deer: *vi.*: *iku*)	ø(= boy: *vi.*: *ochichau*)
Asuka	ø(= boy: *vi.*: *au*)	ø (= boy: *vt.*: *hasama-reru*)	ø (= boy: *vt.*: *hoori-koma-reru*)
Kenji	*shika*(*vi.*: *iru*)	ø(= boy: *vt.*: *nokke-rareru*)	ø(= boy: *vt.*: *otosa-reru*)
Mai	*shika*(*vi.*: *kuru*)	ø(= deer: *vt.*: *motsu*)	ø(= deer: *vt.*: *hanasu*)
Sayuri	*shika*(*vi.*: *dete kuru*) *booya*(*vi.*: *ochiru*)	*shika*(*vi.*: *mukau*)	ø(= deer: *vt.*: *otosu*)
Kazuo	*shika*(*vi.*: *dete kuru*)	*shika*(*vi.*: *hashitte iku*)	ø(= deer: *vt.*: *otosu*) *inu*(*vt.*: *otosa-reru*)

Notes: *vt.*: transitive verb, *vi.*: intransitive verb

Japanese words: Nouns: *doobutsu* (animal); *inu to kono hito* (dog and this person); *kodomo to inu* (child and dog); *mono* (thing); *otoko no ko* (boy); *otoko no ko to inu* (boy and dog); *shika* (deer); *shika no tsuno* (deer's horn); *tonakai* (reindeer); *wan chan* (doggie)

Verbs: *agaru* (to rise); *aruki-hajimeru* (to start moving/walking); *au* (to meet); *butsukatte iku* (to bump into); *dete kuru* (to appear); *hairu* (to enter); *hanasu* (to release); *hasama-reru* (to be sandwiched) [passive voice]; *hashiri-dasu* (to start running); *hashiru* (to run); *hashitte iku* (to run forward); *hikkakaru* (to hang on); *hoori-koma-reru* (to be thrown into) [passive voice]; *hoori-komu* (to throw into); *hoori-nageru* (to throw away); *iku* (to go); *iru* (to exist); *itchau* (to have said); *kuru* (to come); *mitsukeru* (to find); *mochi-ageru* (to raise); *motsu* (to have/get); *motte-iku* (to take); *mukau* (to go toward); *noru* (to get on); *noseru* (to put something on); *notchau* (to have got on); *notte iru* (to be riding); *ochichau* (to have fallen); *ochiru* (to fall); *ochi-saseru* (to let someone fall) [causative]; *ochisoo ni naru* (to be about to fall); *oikakeru* (to chase); *okkochiru* (to fall); *okkochite shimau* (to have fallen); *okoru* (to get angry); *orosu* (to put down); *otosa-reru* (to be dropped) [passive voice]; *otosoo to suru* (to try to drop someone); *otosu* (to drop); *suru* (to do); *tobu* (to fly); *tobu* (to take); *tsurete iku* (to follow)

Similarities and Differences Between English and Japanese

This section examines whether or not English-Japanese bilingual children schematize the deer scene in similar ways in both languages. We will look specifically at whether children choose appropriate verbs, produce active and passive sentences, and encode agency accordingly.

Degree of agency. Examination of how the narrator views Picture 17 tells us whether he or she takes a Cause-View regardless of the language of narration (see Table 9).

Table 9   *Deer Scene : English & Japanese (Picture 17)*

	English		Japanese	
	Topic	Agency	Topic	Agency
Melissa	he (= reindeer ; *vt.* ; throw him)	○	ø (= boy ; *vi.* ; *okkochiru*)	×
Maria	ø (= deer ; *vt.* ; throw him)	○	ø (= boy ; *vi.* ; *ochiru*)	×
Takuto	deer (*vi.* ; run)	×	ø (= deer ; *vt.* ; *otosu*)	○
Ayako	deer (*vi.* ; turn)	×	shika (*vt.* ; *ochi-saseru*)	○
Mike	ø (= deer ; *vt.* ; drop him)	○	ø (= deer ; *vt.* ; *otosu*)	○
Eriko	he (*vt.* ; drop boy)	○	ø (= boy ; *vi.* ; *ochiru*)	×
Leon	reindeer (*vt.* ; drop ø)	○	ø (= boy ; *vi.* ; *okkochiru*)	×
Koharu	rocks (*vi.* ; fly)	×	otoko no ko to inu (*vi.* ; *ochiru*)	×
Misa	ø (= deer ; *vt.* ; drop two)	○	ø (= deer ; *vt.* ; *otosu*)	○
Hiro	deer (*vi.* ; stop)	×	ø (= deer ; *vt.* ; *otosu*)	○
Kaori	boy & dog (*vi.* ; fall)	×	ø (= boy ; *vi.* ; *ochiru*)	×
Misaki	boy & dog (*vi.* ; fall)	×	minna (= boy ; *vi.* ; *ochiru*)	×
Taichi	he (= deer ; *vt.* ; drop him = boy)	○	shika (*vt.* ; *otosu*)	○
Momoe	they (= boy & dog ; *vi.* ; fall)	×	otoko no ko (*vi.* ; *ochiru*)	×

续表

	English		Japanese	
	Topic	Agency	Topic	Agency
Asami	animal (*vt.*: knock him = boy)	○	ø (= boy: *vi.*: ochichau)	×
Mika	reindeer (*vt.*: fall the boy)	○	shika (*vt.*: otosu)	○
Miki	deer (*vt.*: drop dog & boy)	○	shika (*vt.*: otosu)	○
Nicole	deer (*vt.*: knock them)	○	otoko no ko to inu (*vi.*: ochiru)	×
Tadashi	deer (*vt.*: throw him)	○	ø (= deer: *vt.*: hoori-nageru)	○
Sachiko	he (= animal: *vt.*: let go of him)	○	otoko no ko (*vi.*: ochiru)	×
Miho	ø (= deer: *vt.*: drop him)	○	otoko no ko (*vi.*: okkochiru)	×
Genki	he (= deer: *vt.*: drop boy)	○	ø (= deer: *vt.*: otosu)	○
Ryu	boy & dog (*vi.*: fall)	×	ø (= deer: *vt.*: nage-komu)	○
Masaaki	boy & dog (*vi.*: fall)	×	kodomo to inu (*vi.*: ochiru)	×
Kenta	deer (*vi.*: slip)	×	Alf (= boy: *vi.*: ochiru)	×
Kahori	deer (*vt.*: throw boy)	○	ø (= deer: *vt.*: otosu)	○
Jon	deer (*vt.*: bring him)	×	otoko no ko (*vi.*: hairu)	×
Sandy	boy (*vi.*: fall)	×	otoko no ko to inu (*vi.*: ochiru)	×
Taizo	deer (*vi.*: stop)	×	otoko no ko (*vi.*: okkochite shimau)	×
Naoto	boy (*vi.*: fall)	×	shika (*vt.*: hoori-komu)	○
Keigo	boy & dog (*vi.*: fall)	×	ø (= boy: *vi.*: ochiru)	×
Eimi	he (= deer: *vt.*: throw him)	○	shika (*vt.*: otosu)	○
Hanayo	he (= boy: *vi.*: fall)	×	ø (= boy: *vi.*: iku)	×
Takashi	none		inu to kono hito (*vi.*: ochichau)	×
Natsuko	boy & dog (*vi.*: fall)	×	ø (= boy: *vi.*: ochichau)	×

续表

| | English || Japanese ||
	Topic	Agency	Topic	Agency
Asuka	ø (= deer; vt. : dump them)	○	ø (= boy; vt. : hoori-koma-reru)	○
Kenji	ø (= deer; vt. : throw him)	○	ø (= boy; vt. : otosa-reru)	○
Mai	ø (= deer; vt. : put boy down)	○	ø (= deer; vt. : hanasu)	○
Sayuri	ø (= deer; vt. : make boy & dog fall)	○	ø (= deer; vt. : otosu)	○
Kazuo	deer (vt. : throw boy & dog)	○	ø (= deer; vt. : otosu) inu (vt. : otosa-reru)	○

Notes: ○: high agency, ×: low or no agency

As seen in Table 10, in both English and Japanese, 14 narrators consistently took a Cause-View (these narrators interpreted the scene in the way probably intended by the author). In contrast, 12 narrators did not take a Cause-View, regardless of the language. And 13 used a mixed view; that is, eight narrators took a Cause-View when narrating in English but did not do so in Japanese, whereas five narrators took a Cause-View when narrating in Japanese but not when narrating the same scene in English. We can see here two predominant pairings: (1) high agency in both languages, and (2) low agency in both languages, $X^2(1,39) = 4.50, p < .05$.

Table 10 *Deer Scene (Pictures 15–17): English and Japanese (Degree of Agency)*

| | | English ||
		High	Low
Japanese	High	14	5
	Low	8	12

The above observation is also supported by the choice of verb type (see Table 11). Although no differences approached statistical significance at the .05 level, there seem to exist two predominant pairings: (1) transitive verbs in both languages, and (2) intransitive verbs in both languages, χ^2 (1,39) = 3.31, $p < .07$.

Table 11　　　　　*Deer Scene (Pictures 15-17) ; English and Japanese (Verb Types)*

		English	
		Transitive	Intransitive
Japanese	Transitive	14	5
	Intransitive	9	11

Overall, those who encode a Cause-View in one language also tended to encode a Cause-View in the other language, whereas those who did not take a Cause-View in one language tended to behave in the same way in the other language, $r_s = .34, p < .05$. Again, although the association is relatively weak, relationships seem to exist between the two languages in terms of the choice of verb type; those who chose a transitive verb in one language tended to select a transitive verb in the other language whereas those who selected an intransitive verb were also likely to do so in the other language, $r_s = .29, p < .08$.

The above correlations seem to suggest that regardless of the language used for narration, those who interpret the scene as causal (assumingly intended by the author) encoded high agency by using a transitive verb, whereas those who interpreted the scene with less or no causality encoded diminished or no agency by using an intransitive verb. Overall, therefore, regardless of the language of narration, bilinguals tended to describe the scene from the same perspective and chose an appropriate verb accordingly.

Here, however, we need to think further about why inconsistency occurred. First, as to the 12 narrators who did not take a Cause-View perspective regardless of the language (see Table 10), there are two possible interpretations:

(1) They did not believe the boy's falling from the cliff was caused by the deer. The boy (and the dog) simply fell from the cliff (i.e., the issue of

schematization discussed above).

(2) They did understand that the deer caused the boy to fall from the cliff, but they simply did not know what to say in either language (i.e., the issue of language weakness/deficit).

Second, as to the mixed use, there are at least two possible interpretations, both of which may be attributable to the issue of language weakness/deficit:

(1) They knew how to describe the scene appropriately in one language, but did not know how to encode it in the other language.
(2) They simply described the scene arbitrarily.

Voice. Regardless of the language of narration, the active voice was predominantly used in Picture 17 (where the deer throws the boy into a pond), but language-specific tendencies were still observed. In English, four narrators used get- and be-passives in either Picture 15 or 16, but none used the passive voice when describing Picture 17. All narrators used the active voice when narrating Picture 17 in English. The choice of the active voice here means:
(1) The event was seen from the perspective of the deer as subject of a verb of motion (by using such transitive verbs as "throw", "drop", or "dump"), thus with the suggestion of the nature of causality (i.e., high degree of agency); or
(2) The event was seen from the perspective of either the boy or the deer as subject of a verb of motion, with minimal or virtually no degree of agency, as can be seen in Hiro's narration "The deer stopped at the cliff, and the boy fell into the pond".

On the other hand, in Japanese narrations the passive form, although still infrequent, appeared exclusively in Picture 17. In addition to Kenji, whose narration was mentioned above, Asuka [Girl; Grade 5.7; Age 11 years, 1 month] and Kazuo used the passive form. Interestingly, Asuka was a fifth grader and Kenji and Kazuo were sixth graders at the time of the data collection. Certainly, age or grade may not correlate with the development of bilingual skills; this is because as children age or advance in school, either one of the two languages may become the primary language and the other may decline. But the use of passive in this case may make a sophisticated impression on the Japanese listener.

4. Overall Analysis

So far we have separately examined two scenes individually—the bee-chasing scene (Pictures 11–12) and the deer scene (Pictures 15–17). By analyzing the two scenes simultaneously, however, we can get a much clearer picture. With the two scenes' agency combined, the study has revealed that those narrators who encoded high agency in one language tended to do so in the other, and those who encoded low or no agency in one language showed a similar tendency in the other, r_s = .38, $p < .05$. [As mentioned earlier, the Spearman rank order correlation rho (ρ) is used because the variables for investigation are of ordinal scaling.] With regard to the physical maturation (i.e., age) and the effect of schooling (i.e., grade/year in school), Japanese narrations show positive associations: age r = .35, $p < .05$, year in school r = .45, $p < .01$. As far as Japanese narration is concerned, as seen earlier in the use of the passive voice in the deer scene, as children age and advance in school, they come to encode agency appropriately in their narrations in Japanese, their mother tongue.

Although weak, a positive association between agency (or causality encoding) of the two scenes was identified in the case of Japanese, r_s = .30, $p < .09$. Those who encoded high agency in Japanese when narrating one scene tended to do the same when narrating the other scene in Japanese. We need to examine different types of narrators separately, however. As seen in Table 12, there are two predominant pairings: (1) nine narrators who consistently encoded high agency in both languages, and (2) 13 narrators who encoded low agency at least once in both languages, $X^2(1,31)$ = 6.27, $p < .02$. Thus, we have consistently found—either when analyzing the chasing and deer scene separately or both scenes combined—that bilinguals schematize a scene in similar or even identical ways, choose an appropriate verb, and encode agency accordingly.

Table 12 *Two Scenes Combined (Pictures 11-12, 15-17):*
English and Japanese (Degree of Agency)

		English	
		Both High	At Least One Low
Japanese	Both High	9	4
	At Least One Low	4	13

Further analyses may reveal each individual case to have different tendencies, but the narrators are basically categorized into four groups: (1) consistent narrators, (2) narrators with scene-specific encoding patterns, (3) narrators with language-specific encoding patterns, and (4) narrators with random and/or inconsistent encoding patterns.

Consistent narrators. Mike, Misa [Girl; Grade 2.6; Age 9 years, 2 months], Taichi, Miki [Girl; Grade 2.8; Age 7 years, 9 months], Genki [Boy; Grade 3.7; Age 9 years, 5 months], Kahori [Girl; Grade 3.8; Age 9 years, 7 months], Mai [Girl; Grade 6.7; Age 12 years, 0 months], Sayuri [Girl; Grade 6.8; Age 11 years, 10 months], and Kazuo consistently encoded high agency in both languages. They understood both scenes in the appropriate ways and were able to encode agency regardless of the language of narration. The nine children in this category may be considered highly balanced bilingual narrators.

Narrators with scene-specific encoding patterns. Six children—Misaki, Momoe [Girl; Grade 2.7; Age 8 years, 0 months], Kenta, Taizo, Keigo, and Natsuko—regardless of the language of narration, encoded high agency when describing the chasing scene, but did not opt for doing so in the deer scene. Perhaps they interpreted the two scenes in different ways; while they thought that bees were chasing the dog, they might have inferred that the deer did not necessarily drop the boy but that what happened in Pictures 15-17 was only an accident (the boy unnecessarily surprised the deer; the deer was, in fact, a victim and not to blame).

Koharu omitted the chasing scene when narrating in Japanese, and Takashi [Boy; Grade 5.7; Age 11 years, 1 month] omitted the deer scene in his English narration. But if Koharu had narrated the chasing scene in Japanese with high agency encoding, and if Takashi had narrated the deer scene in English with low agency encoding, they might also have belonged to this category.

In this sense, Eimi, seems to be the opposite; that is, while she did not encode high agency when narrating the chasing scene in either language, she did so in both languages when narrating the deer scene. Perhaps she might have empathized with the bees because the dog started the trouble by dropping the beehive. Overall, the narrators belonging to this category might have interpreted the scenes differently.

Narrators with language-specific encoding patterns. Hiro encoded high agency in Japanese in both scenes, but he did not encode high agency in English in either scene. Although he knew how to encode agency in Japanese, he might not have understood how to do it in English. Nichole [Girl; Grade 2.9; Age 7 years, 7 months] seemed to be the opposite. She encoded high agency in English in both scenes, but she did not do so in Japanese in either scene. Perhaps she knew what to do in English, but she did not know what to do in Japanese and failed to include causality.

Melissa, Eriko, and Leon, none of whom narrated the chasing scene in English, may belong to this category as well. If this was the case, then, not only Nichole but also these three children might need to be taught how to encode causality in Japanese. Although their mother tongue is Japanese, they may need to develop their Japanese language fluency.

Narrators with random and/or inconsistent *encoding patterns.* Some other cases also show concerns in the light of bilingual development. Of the five children who missed the narration of the chasing scene in both English and Japanese, Masaaki [Boy; Grade 3.7; Age 9 years, 1 month], Jon, and Hanayo did not include any causality. If they did not identify causality in these two pictures, this should not be a matter of concern. If they did understand causality and failed to include it, on the other hand, they may need to be instructed how to encode it.

The remaining 12 narrators showed random and/or inconsistent encoding patterns. Their encoding patterns were not consistent, and they may have encoded high agency in one language but not in the other when narrating the same scene. For instance, Ryu [Boy; Grade 3.7; Age 9 years, 2 months] and Sachiko

[Girl; Grade 3.6; Age 8 years, 9 months] missed encoding agency only once when narrating the deer scene in English and Japanese respectively.

Perhaps potentially more serious cases are Sandy [Girl; Grade 3.9; Age 8 years, 8 months], who encoded agency only when narrating the chasing scene in English, and, likewise, Asami [Girl; Grade 2.7; Age 9 years, 9 months] and Miho [Girl; Grade 3.6; Age 8 years, 3 months], both of whom encoded agency only when narrating the deer scene in English. Children categorized above as narrators with scene-specific and language-specific encoding patterns but who failed to narrate one of the scenes may belong to this group as well.

Table 13 *Chasing and Deer Scenes (Pictures 11-12 and 15-17) : English & Japanese*

	Grade	Age	English Chasing Scene	English Deer Scene	Japanese Chasing Scene	Japanese Deer Scene
Melissa	0.700	6;01	none	○	×	×
Maria	1.700	6;06	×	○	×	×
Takuto	1.700	6;11	○	×	○	○
Ayako	1.500	7;01	×	×	×	○
Mike	1.700	7;07	○	○	○	○
Eriko	1.800	7;02	none	○	×	×
Leon	1.800	7;05	none	○	×	×
Koharu	1.900	7;00	○	×	none	×
Misa	2.600	9;02	○	○	○	○
Hiro	2.600	9;02	×	×	○	○
Kaori	2.500	8;02	○	×	×	×
Misaki	2.700	7;09	○	×	○	×
Taichi	2.700	8;00	○	○	○	○
Momoe	2.700	8;00	○	×	○	×
Asami	2.700	7;09	×	○	×	×
Mika	2.800	7;09	○	○	×	○
Miki	2.800	7;09	○	○	○	○
Nicole	2.900	7;07	○	○	×	×

续表

	Grade	Age	English		Japanese	
			Chasing Scene	Deer Scene	Chasing Scene	Deer Scene
Tadashi	2.900	8;06	○	○	×	○
Sachiko	3.600	8;09	○	○	○	×
Miho	3.600	9;03	×	○	×	×
Genki	3.700	9;05	○	○	○	○
Ryu	3.700	9;02	○	×	○	○
Masaaki	3.700	9;01	none	×	none	×
Kenta	3.700	9;07	○	×	○	×
Kahori	3.800	9;07	○	○	○	○
Jon	3.900	8;11	none	×	none	×
Sandy	3.900	8;08	○	×	×	×
Taizo	4.700	10;00	○	×	○	×
Naoto	4.700	10;00	○	×	○	○
Keigo	4.700	9;07	○	×	○	×
Eimi	4.800	10;08	×	○	×	○
Hanayo	5.700	11;02	none	×	none	×
Takashi	5.700	11;01	○	none	○	×
Natsuko	5.700	10;09	○	×	○	×
Asuka	5.700	11;01	none	○	none	○
Kenji	6.700	12;06	none	○	none	○
Mai	6.700	12;00	○	○	○	○
Sayuri	6.800	11;10	○	○	○	○
Kazuo	6.800	12;01	○	○	○	○

Notes: ○: high agency, ×: low or no agency

1. Encode high agency in both languages (Mike, Misa, Taichi, Miki, Genki, Kahori, Mai, Sayuri, and Kazuo) understand both scenes and be able to encode agency in both languages.

2. Encode high agency in chasing scene but not do so in deer scene or vice versa (Misaki, Momoe, Kenta, Taizo, Keigo and Natsuko) perhaps interpret the deer scene different way. Eimi on the opposite way.

3. Encode high agency in English but not high agency in Japanese or vice versa (Hiro and Nichole).

5. Discussion

Bilingualism is often reported to be accompanied by advantages. For example, it has been claimed that bilinguals' combined L1 and L2 vocabulary exceeds that of monolinguals (Muñoz-Sandoval, Cummins, Alvarado, & Ruef, 1998; Oller & Eilers, 2002; Oller, Pearson, & Cobo-Lewis, 2007). It has also been claimed that the conceptual knowledge basis built up in the L1 expedites learning of an L2 (Cummins, 1991; Verhoeven, 2007), and that being bilingual means to be advantaged cognitively in such domains as enhanced metalinguistic awareness and the executive control that facilitates L2 learning (Bialystok, 2001). At the same time, however, there is a possibility that being bilingual is not advantageous in all areas of cognitive development. Rather than simply believing that bilinguals have an advantage over monolinguals or vice versa, it is meaningful to identify which cognitive domains are enhanced by bilingualism (Scheele, Leseman, & Mayo, 2010).

The current study has examined within- and across-language relationships between grammatical forms and semantic/communicative functions by focusing on such complex grammatical measures as transitive and intransitive verbs, active and passive voices, durative and completive forms, and referential topic management. If all of the children had narrated the two scenes using these devices in more or less identical ways, we could have claimed that they all operate with one linguistic system. The real story was found to be much more complicated. Some bilingual children did perform in almost identical ways in some domains of both languages, whereas others performed very differently when narrating stories in the two languages. Similarities between the narrations in the two languages may suggest a flexible use of conceptualizations (or schematizations) that is available to fluent bilinguals, depending upon the cognitive processes required by the task at hand.

It is important to note that the interdependence between schematizations and grammatical domains is not evident everywhere. As reported earlier, for instance, eight narrators who chose the progressive in English selected the completive in Japanese. Bilingual children, when narrating in English, may adopt a process-focused point of view while using a result-focused point of view when narrating in Japanese. This may correspond to what Hopper and Thompson (1980) termed the distinction between foregrounding and backgrounding. Narrative consists of two types of structures: temporal structure (foregrounding) and durative/descriptive structure (backgrounding). More specifically, foregrounding refers to the parts of the narrative that relate a sequence of events with respect to a timeline, thus belonging to the skeletal structure of the narrative, and, in contrast, backgrounding refers to supportive narrative (e.g., orientation, which presents static descriptions of the scene) that does not itself narrate the main events. If we interpret that the completive corresponds to foregrounding, and the durative corresponds to backgrounding, then we may claim that bilingual narrators tend to emphasize backgrounding when narrating in English but foregrounding when narrating in Japanese. Although these differences are language-specific features, we may be allowed to hypothesize as follows: Because foregrounding constitutes the narrative skeleton (for relating chronological events) and because backgrounding, in a sense, provides additional but elaborated information, the aforementioned eight children's inclusion of the progressive form indicates that their English narration is sophisticated and advanced.

The choice of the passive voice may possibly also be considered an opposite example of language-specific aspects, at least in part. As Minami (2011) reports, Japanese speakers effectively use passive forms and subject-referencing markers in order to relate a clear chronological sequence of events. This cross-linguistic difference may be attributable to various functions of passive structures in Japanese that are not available in English; specifically, whereas only transitive verbs are allowed in passive constructions in English, both transitive and intransitive verbs can be used in Japanese for the construction of the passive voice. Some examples are, "I was fallen by rain (=I got rained on)" and "I was died by my pet dog (=My pet dog died on me)" (Makino & Tsutsui, 1986; Maynard, 1990). As long as Japanese narration is concerned, as seen earlier in the use of the passive voice in the deer scene, as children age and advance in school, they come to encode agency appropriately in their narrations in Japanese, their mother tongue.

However, if we take the results of the chasing scene into consideration, the aforementioned assumption does not necessarily hold. Instead, we realize that we may not be able to assert the positive relationship between the children's age (or year in school) and their use of passive forms. Recall that when describing the chasing scene, four narrators chose the passive voice in both languages (see Table 5), and among these four narrators, two were Mike and Misa, first and second graders respectively. Rather, the differences between the active voice and the passive voice are more likely to be scene specific and related to schematization, or, more specifically, perspective-taking, i.e., the speaker has more than one way to express a certain event by emphasizing one of the characters involved in the event, without altering the logical contents of the event (Bamberg, 1997a, 1997b; Kuno, 1987). For example, the meanings of the two constructions of the event, "The deer threw the boy into the river" versus "The boy was thrown into the river" in Picture 17, are different not only in terms of what is placed into the subject/actor and direct object positions, but also in terms of what is emphasized or schematized in the event or action.

Thus, while the discrepancies have been emphasized to some extent so far in this discussion section, we should not forget that the two languages are, at the same time, interlocking in the light of schematization. In some cases, furthermore, we should interpret the degree of interlockingness in the light of cross-language transfer as well. Or rather, it may be safe to say that cross-language transfer and schematization are inseparable at least in some cases. For example, whereas 14 narrators chose a transitive verb when narrating the deer scene in both languages, 11 children used an intransitive verb (e.g., *ochiru*) in Japanese and also (e.g., fall) in English (see Table 11). The fact that the boy falling is punctual or completed in both languages seems to suggest a result-focused orientation, which is characteristic of Japanese and appears in English as well. This can be interpreted as a result of cross-language transfer from the L1 (Japanese) to the L2 (English).

It is interesting to note that some children failed to include causality either in Japanese or in either of the two languages. The results of the initial screening tests, which included a standardized receptive vocabulary test, did not show that one of the languages appeared to be significantly weaker than the other. But the study has revealed that all children are not equally successful in narrating stories. Narrative competence requires semantic and syntactic skills, i. e., the skills needed to organize information (which relates to the verbalization of a schema). In the case of bilinguals, these skills are required in both languages. We may need to assist certain types of narrators, narrators with language-specific encoding patterns and narrators with random and/or inconsistent encoding patterns, in the development of their bilingual fluency. In the case of children who showed successful English-specific encoding patterns, we recommend that their Japanese parents support their children in the development of their L1 skills.

6. Conclusion

To conclude, it has been claimed that L1 skills, L2 aptitude, and L2 proficiency are related to one another (Sparks, Patton, Ganschow, & Humbach, 2009), and thus strong support for linkages between students' L1 skills and their L2 proficiency and achievement (i.e., cross-linguistic transfer) has been emphasized and even advocated. For instance, Cummins's interdependence hypothesis (Cummins, 1979, 1984), as supported by a study conducted by Verhoeven (2007), maintains that L2 language and literacy are at least partially dependent on L1 literacy at the time of the exposure to the L2. This interdependence, at the same time, means that if bilingual children's L1 competence is low, their L2 competence is likely to be low as well.

Certainly, language use in the bilingual/multilingual family changes and evolves as the family grows (Barron-Hauwaert, 2011); for example, the transition from home to school may provoke a change in the children's and consequently the family's language use. Yet verbal skills, such as constructing and retelling coherent narratives, regardless of the L1 or L2, are more crucial than any for better communication with others. Furthermore, verbal skills serve as possible predictors of school success and disposition to literacy. The problem is the reality that children live in homes that support literacy development to differing degrees in both the L1 and L2 (Snow, Burns, & Griffin, 1998). In addition to fostering

L2 skills, in order to keep their mother tongue alive and active, parents are strongly encouraged to involve their children in a range of activities that nurture children's L1 skills.

References

Bamberg, M. (1987). *The acquisition of narratives: Learning to use language*. New York: Mouton de Gruyter.

Bamberg, M. (1997a). Positioning between structure and performance. *Journal of Narrative and Life History*, 7(1-4), 335-342.

Bamberg, M. (1997b). Language, concepts and emotions: The role of language in the construction of emotions. *Language Sciences*, 19(4), 309-340.

Barron-Hauwaert, S. (2011). *Bilingual siblings: Language use in families*. Bristol, UK: Multilingual Matters.

Bartlett, F. C. (1932). *Remembering*. Cambridge, UK: Cambridge University Press.

Berman, R. A., & Slobin, D. I. (1994). *Relating events in narrative: A crosslinguistic developmental study*. Hillsdale, NJ: Lawrence Erlbaum Associates.

Bialystok, E. (2001). *Bilingualism in development: Language, literacy, and cognition*. New York: Cambridge University Press.

Carroll, D. W. (1986). *Psychology of language*. Pacific Grove, CA: Brooks/Cole.

Cummins, J. (1979). Linguistic interdependence and the educational development of bilingual children. *Review of Educational Research*, 49(2), 222-251.

Cummins, J. (1984). Wanted: A theoretical framework for relating language proficiency to academic achievement among bilingual students. In C. R. Rivera (Ed.), *Communicative competence approaches to language proficiency assessment* (pp. 2-19). Clevedon, UK: Multilingual Matters.

Cummins, J. (1991). Interdependence of first-and second-language proficiency in bilingual children. In E. Bialystok (Ed.), *Language processing in bilingual children* (pp. 70-89). New York: Cambridge University Press.

Eriksson, M. (2001). Narratives validate communicative development inventories. *Applied Psycholinguistics*, 22(1), 45-60.

Ervin-Tripp, S. M., & Küntay, A. (1997). The occasioning and structure of conversational stories. In T. Givón (Ed.), *Conversation: Cognitive, communicative and social perspectives* (pp. 133-166). Amsterdam, The Netherlands: John Benjamins.

Flege, J. E., MacKay, I. R. A., Piske, T. (2002). Assessing bilingual dominance. *Applied Psycholinguistics*, 23(4), 567-598.

Fukuda, S., & Choi, S. (2009). The acquisition of transitivity in Japanese and Korean children. In S. Iwasaki, H. Hoji, P. M. Clancy & S. Sohn (Eds.), *Japanese/Korean Linguistics* 17(pp. 613-624). Stanford, CA: CSLI.

Gutiérrez-Clellen, V. F., Simon-Cereijido, G., & Wagner, C. (2008). Bilingual children with language impairment: A comparison with monolinguals and second language learners. *Applied Psycholinguistics*, 29(1), 3-19.

Hopper, P., & Thompson, S. (1980). Transitivity in grammar and discourse. *Language*, 56(2), 251-299.

Kuno, S. (1987). *Functional syntax: Anaphora, discourse and empathy.* Chicago: University of Chicago Press.

Labov, W. (1972). *Language in the inner city: Studies in the Black English vernacular.* Philadelphia, PA: University of Pennsylvania Press.

MacWhinney, B. (2000). *The CHILDES project, Volume I: Tools for analyzing talk* (3rded.). Mahwah, NJ: Lawrence Erlbaum Associates.

MacWhinney, B., & Snow, C. E. (1985). The Child Language Data Exchange System. *Child Language*, 12(2), 271-296.

MacWhinney, B., & Snow, C. E. (1990). The Child Language Data Exchange System: An update. *Child Language*, 17(2), 457-472.

Manhardt, J., & Rescorla, L. (2002). Oral narrative skills of late talkers at ages 8 and 9. *Applied Psycholinguistics*, 23(1), 1-21.

McIntire, M. L., & Reilly, J. S. (1996). Looking for frogs in the narrative stream: Global and local relations in maternal narratives. *Journal of Narrative and Life History*, 6(1), 65-86.

Makino, S., & Tsutsui, M. (1986). *A dictionary of basic Japanese grammar.* Tokyo: The Japan Times.

Mayer, M. (1969). *Frog, where are you?* New York: Dial Press.

Maynard, S. K. (1990). *An introduction to Japanese grammar and communication strategies.* Tokyo: The Japan Times.

Minami, M. (2011). *Telling stories in two languages: Multiple approaches to understanding English-Japanese bilingual children's narratives.* Charlotte, NC: Information Age Publishing.

Muñoz-Sandoval, A. F., Cummins, J., Alvarado, C. G., & Ruef, M. L. (1998). *Bilingual verbal ability tests: Comprehensive manual.* Itasca, IL: Riverside Publishing.

Nomura, M., & Shirai, Y. (1997). Overextension of intransitive verbs in the acquisition of Japanese. In E. V. Clark (Ed.), *The Proceedings of the twenty-eighth annual Child Language Research Forum* (pp. 233-242). Stanford, CA: CSLI.

Oller, D. K., & Eilers, R. E. (Eds.). (2002). *Language and literacy in bilingual* children. Clevedon, UK: Multilingual Matters.

Oller, D. K. , Pearson, B. Z. , & Cobo-Lewis, A. B. (2007). Profile effects in early bilingual language and literacy. *Applied Psycholinguistics*, 28(2), 191-230.

Scheele, A. F., Leseman, P. P. M., & Mayo, A. Y. (2010). The home language environment of monolingual and bilingual children and their language proficiency. *Applied Psycholinguistics*, 31(1), 117-140.

Simon-Cereijido, G., & Gutiérrez-Clellen, V. F. (2009). A cross-linguistic and bilingual evaluation of the interdependence between lexical and grammatical domains. *Applied Psycholinguistics*, 30(2), 315-337.

Slobin, D. I. (1991). Learning to think for speaking: Native language, cognition, and rhetorical style. *Pragmatics*, 1(1), 7-25.

Slobin, D. I. (1994). Passives and alternatives in children's narratives in English, Spanish, German, and Turkish. In B. Fox & P. J. Hopper (Eds.), *Voice: Form and function* (pp. 341-364). Amsterdam: John Benjamins.

Snow, C. E., Burns, M. S., & Griffin, P. (1998). *Preventing reading difficulties in young children*. Washington, DC: National Academy Press.

Sparks, R. L., Patton, J., Ganschow, L., & Humbach, N. (2009). Long-term relationships among early language skills, second language aptitude, second language affect, and later second language proficiency. *Applied Psycholinguistics*, 30(4), 725-755.

Stavans, A. (1996). Development of parental narrative input. *Journal of Narrative and Life History*, 6(3), 253-280.

Tsujimura, N. (2006). Why not all verbs are learned equally. In N. Gagarina & I. Gülzow (Eds.), *The acquisition of verbs and their grammar: The effect of particular languages* (pp. 105-122). The Netherlands: Springer.

Verhoeven, L. (2007). Early bilingualism, language transfer, and phonological awareness. *Applied Psycholinguistics*, 28(3), 425-439.

Verhoeven, L., & Strömqvist, S. (Eds.). (2001). Development of narrative production in a multilingual context. In L. Verhoeven & S. Strömqvist (Eds.), *Narrative development in a multilingual context* (pp. 1-13). Amsterdam/Philadelphia: John Benjamins.

第二言語習得におけるシャドーイング・音読のプラクティス効果

門田　修平

概要

　まず心理言語学の観点から、英語など第二言語習得の2つの基本課題、すなわち①インプットの量と質をいかに確保するか、②脳内の学習システムをいかに機能させるか、についてふれたいと思います。その上で、シャドーイング・音読について、筆者の考える第2のプラクティス効果である、語彙・構文などの内在化効果について、音読も絡めて、検討します。そうすることで、シャドーイング・音読トレーニングが、学習者による、新たな語彙・構文の内在化といかに結びつくかについてこれまでの研究成果を報告します。

1. はじめに

　日本語・英語などの第二言語の学習や教育に関わる基本的な課題をまとめると，次の2つの解決すべき問題に集約できるのではないかと考えます（図1）。

　上記のうち，課題（1）のインプットの問題については、大量のインプットを学習者に与え、そうすることでL1の習得状況に少しでも近づけようとする多読・多聴学習の取り組みがあります①。

　これに対し、課題（2）の学習システムとは、学習者の言語獲得装置（language acquisition device）で、これは私たちが心内（＝脳内）に備え

作者简介：門田修平（1955—），男，日本/关西学院大学法学部教授，关西学院大学研究生院语言交际文化研究科教授，研究方向：心理语言学，应用语言学，二语习得
　① Krashen（2004）、古川・伊藤（2007）、伊藤（2010）等参照。

ているものです。このことばの学習システムは、人が誰しも持つと考えられているワーキングメモリ（working memory）を土台に、そのさまざまな制約の範囲内で、習得対象言語の発音・語彙・文法などの新情報を、知覚（perception）し、理解（comprehension）し、記憶（memorization）して、さらに内在化（internalization）して知識化するための下位システム（subsystem）を含んでいると考えられます。この学習システムを活性化させ、効率的に働かせるには、どのような練習（学習タスク）があるのかについて大いに議論・検討する必要があります。

| 言語インプット | 学習（知覚・理解・記憶・内在化）システム | 言語能力 |

　　　　↑　　　　　　　　　↑
　　検討課題（1）　　　　検討課題（2）

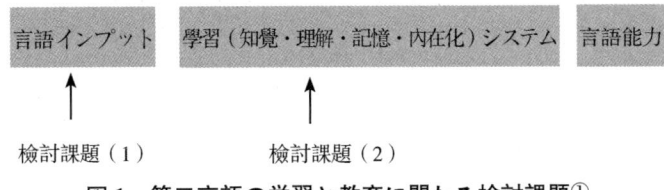

図1　第二言語の学習と教育に関わる検討課題[1]

　門田は、従来より同時通訳のトレーニングとして行われてきたシャドーイング（shadowing）、さらには文字と発音とを結び付ける音読（oral reading）が、ワーキングメモリ（working memory）を土台にした、上記の学習システムを効果的に機能させるすぐれた方法であることを、認知心理学や脳科学などの隣接分野、および実際の教室での教育実践にもとづく研究から報告しています[2]。

2. シャドーイング・音読とは?

　シャドーイングは、聞こえてきた音声言語をもとに、また音読は、目で見た文字言語をもとに、ともにこころ（頭）の中で内的な符号化を行い、どのような発音であるか認識し（これを音韻表象（phonological representation）の形成と呼びます）、その後それを声に出して発声するタスクです（図2）。

　次の図3は、バイリンガルの語彙処理モデル（Lexical Processing Model for Bilingual Speakers）として、門田によって提案されているものです。

---

[1]　門田（2007および2015）より転載。
[2]　門田（2007および2015）参照。

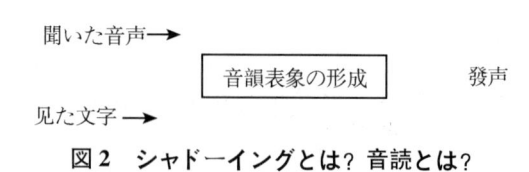

聞いた音声→
　　　　　　　　　　　音韻表象の形成　　　發声
　　　見た文字→

図2　シャドーイングとは？音読とは？

音声・視覚提示された単語（語句）の意味を理解したり、絵をみてその絵の表す内容を1語で言ったりする（命名：naming）といった心的プロセスを、母語と第二言語で互いにどのような段階を経て行っているかを、イメージ化したものです。シャドーイング、さらには音読についても、それぞれがどのような段階を経て実行されるかその認知プロセスの概要を図示しています。

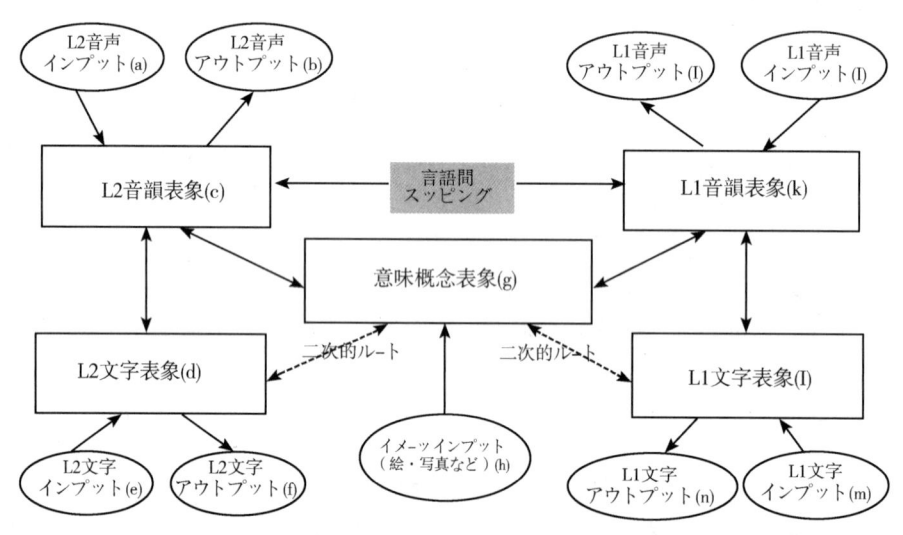

図3　バイリンガル語彙処理モデル（英語表記を日本語表記に変更して転載）[1]

　例えば、第二言語におけるシャドーイングでは、最低限L2音声インプットをもとに、L2音韻表象を経て、L2音声アウトプットを返すだけで実施可能です。しかしながら、繰り返し練習することで、復唱に馴れ、自動化されてその実行に必要な認知負荷が軽減されてくると、同時に意味処理をし（意味概念表象の形成）、文字表象を形成してそこから

---

[1] 門田（2010）、Kadota（2019）等を参照。

のフィードバックを得るなどの処理を同時並行で進めることができるようになります。また、図の右半分が示すように、母語音声の復唱においても、同様の処理経路が、仮定できます。さらに、視覚提示語の音読については、L2 視覚インプットをベースに、L2 文字表象を形成し、L2 音韻表象に変換したら、今度はそれを発音してL2 音声アウトプットを得るというプロセスが、最低限含まれることがわかります。そして、この文字表象の音韻表象への変換には、書記素・音素変換規則の利用、単語の主要部文字列（body）の一貫性に関する情報の活用などが明らかにされています[1]。

3. シャドーイング・音読のプラクティス効果とは?

　Kadota（2019）は、シャドーイング・音読には、それぞれ音声や文字インプットの処理を促進するインプット効果、発話（スピーキング）を向上させるアウトプット効果、自身のシャドーイング・音読の学習過程を観察する（メタ認知）モニタリング効果とともに、顕在的な外的調音速度を向上させることで、ワーキングメモリの音韻ループ内のサブボーカルリハーサル（内語反復：subvocal rehearsal）の高速化が達成でき、その結果第二言語の語彙・構文などを全体としてまるごと記憶・内在化できるようにする、プラクティス効果があることを提案しています。

　シャドーイング・音読による復唱を何度も行うことは、いわば「外的リハーサル（overt vocal rehearsal）」を繰り返し実行することを意味します。そうすると、この練習効果により、スピーキングに先だって心の中で準備する上記の「内的リハーサル」が、これまでよりもずっと容易に実行できるようになるのではないでしょうか。言い換えると、「外的リハーサル」を実行することで、それがそのまま、人の名前を覚える、電話番号を覚えるなど新情報の獲得能力（学習力）を高めることに繋がると考えられます。

　認知心理学では従来から、維持リハーサル（maintenance rehearsal）や精緻化リハーサル（elaborate rehearsal）といった復唱によって、短期記憶（ワーキングメモリ）内の情報を長期記憶に転送することで、知識

---

[1]　Ikemura（2005）、門田（2015）等を参照。

獲得が実現されるというモデル化がなされてきました[1]。このような観点から、シャドーイング・音読などによる復唱（外的リハーサル）のトレーニングが、いかにして、新情報の獲得に役立つのか、心理言語学や神経科学の観点から、詳細に検討する必要があります。特に、外的リハーサルの高速化・効率化が、上記のような新情報の獲得の前提となる内的リハーサル（内後反復）の実行をやはり高速化・効率化させる働きがあるのかどうか検証することが必要になります。この意味で、次のMiyakeによる研究成果は、シャドーイングのトレーニングにより、いつの間にか潜在記憶に転送できるシャドーイングの効果を示唆しています。

　Miyake（2009）は、日本人大学生男女 30 名を対象に、次のようなチャンク（句：phrase）のシャドーイングを、それぞれ 6 回ずつアトランダムな順で音声を提示して、実行してもらいました。

① a book about cooking　② the room above the kitchen
③ carry out his assignment　④ the day after tomorrow
⑤ a walk along the river　⑥ the restaurant around the corner
⑦ cut out for teaching　⑧ believe in Santa Claus
⑨ agree to a suggestion　⑩ answer your mother back

表 1　各チャンクのシャドーイング時の発音時間：1 回目と 6 回目の比較

チャンク	1 回目	6 回目	p =
①	1406	1286	.047*
②	N/A	N/A	N/A
③	N/A	N/A	N/A
④	1218	1124	.022*
⑤	1583	1324	.262
⑥	1759	1620	.015*
⑦	1311	1159	.383

shadowing duratlon（ミリ秒）

---

[1]　門田（2006）、Neath and Surprenant（2003）を参照。

续表

	shadowing duratlon（ミリ秒）		
チャンク	1回目	6回目	p=
⑧	1597	1363	.006**
⑨	1364	1383	.000
⑩	1283	1151	.055

** p<.01　* p<.05

　その結果、表1に示されているとおり、1回目よりも6回目のシャドーイングで発音時間が有意に短くなったものは、①（a book about cooking）、④（the day after tomorrow）、⑥（the restaurant around the corner）、⑧（believe in Santa Claus）でした。

　さらに、6回のチャンク（句）シャドーイングの後に、突然何の前ぶれもなしに、口頭で一部を与えてその後に続く語句を再生してもらう、手がかり再生（cued recall）課題を参加者に与えました。例えば、a book...，the room...，a walk...などとキューを与え、その後に続く語句を口頭で答えてもらったのです。そうすると、次の表2に示すとおり、発音時間が有意に短縮した上記①④⑥⑧のチャンクの手がかり再生率が、それら以外のチャンクの再生率よりも、有意に高いことが判明したのです。

表2　　　　　　　　チャンク①④⑥⑧の再生率

チャンク	①	④	⑥	⑧
recall ratio（％）	60.00	80.00	60.00	60.00

　このことは、何を意味しているのでしょうか。そうです、シャドーイングにより発音時間が短くなり、その速度が向上したチャンクは、何も事前の指示がなく、特に記憶しようとしたわけではないのですが、いつの間にか無意識のうちに覚えてしまっていることを示唆しています。これがシャドーイングの潜在学習（プラクティス）効果であると考えられます。

　以上のプラクティス効果について、筆者自身は、現在シャドーイング・音読のトレーニングにより、外的リハーサル能力、内的リハーサル

能力がいかに促進されるか、さらにそれにより第二言語習得にどのように貢献するかを共同研究で実験的に検討しています。これについては、今後の進展を、稿を改めて報告したいと思います。

4. おわりに：心理言語学的能力の提唱

　一般に、第二言語（外国語）のコミュニケーション能力は次の4つから成ると言われています[①]：

　　　（1）文法能力（grammatical competence）：言語知識にもとづき、新たな文を理解・産出する能力
　　　（2）社会言語学的能力（sociolinguistic competence）：社会的文脈を理解し、状況・場面に適切な言語を使用する能力
　　　（3）談話能力（discourse competence）：状況に関連した一貫したテクストを形成するのに有効な指示、言い換え、省略などを駆使する能力
　　　（4）方略的能力（strategic competence）：自身の知識の限界に対処すべく、言い換え、繰り返しなどの方略を使って切り抜ける能力

　中国も含め東アジアにおける第二言語教育、とりわけ英語教育がこれまで重視してきたのは（1）の能力の形成で、それによりはじめて聞く文でも、はじめて話す文でも、時間をかけて考えればその意味が理解でき、その産出ができると考えてきました。しかしそれでは、あまりに「認知負荷が高く」、実際の会話では間に合いません。通常は、ほぼ数百ミリ秒といったごく短時間のうちに文を聞いたり、話したりするのです。この能力を、（1）—（4）に対して、次の（5）として加える必要があるのではないでしょうか。

　　　＊＊＊＊＊＊＊＊＊＊＊＊＊＊＊＊＊＊＊＊＊＊＊＊＊＊＊＊＊＊＊＊＊＊＊
　（5）心理言語学的能力（psycholinguistic competence）：コミュニケーションに支障をきたさないための認知的流暢性を伴った処理能力（cognitively fluent processing competence）。

[①] Canale and Swain (1980)

****

　これは、一定の時間内（通例1秒以内）に素早く、しかも安定して反応する自動化した処理（automatic processing）を行う能力です。同時に、必要に応じて意図的にコントロールされる柔軟な処理（flexible processing）という概念も含むものです。これは、コミュニケーション能力を支える重要な能力として心理言語学的能力の必要性を説いた門田による発表[1]に、Segalozitzによる認知的流暢性（cognitive fluency）[2] を参考にしながらも、多少修正を加えて、門田（2012）により提案されたものです。

　第二言語の知識を顕在記憶のレベルから手続き記憶（潜在記憶）のレベルに変換させることが、コミュニケーション能力にとっては、その根幹を成す能力ではないでしょうか。この観点から、「心理言語学的能力」を、コミュニケーション能力の構成要素として組み込むことの妥当性について、さらに理論的・実証的に検討が進むことを期待したいと思います。

引用文献

　Canale, M. and Swain, M.（1980）. Theoretical basis of communicative approaches to second language teaching and testing, *Applied Linguistics*, 1, 1-47, 1980.
　古川昭夫・伊藤晶子（2007）.『100万語多読入門』東京：コスモピア
　Ikemura, D,　（2005）. The role of word bodies in accessing lexical phonology：Mediating between the whole word pronunciation and spelling-sound rules. Paper presented at 2005 World Congress of Applied Linguistics. Madison, Wis., USA.
　伊藤サム（2010）．　なぜ「やさしくたくさん」聞くことが必要か　『多聴多読マガジン』5：10-13.
　門田修平（2006）.『第二言語理解の認知メカニズム』東京：くろしお出版
　門田修平（2007）.『シャドーイングと音読の科学』東京：コスモピア
　門田修平（2009）. インプットとアウトプットをつなぐシャドーイング・音読『第35回全国英語教育学会鳥取研究大会予稿集』：69-71.
　門田修平（2010）. 第二言語における語彙処理とそのモジュール性『リーディン

---

[1]　門田（2009）
[2]　Segalowitz（2010）

グとライティングの理論と実践』（英語教育学大系第 10 巻）木村・木村・氏木（編），74-89. 東京：大修館書店.

門田修平（2012）.『シャドーイング・音読と英語習得の科学』東京：コスモピア

門田修平（2015）.『シャドーイング・音読と英語コミュニケーションの科学』コスモピア

Kadota, S. （2019）. *Shadowing as a practice in second language acquisition: Connecting inputs and outputs.* New York：Routledge.

Krashen, S. D（2004）. *The power of reading: Insights from the research* (2nd ed.). Portsmouth：Heinemann. Portsmouth：Heinemann.

Miyake, S. (2009). Cognitive processes in phrase shadowing: Focusing on articulation rate and shadowing latency. *JACET Journal* 48：15-28.

Neath, I. and Surprenant, A. M. （2003）. *Human memory* (2nd ed.). Belmont：Wadsworth / Thomson Learning.

Segalowitz, N. (2010). *Cognitive bases of second language fluency.* New York：Routledge.

摘　要：首先从心理语言学的角度出发探讨与英语等二语习得有关的两个基本课题：如何确保语言信息输入的质和量，如何使脑内的学习系统发挥作用。然后在此基础上，围绕影子跟读和音读这两个主题，讨论笔者所考虑的第 2 个训练效果，即词汇和句式内在化效果与音读的问题。同时涉及至今为止笔者有关影子跟读和音读训练是如何与来自学习者的新词汇和句式内在化机制相关联的研究成果。

关键词：影子跟读；音读；词汇和句式的内在化；效果；シャドーイング；音読；語彙・構文などの内在化；効果

「結ぶ」と「縛る」の項交替

岸本秀樹

要旨:「結ぶ」と「縛る」は,状態変化と移動の格フレームをとることができ,場所格交替と似た交替現象を示す。しかし,「結ぶ」と「縛る」は,場所格交替動詞とは意味の指定が異なり,場所格交替動詞よりも多くのパターンの交替を許す。また,「結ぶ」と「縛る」は,類似する意味を表すが,項の省略に関して異なる振る舞いを示す。「縛る」は,対象目的語構文において材料を表す「で」句を省略できるが,「結ぶ」は,対象目的語構文で「で」句の省略を許さない。「結ぶ」と「縛る」は,対象の影響に関する意味の指定が異なるためである。「結ぶ」は本来的には,材料の移動・変化のみを表すため,材料しか目的語にとれない。しかし,強制により対象の状態変化を表し,対象を目的語にすることもできる。これに対して,「縛る」は材料の移動・変化も対象の状態変化も表すことができる。本論では,このような2つの動詞の意味の指定の違いが「で」句の省略の可能性の違いを生み出していることを示す。さらに,「結ぶ」と「縛る」の複合動詞において観察される交替パターンの制限現象が,「結ぶ」と「縛る」の意味構造の選択を後部動詞が制限することにより生じることを論じる。

キーワード:「結ぶ」と「縛る」;項交替;格フレーム;意味の指定;強制

1. はじめに

古くは,壁塗代換(Spray-Paint Hypallage)と呼ばれ,今日では,しばしば場所格交替(Locative Alternation)と呼ばれる交替現象がある。

作者简介:岸本秀樹(1960—),男,神戸大学大学院人文学研究科教授,研究方向:語言学,英語語言学

（1）と（2）に挙げる例がこの交替現象のもっとも典型的なものである。

(1) a. John smeared red paint on the wall.
　　b. John smeared the wall with red paint.
(2) a. 彼が壁に赤いペンキを塗った。
　　b. 彼が壁を赤いペンキで塗った。

Jackendoff（1990），Pinker（1989）などが主張しているように，場所格交替は，動詞が材料の移動と場所の状態変化という2つの意味を表すことができる際に可能になる（奥津（1981）も参照）。英語では，（1a）が材料の移動の意味を表し，（1b）が場所の状態変化の意味を表している。[1]日本語についても同様で，（2a）の「に-を」の格パターンを示す場合，材料の移動の意味が表され，（2b）の「を-で」の格パターンを示す場合，場所の状態変化の意味が表される。

　場所格交替と類似した交替が存在することもある。英語では，場所格交替とよく似た交替として，Levin（1993）がimage impression alternationと呼ぶ交替がある。(3)がその代表例である。

(3) a. The jeweler inscribed the name on the ring.
　　b. The jeweler inscribed the ring with the name.

（3a）では，彫られる名前 the nameが動詞の目的語として現れ，名前が彫られる場所 the ringが前置詞onを伴っている。これに対して，（3b）では，名前が彫られる場所が目的語で，彫られる名前が前置詞withを伴っている。この交替は，場所格交替と同じ形式の交替を起こすので，場所格交替の一種とみなされることもある。しかし，場所格交替で観察される「全体解釈/部分解釈」の違いが観察されないので，場所格交替とは

---

　[1] Jackendoff（1990）は，付加詞として働く主題（本論で言う「対象」に相当する）が表示される場合にはwithを伴うというWith-主題付加詞規則（With-Theme Adjunct Rule）があるとする。日本語でもこの種の規則があてはまり，場所目的語構文に現れる材料の「ペンキ」は対象と解釈され，（withに相当する）「で」で標示される。

別の交替であるとされることもある。
　場所格交替においては，交替する動詞に言語間で大まかな意味の共通性が観察されるものの，同じ意味を表す動詞がいつも交替を起こすとは限らない。この観察は，周辺的な交替現象にも当てはまり，inscribeに意味的に相当する日本語の「彫る」は交替を起こさない。

(4) a. 店員は指輪に名前を彫った。
　　 b. *店員は指輪を名前で彫った。

「彫る」のような刻印の意味を表す動詞においては，(4a) の形式のみが許され，(4b) の形式は非文法的になる。このことから，「刻印」クラスの動詞は，日本語では交替せず，移動構文のみが許容されることがわかる。
　これに対して，結びつけの意味を表す「結ぶ」と「縛る」のような動詞では，(5) と (6) で示されているように，場所格交替で観察されるのと同じパターンの交替が可能である。

(5) a. 彼が古新聞に紐を結んだ。
　　 b. 彼が紐で古新聞を結んだ。
(6) a. 彼が古新聞に紐を縛った。
　　 b. 彼が紐で古新聞を縛った。

　「結ぶ」と「縛る」に対しては，基本的に場所格交替と同じような意味の一般化ができる。森田 (1989) などでも指摘されているように，(5a) と (6a) は，(紐のような) 細長い材料を対象に結びつけることを意味し，材料の移動・変化の意味を表す。これに対して，(5b) と (6b) は，ばらばらの対象をひとまとまりにする (あるいは，ゆるんだものをしっかりと固定された状態にする) という対象の状態変化の意味を表す。
　「結ぶ」と「縛る」は，同じパターンの交替を起こすが，異なる振る舞いも観察される。この2つの動詞は，対象目的語構文の「で」句の省略に関して違いを示す。次節では，この項省略の振る舞いの違いがそれ

ぞれの動詞に指定されている意味構造の違いに起因するものであることを論じる。

2.「結ぶ」と「縛る」の語彙概念構造

「結ぶ」と「縛る」の振る舞いの違いを検討する前に，この2つの動詞が共有する意味について考えてみる。前節でも述べたように，(5a)と(6a)は，細長い材料の「紐」を対象である「古新聞」に結び付けることを意味する（すなわち，材料の移動と変化の意味を表す）。そして，(5b)と(6b)は，ばらばらのもの（対象）をひとまとまりにする（あるいは，緩んだものをしっかりと固定された状態にする）ことを意味する（すなわち，対象の状態変化の意味を表す）。そうすると，この2つの動詞が持つ語彙概念構造は，(7a)と(7b)のように指定される（cf. 影山 (1996)）。

(7) a. [$_{EVENT}$ x ACT] CAUSE [$_{STATE}$ BECOME [z BE AT-[**TIED**] & z BE AT y]]
 b. [$_{EVENT}$ x ACT] CAUSE [$_{STATE}$ BECOME [y BE AT-[**TIED**] BY MEANS OF z]]

(7a) では，xが（ACTで指定される行為を行う）動作主，yが場所，そしてzが（BECOMEによって指定される変化を被る）材料となる。(7a) では，材料のzの状態変化とzの移動がそれぞれz BE AT-[TIED] と z BE AT yで表されている。(z BE AT の後ろに来るyは場所（着点）を表す。z BE ATの後ろに，変項ではなく（変化が完了した後の）状態を記述するTIEDのような定項が現れると，zの状態変化の意味が指定される。)「結ぶ」と「縛る」がこの語彙概念構造を持つと，(5a) や (6a) のような材料目的語構文が形成される。(7b) では，xが動作主，yが（変化を被る）対象，zが材料である。(BY MEANS OFは使用する道具・材料を指定する述語で，材料はBY MEANS OFの後に現れる変項zで指定される（影山・由本 (1997) 参照）)。(5b) と (6b) の「結ぶ」と「縛る」は，(7b) の語彙概念構造を持ち，対象目的語構文を形成する。

本論では，「結ぶ」と「縛る」が場所格交替を許す動詞と基本的に同

じ語彙概念構造を持つことができるため,場所格交替と同じ交替パターンを示すことを論じる。① 「結ぶ」と「縛る」は,(4) および (5) で示されているように,細長い性質を持つ材料の移動（およびその変化）と（細長い材料とは独立した）対象の状態変化の意味を表すことができるために交替が可能なのである。ただし,「結ぶ」と「縛る」の表す意味が場所格交替動詞の表す意味とは異なる点もある。その1つの大きな違いは,材料の移動を表す材料目的語構文でも材料の変化が指定されているという点である。そのことを見るために,まず,(8) の場所格交替動詞「塗る」で作られる構文にどのような意味が含まれるかについて考えてみる。

(8) a. 大工さんが壁にペンキを塗った。
　　 b. 大工さんがペンキで壁を塗った。

(8a) は,「ペンキが壁に付いた」という「材料」の移動の意味を表す構文で,(8a) の「塗る」は (9a) のような語彙概念構造を持っている。(8b) は「壁が塗られた」という「対象」の状態変化を表すので,(8b) の「塗る」は (9b) のような語彙概念構造を持っている。

(9) a. [$_{EVENT}$ x ACT] CAUSE [$_{STATE}$ BECOME [z BE AT y]]
　　 b. [$_{EVENT}$ x ACT] CAUSE [$_{STATE}$ BECOME [y BE AT-[**PAINTED**] BY MEANS OF z]]

(9a) と (9b) の語彙概念構造において,xは動作主（「大工さん」),yは場所（「壁」),zは材料（「ペンキ」）である。(9a) においては,材料は移動を受けるものとして,BE ATの前に現れる項zで指定されているが,(9b) においては,材料はBY MEANS OF の項zとして指定されている。場所格交替動詞の「塗る」は,(9a) と (9b) のような語彙

---

① 対象の位置変化と状態変化を示すのにBECOME [y BE AT z] やBECOME [y BE AT-[TIED]] のような概念構造を用いる利点としては,「移動」と「状態変化」の意味の違いが着点表現の違いに帰結するものとして捉えられ,Pinker (1989) のように,2つの大幅に異なる意味構造を語彙規則によって結びつける必要がないということが挙げられる。

概念構造を持つために，移動構文と状態変化構文で交替が可能である（岸本（2006，2007，2012））。しかし，「塗る」の場合，材料の移動を表す構文の概念構造では，材料がどのようになったかについての指定はない（つまり，「ペンキ」が移動してその結果ペンキがどうなったかの指定はない）。これに対して，「結ぶ」や「縛る」の場合には，材料目的語構文においても「堅く結ばれた状態」になることが意味に含まれる。したがって，材料の移動の意味を表す（7a）の「結ぶ」や「縛る」の語彙概念構造でも材料の変化状態を示す述語 BECOME［BE AT-[**TIED**]］が現れる。

次に，「結ぶ」や「縛る」が「対象」を明示せずに使われる場合，動詞の語彙概念構造はどのように指定されるのであろうか。例えば，(10) では，材料をどのように扱うかということに焦点が置かれ，基本的には移動の意味が入っていない。①

(10) a. お父さんがネクタイを結んだ。②
　　　b. 選手は靴の紐を結んだ。
　　　c. 作業員がロープを縛り直した。

「結ぶ」や「縛る」が単独で（細長い）材料を目的語にとる (10) においては，通常「材料の変化」のみが記述される。③ (10) のような文において材料の変化の意味のみが表されているとすると，この場合の「結ぶ」と「縛る」の語彙概念構造は，(11) のようになる。

(11) [$_{EVENT}$ x ACT] CAUSE [$_{STATE}$ BECOME [z BE AT-[**TIED**]]]

(11) の概念構造は，(7a) から移動を表す z BE AT y が省略されて作られた可能性と，(7b) から道具を表す BY MEANS OF z が省略されて作られた可能性が考えられる。しかしながら，(10) は目的語に（細長い）

---

　① 着点を想定する場合，移動の意味を持たせることも可能である。
　② ネクタイをつける場合には，動詞に「締める」を使うこともできる。
　③ ただし，場所が省略されていると解釈することも可能なこともあり，その場合には材料の移動と変化の意味が表される。

材料をとっているので，(7a) から移動を表す述語 z BE AT y が省略されたとみなすことができる。そうすると，目的語に材料をとる構文を作る際に用いられる (7a) の概念構造としては，移動を表す意味の部分が省略可能となっている (12) を仮定することができる。

(12) [$_{EVENT}$ x ACT] CAUSE [$_{STATE}$ BECOME [z BE AT-[**TIED**] (& z BE AT y)]]

(12) における丸括弧（ ）は，語彙概念構造に該当する意味述語が含まれていても含まれていなくてもよいということを示す。このことは，「結ぶ」や「縛る」が材料目的語をとる場合，「材料の変化+移動」の意味を表すことも「材料の変化」の意味のみを表すことも可能であることを意味する。(11) は，たまたま (7b) の対象の状態変化の意味を持つ語彙概念構造から BY MEANS OF z の部分が省略されたものと同じ形の意味構造となる。①しかし，「材料」と材料が密着することになる「対象」は明確に区別される。このことは，(13) や (14) のような文に意味的な逸脱が起こることから確認できる。

(13) a. ＊彼が紐に古新聞を結んだ。
　　 b. ＊彼が古新聞で紐を結んだ。
(14) a. ＊彼が紐に古新聞を縛った。
　　 b. ＊彼が古新聞で紐を縛った。

(13) と (14) は，(5) と (6) の「紐」と「古新聞」をそれぞれ入れ換えている。(13) と (14) は，(5) と (6) とは同じ状況を記述していない。特に，通常の状況では，「古新聞」は細長い「材料」とはみなされず，また，「紐」も細長い材料が取り付けられる「対象」とはみなされないので，(5) と (6) は意味的な逸脱が起こるのである。この

---

① 道具を表す BY MEANS OF z の z は，統語的に省略可能な付加詞として具現化されるので，意味構造の中では（ ）に入れて表さないこととする。移動の意味を表す部分は，変項が統語上現れるかどうかという問題とは独立に，動詞の意味に含まれるかどうかが問題となるので（ ）に入れて表記する。

ことは，材料目的語構文の語彙概念構造が（7a）を基本としており，(10）は，材料目的語構文の一種で，（7a）から移動を表す述語が省略されていることを示している。(10）の「結ぶ」と「縛る」は，移動を表す述語がない語彙概念構造を持つので，(10）では，材料の状態変化のみが記述されるのである。もちろん，材料の移動の意味を含んだ材料目的語構文と対象の状態変化の意味を表す対象目的語構文が交替を起こすと，場所格交替と同じパターンの交替が観察されることになる。

3. 項省略と強制のメカニズム

「結ぶ」と「縛る」はともに，場所格交替と同じ格パターンを示すが，この2つの動詞は，「項の省略」に関して異なる分布を示す。本節では，それぞれの動詞が本来的に持つ語彙概念構造の違いから項省略の可能性の違いが生じることを論じる。

「結ぶ」と「縛る」の項省略について具体的に見ていくと，まず，「縛る」の材料目的語構文と対象目的語構文では，(15）と（16）のように項省略が起こっても，構文の表す基本的な意味は変わらない。[①]

(15) a. 彼が紐で（古新聞を）縛った。
　　　b. 彼が（紐で）古新聞を縛った。
(16) a. 彼が（古新聞に）紐を縛った。
　　　b. 彼が古新聞に（紐を）縛った。

日本語では，文脈があれば比較的自由に項を省略できることが多い。[②] (15）では，どちらの項が省略されても，細長い材料に関する移動・変化の解釈，(16）では，どちらの項が省略されても，対象の状態変化の解釈が得られる。これに対して，「結ぶ」が述語として現れる（17a）および（18a-b）では，もとの意味を保持したままで項の省略が可能で

---

　① 細長い材料を対象につけるという意味を表し，「縛る」と類義になる動詞には「くくる」「結う」「編む」などがある。
　② 本来の意味を保ったままでの項省略が基本的に可能であっても，実際に項が省略されると，文自体が多少ぎこちなくなってしまう場合もある。本論では，この点は捨象して議論を進める。

あるが，(17b) では，もとの意味を保持したままでの「で」句の省略はできない。

(17) a. 彼が紐で（古新聞を）結んだ。
　　　b. 彼が＊（紐で）古新聞を結んだ。
(18) a. 彼が古新聞に（紐を）結んだ。
　　　b. 彼が（古新聞に）紐を結んだ。

対象目的語構文の (17b) において，「で」句が省略された場合には，古新聞に紐などが結びつけられるという対象の状態変化の解釈ではなく，古新聞が紐のような材料であるという意図しない解釈が与えられてしまう（古新聞が紐のようになっていて，それが結ばれるという意味ならば (17b) は容認可能である）。[1]「縛る」の場合には，(15a) のように，対象目的語構文においてたとえ「で」句が省略されても（細長くない）古新聞が緩んだ状態からしっかりと固定された状態に変わるという対象の変化の解釈が可能である。そうすると，なぜ「結ぶ」の対象目的語構文の (17b) で「で」句を省略すると意図した解釈が得られなくなるのかという問題が生じる。[2] これは，以下で議論するように，「結ぶ」を用いて (17b) の対象目的語構文を形成するには「強制（coercion）」という操作が必要であるからである。

「強制」は動詞が本来持たない意味を（構文的に）作り出す操作である（Pustejovsky (1995)）。(17b) に強制が関与していることを示すために，まず，項の省略に関して日本語の「結ぶ」と似た振る舞いを

---

[1] ここで重要なのは，「で」句が省略された場合，細長い物を指す名詞句を目的語にとらなければならないことである。

[2] 場所格交替を起こす動詞も項省略が可能なものと可能でないものがある（岸本 (2001, 2006, 2012)）。「塗る」の場合，(i) と (ii) で示されているように，項省略は可能である。
　(i) a. 彼が壁に（ペンキを）塗った。
　　　b. 彼が（壁に）ペンキを塗った。
　(ii) a. 彼が（ペンキで）壁を塗った。
　　　b. 彼がペンキで（壁を）塗った。
そうすると，「塗る」は，状態変化と材料の移動という語彙概念構造を持っていることになる。

見せる英語のhitが示す接触場所交替について考えてみる（Pinker (1989)）。

(19) a. John hit the wall (with the stick).
　　　b. John hit the stick *(against the wall).

英語のhitは本来的には，場所への接触の意味を表し，(19a) のように，打撃の対象となる項（the wallなどの場所）を目的語としてとる（Dowty (1990)）。しかしながら，(19b) のように道具を目的語とすることも可能である。ただし，Fillmore (1977) が観察しているように，道具を目的語にとる (19b) が成り立つためには，前置詞句が表出されなければならない。もし前置詞句が省略されたならば，意図する意味が表されなくなる。これに対して，(19a) では，前置詞句が省略されても基本的に同じ状況が記述され，前置詞句の省略の有無にかかわらず，「壁をたたいた」（あるいは「壁にぶつかった」）という意味が表される。しかし，(18b) は，前置詞句が省略されると，「壁に棒を当てる」という意味ではなく「棒をたたいた」（あるいは「棒にぶつかった」）という意味になってしまう。これは，本来，動詞hitのとる目的語は行為が向けられる場所でなければならないが，（常にではないものの）ある環境においては，目的語に道具の解釈を与えることが可能なことを示している。

　(19) が示していることは，hitは本来的に，場所に道具を当てるという意味を表すが，それと密接に関連する事態である道具の移動の意味を道具目的語構文で強制的に作りだすことができるということである。hitはもともと場所を目的語にとり，場所が道具と接触する出来事を表すが，the stickを目的語にとった場合，the stickの移動を記述するとみなされるのである。つまり，これは，hitを道具の移動を表す動詞（例えば，slamやthrow）と同じように使用し，(20) のように，道具の移動の意味を「強制」によって作り出すことができるということである（(20) の矢印は強制による意味の派生を示す）。

(20) hit：場所（壁）に対する接触という事態の発生（目的語は場所）
　　　　→　接触する道具に起こる事態（移動）（目的語は道具）

(19b) では，動詞が本来の目的語（場所）をとっていないために，強制により目的語を道具として解釈させるためには，場所を前置詞句として表出する必要がある。したがって，道具が前置詞句として表出されないと，(19b) で見たように，目的語に対して場所の解釈が誤って与えられてしまうことになる。[1]

日本語の (17b) で起こっていることは，英語の (19b) で起こっていることと並行的である。「結ぶ」は本来，材料に対する働きかけによる変化を表すので，材料を目的語にとる。しかし，(17b) では，強制により（材料の移動・変化に由来し，結果として生じることが期待される）対象の変化の解釈が目的語に与えられる。つまり，目的語の「古新聞」は，結ばれる材料として解釈されないため本来なら容認されないはずであるが，強制によって「古新聞」を（材料が結びつけられるという）状態変化が起こる対象と解釈させ，目的語として現れることを許容しているのである。

(21) 結ぶ: 材料に関わる変化（目的語は材料）
　　　→　関連する対象に起こる変化（目的語は対象）

このことは，語彙概念構造の観点から言えば以下のように説明できる。「結ぶ」は，材料に関する変化（および移動）の意味のみを本来的に持っている。しかし，(22) のように，BY MEANS OF zを語彙概念構造に付加することによって，移動先の対象の状態変化の意味を強制的に作り出しているのである。

(22) [$_{\text{EVENT}}$ x ACT] CAUSE [$_{\text{STATE}}$ BECOME [z BE AT-[**TIED**] (& z BE AT y)]]
　　→ [$_{\text{EVENT}}$ x ACT] CAUSE [$_{\text{STATE}}$ BECOME [y BE AT-[**TIED**]]
　　BY MEANS OF z]

---

[1] Pinker (1989) の分析では，項の省略の可能性を見ることによってどちらが基本的な構文であるかを判定できるとしている。ここでの分析も見方を変えると，省略の可能性によって基本構文を同定していると考えることができる。

「結ぶ」は，本来は「紐」のような材料の目的語をとって「紐」の移動と変化の意味を表すのであるが，「古新聞」のような対象を目的語にとる場合には，(22)のように語彙概念構造にBY MEANS OF zを付加しyを対象に指定するという強制の操作を行うのである。したがって，(たとえ「古新聞」が目的語として現れていても)「紐」が「古新聞」に結ばれるという対象の変化の意味が表されるようになる。強制により対象の変化の意味を引き出すためにBY MEANS OFを概念構造に付加することが必要であるならば，動詞が本来とるべき目的語（細長い材料）は「で」句として表出しなければならない。つまり，「結ぶ」において対象を強制により目的語とするためには，材料を表す「で」句を付加することによって，材料が目的語として現れていないことを構文的に保証しなければならないのである。そのため，(17b)のような文で「で」句が現れない場合には，強制を起動することができず，意図した解釈が得られなくなるのである。

「結ぶ」は，紐のような材料に対する変化を表すのが原義で，もともと対象に関わる状態変化を記述していない。そのため，「結ぶ」では，本来的には材料が目的語となるが，対象が材料でつながるのであれば，対象を密着させない変化を表すことができる。やや比喩的ではあるが，「結ぶ」では，(23)のような表現が可能である。

(23) a. A市とB市を鉄道で結ぶ計画がある。
　　　b. 鉄道がA市とB市を結んだ。

(23a)においては，目的語として現れる「A市」と「B市」が密着するような物理的な変化は起こらないが，「鉄道」が設置され，それが媒介されることによってA市とB市の2つが結びつけられるという事態が生じるという意味を表す。(23a)の「鉄道」は，変化を引き起こす主体とも捉えることができるので，(23b)のように他動詞文で表現することもできる。ちなみに，(23a)のような例においても，材料に相当する「で」で標示される項を省略すると，容認性が下がる。

(24) ??A市とB市を結ぶ計画がある。

(24) は，完結した文というよりは，そのままでは何か情報が欠けている文であると感じられ，容認性が低い。これは，(24) が強制により作り出されている対象目的語構文で，強制に必要な材料を表す「で」句が現れていないからである。(ただし，2つの市の間が何が媒介となって結ばれるのかが文脈で明らかな場合には，(24) において対象目的語構文としての解釈が成立し，文の容認性は高くなる。[1])

「古新聞を紐で結んだ」のような表現の場合，対象がまとまった状態への変化を起こさないことは十分に想定できる。そして，(25) の場合には，「植木」と「植木」が密着するような変化は起こっているとは考えられない。

(25) あちらの植木とこちらの植木の間をロープで結んだ。

このように，「結ぶ」は，結ばれる対象（目的語）がまとまった状態になるという変化を固有の意味として表さないので，本来，対象を目的語としてとれないのである。そのため，目的語が（「結ばれる」細長い材料ではなく）対象として解釈されるには強制が必要になる。強制が起こらなければ，目的語は材料と解釈され，細長いものが結ばれるという解釈が与えられる。したがって，そのような状況が考えられない (17b) では意味的な逸脱が起こる。

「結ぶ」に対して，「縛る」は，目的語が指すものが堅く縛られることを表すが，目的語は材料や対象であってもよい。「縛る」では，「結ぶ」と同じように細長い材料を使用する行為を表すが，それと同時に，目的語がしっかりと固定された状態になるという意味も表す。[2] つまり，「縛る」では，材料に関わる変化とともに対象の変化も動詞の意味として指定されているので，材料を目的語にとってもよいし対象を目的語にとってもよいのである。

---

[1] 「で」句のない (24) の例は，完全に容認されないというわけではなく，同じく「で」句のない (17b) よりも容認性が高く感じられる。これは，おそらく，(24) の「結ぶ」が本来の意味とは異なる比喩的な意味で使われているからであると思われる。

[2] したがって，「紐を ｛ゆるく/軽く｝ 縛る」のような表現が容認されるには，語用論的に特別な状況を想定する必要がある。

(26) 縛る： a. 材料に起こる変化（目的語は材料）
　　　　　b. 対象の変化（目的語は対象）

「縛る」の場合，もともと動詞自体が（26a）と（26b）で示された2つの異なる意味を持つ。そうすると，「縛る」は，（27）のような材料の変化および移動と，対象の状態変化という2つの語彙概念構造が備わっているために，特に強制が起こらなくても，自然に対象や材料を目的語としてとることができるのである。

(27) a. [$_{EVENT}$ x ACT] CAUSE [$_{STATE}$ BECOME [y BE AT - [**TIED**] BY MEANS OF z]]
　　 b. [$_{EVENT}$ x ACT] CAUSE [$_{STATE}$ BECOME [z BE AT - [**TIED**] & (z BE AT y)]]

「縛る」の場合は，対象目的語構文を形成するのに強制の操作が必要ではないために，「結ぶ」に見られたような項の省略に関する制限は観察されない。「縛る」は本来的に両義的であるために，強制によらずとも材料に加えて対象が目的語に現れることが許容されるのである。
　ここで，「くくる」の交替の可能性についても考えてみることにする。「くくる」については，（28）のような交替が可能である。

(28) a. 彼が古新聞に紐をくくった。
　　 b. 彼が紐で古新聞をくくった。

(29)と（30）から「くくる」も「縛る」と同様に，それぞれの交替形において項を省略することができることがわかる。

(29) a. 彼が（古新聞に）紐をくくった。
　　 b. 彼が古新聞に（紐を）くくった。
(30) a. 彼が（紐で）古新聞をくくった。
　　 b. 彼が紐で（古新聞を）くくった。

(29)と(30)は，「くくる」が「縛る」と同じパターンの項省略が可能であることを示している。「くくる」と「縛る」の違いは，対象の結びつけの程度の指定である。「縛る」は堅く固定するという意味を持つが，「くくる」は，まとまった状態への変化を意味するものの，その程度については指定がない。「くくる」において(29)と(30)のような項交替が可能なのは，「縛る」と同様に，材料の移動・変化と対象の状態変化の2つの指定がある語彙概念構造が本来的に動詞に備わっているからである。

(31) a. [$_{EVENT}$ x ACT] CAUSE [$_{STATE}$ BECOME [y BE AT - [**TIED**] BY MEANS OF z]]
　　 b. [$_{EVENT}$ x ACT] CAUSE [$_{STATE}$ BECOME [z BE AT - [**TIED**] (& z BE AT y)]]

言うまでもなく，「くくる」に(31)のような語彙概念構造が備わっていれば，「くくる」が「縛る」と同様に材料目的語構文と対象目的語構文のどちらにおいても，基本的な意味を保持したままでの項の省略が可能であることは当然期待される。

　「縛る」と「くくる」が(27)や(31)のような語彙概念構造を持っていることから出てくる予測として，目的語は変化を起こすことが可能な対象を指していなければならないということが挙げられる。したがって，そのような条件を満たさない目的語が現れる(32)の容認性は低くなる。①

(32) ??彼はロープで2つのビルの柱を｛縛った/くくった｝。

先の「古新聞を｛縛る/くくる｝」の例では，古新聞がまとまっていない状態からまとまった状態への変化を含意する。「2つのビルの柱を｛縛る/くくる｝」では（特別な文脈がないかぎり）柱は立ったままで

---

① (32)のような例で動詞に「結ぶ」を使用すると，ビルの柱の間にロープが渡されるという解釈が得られる。

あって，まとまっていない状態からまとまった状態へと変化を起こすことは語用論的に想像しにくい。そのため，(32)のような例の容認性は低い。

ここまでの議論は，「結ぶ」や「縛る」においては，場所格交替動詞と同じタイプの交替が可能であることを示している。しかしながら，この2つのクラスの動詞がとる構文パターンはまったく同じではない。「結ぶ」や「縛る」は，(33)のような構文が可能であるという点で場所格交替とは異なる。

(33) 彼はロープでこの板を柵に｛縛った/結んだ｝。

(33)は，「で-を-に」の格パターンをとっている。一見すると，この格パターンはこれまで見てきた構文の格パターン「で-を」と「に-を」を組み合わせたもののように見える。しかし，実際には，対象目的語構文に材料を表す項が「で」句として付け加えられたものである。このタイプの構文は，場所格交替動詞では作ることができない。

(34) a. ＊赤いペンキで青いペンキを家に塗った。
　　 b. ＊氷で水をグラスに満たした。

場所格交替動詞では，移動や状態変化を起こす出来事に関与する参与者は「材料」と「場所」に限定される。したがって，場所が変化の対象となる場合には，材料が「で」句として現れる。材料が移動するとみなされる場合には，場所が着点を表す「に」句として現れる。つまり，「塗る」の場合には，(35)のような2つの語彙概念構造が備わっているが，状態変化構文の語彙概念構造(35b)における対象(z)は，移動構文の語彙概念構造(35a)における場所(z)に対応していなければならないのである。

(35) a. [$_{EVENT}$ x ACT] CAUSE [$_{STATE}$ BECOME [y BE AT z]]
　　 b. [$_{EVENT}$ x ACT] CAUSE [$_{STATE}$ BECOME [z BE AT-[**PAINTED**] BY MEANS OF y]]

したがって，「塗る」のような場所格交替動詞においては，(34) のような構文パターンは排除される。これに対して，「結ぶ」「縛る」の対象の状態変化の語彙概念構造と材料の移動・変化の語彙概念構造では，場所格交替動詞において観察された項の対応関係についての制限はない。

(36) a. [$_{EVENT}$ x ACT] CAUSE [$_{STATE}$ BECOME [y BE AT-[**TIED**] & y BE AT z]]
　　 b. [$_{EVENT}$ x ACT] CAUSE [$_{STATE}$ BECOME [z BE AT-[**TIED**] BY MEANS OF y]]
　　 c. [$_{EVENT}$ x ACT] CAUSE [$_{STATE}$ BECOME [[z BE AT-[**TIED**] & z BE AT w] BY MEANS OF y]]

　「結ぶ」や「縛る」においては，状態変化を起こす対象が (36a) の材料の移動場所 (z) と認定されれば，材料 (y) が移動し変化するという意味を表す材料目的語構文が作られる。(36a) の場所と (36b) の対象との対応関係が成立する場合には，場所格交替と同じタイプの交替が実現する。しかし「結ぶ」と「縛る」の移動構文においては，移動を起こす対象がかならずしも材料である必要はないために，移動の対象を材料とは別に表出させる (36c) のような概念構造も成立する。そのため，「結ぶ」や「縛る」では，対象の移動を表す構文において，移動の対象とは独立に材料を「で」句として表出できる。つまり，「結ぶ」や「縛る」が (33) のような構文を形成できるのは，(36a) と (36b) 以外に (36c) の語彙概念構造を持つことができるからである。

　ちなみに，(33) の文は，(37a) や (37b) とはかなり異なる出来事を表している。それよりは，(37c) の方が (33) の表している出来事に近い。

(37) a. 彼は板をロープで {縛った/結んだ}。
　　 b. 彼は柵をロープで {縛った/結んだ}。
　　 c. 彼は板と柵をロープで {縛った/結んだ}。

(37a）では「板」が緩んだ状態からロープで堅く縛られた状態に変化することを表す。同様に，(37b）では「柵」が緩んだ状態から堅く縛られた状態に変化することを表す。これに対して，(37c）では，「柵」と「板」がともに堅く縛られた状態に変化するという意味を表すため，(33）と交替するのは（37c）である。

4. 複合動詞

「縛る」と「結ぶ」に対しては，動詞の複合が可能で，材料の移動を表す「縛り付ける」「結び付ける」という複合動詞が存在する。複合動詞の「結び付ける」「縛り付ける」は移動の格フレームのみを使用することができる。①

(38) a. 彼が古新聞に紐を｛結んだ/結び付けた｝。
　　 b. 彼が古新聞を紐で｛結んだ/＊結び付けた｝。
(39) a. 彼が古新聞に紐を｛縛った/縛り付けた｝。
　　 b. 彼が古新聞を紐で｛縛った/＊縛り付ける｝。

ここで起こる問題は，「結ぶ」や「縛る」に「付ける」が複合されると，なぜ一方のパターンしか起こらなくなるのかということである。同様の現象は，場所格交替動詞の「塗る」の複合についても観察される。以下では，場所格交替動詞の複合語の交替制限に対する岸本（2007）の説明が「結ぶ」と「縛る」の複合動詞の交替においても適用できることを見る。

まず，場所格交替動詞「塗る」は（40）で示されているように，材料目的語構文と場所目的語構文の間で交替を起こすが，「塗る」に「付ける」が複合された「塗り付ける」では，材料目的語構文しか許容されない。

---

　① 古新聞がどこかの場所に移動するという解釈をすれば（38b）と（39b）は容認されるが，これはここでの意図された対象の状態変化の解釈（細長くない対象物がゆるんだ状態から固定される意味）でないことに注意されたい。

(40) a. 彼が壁にペンキを｛塗った/塗り付けた｝。
　　 b. 彼が壁をペンキで｛塗った/*塗り付けた｝。

場所格交替動詞に「付ける」が複合されると必ず交替パターンが制限されるとは限らない。たとえば，「飾り付ける」や「盛り付ける」のような複合動詞では，元の動詞（前部動詞）と同じ交替が保持される。

(41) a. テーブルに花を｛飾った/飾り付けた｝。
　　 b. テーブルを花で｛飾った/飾り付けた｝。

(40)と(41)の違いは，「付ける」にどのような意味が表されているかによって決まる。「塗り付ける」の「付ける」は，移動の意味が含まれる。この場合には，(40)のように，材料目的語構文しか許されなくなる。一方で，「飾り付ける」のように，後部動詞の「付ける」に移動の意味がない場合には，(41)のように元の動詞（前部動詞）と同じように交替が起こる。

　移動の意味を表す「付ける」の場合と同様に，完成の意味を表す「上げる」も場所格交替の可能性を制限する（Kishimoto (2002)）。完成の意味を表す「上げる」が複合された場所格交替動詞「塗る」では，移動のフレームのみが許される。

(42) a. 彼が壁をペンキで｛塗った/塗り上げた｝。
　　 b. 彼が壁にペンキを｛塗った/*塗り上げた｝。

場所格交替動詞の交替パターンの可能性は，岸本（2007）が指摘しているように，部分をなす動詞の意味によって決まる。場所格交替動詞「塗る」は，移動と状態変化の意味を表し，両義的であるが，「付ける」は，状態変化ではなく移動の意味を表す。したがって，「塗る」と「付ける」が複合されると，動詞「塗る」の一方の意味のみが取り出されるために交替ができなくなる。同様に，完成の意味を表す「上げる」が「塗る」に複合されると，場所の状態変化の意味が取り出され，交替ができなくなる。この現象は(43)のように図示することができる。

(43) a. 「塗る(移動/状態変化)」+「付ける(移動)」
        =>「塗り付ける(移動)」
    b. 「塗る(移動/状態変化)」+「上げる(状態変化)」
        =>「塗り上げる(状態変化)」

(43)から，「塗る」の複合動詞「塗り付ける」や「塗り上げる」では，後部動詞の意味と整合する前部動詞「塗る」の意味が取り出されることがわかる。すなわち，「塗り付ける」は，「塗る」の移動の意味が取り出され，(40)のように移動を表す構文のみが許容される。そして，「塗り上げる」では，「塗る」の状態変化の意味が取り出され，(41)のように状態変化を表す構文のみが許容されるのである。①

　　(38)と(39)の意味についても，場所格交替で起こる(43a)と同じことが起こっていると考えられる。(38)と(39)の複合動詞の「付ける」には移動の意味が備わっているので，複合により(44)の変化が起こると考えることができる。

(44) a. 「結ぶ(移動/状態変化)」+「付ける(移動)」
        =>「結び付ける(移動)」
    b. 「縛る(移動/状態変化)」+「付ける(移動)」
        =>「縛り付ける(移動)」

「結ぶ」と「縛る」に「付ける」を複合した場合には，対象の変化の意味を表すことができず，材料の移動の意味のみを表すことになる。そのために，(38)と(39)のように対象目的語構文をとれなくなり，材

---

① 後部動詞に「付ける」や「上げる」の生起を許す「縛る」と同じパターンを示す動詞には，例えば，「縫う」がある。
　(i) a. 彼女はこの糸でぞうきんを{縫った/*縫い付けた}。
　　 b. 彼女はぞうきんにこの糸を{縫った/縫い付けた}。
　(ii) a. 彼女はこの糸でぞうきんを{縫った/縫い上げた}。
　　　b. 彼女はぞうきんにこの糸を{縫った/*縫い上げた}。
この場合も，「縫う」の複合動詞と同様に，後部動詞の「付ける」は移動の意味を表し，「上げる」は完成の意味を表していることに注意されたい。

料目的語構文のみが許容されるのである。①
「縛る」の場合には，完成を表す「上げる」を複合させ「縛り上げる」という複合語を作ることができる。「縛り上げる」についても，(45)で示されるように交替が制限される。

(45) a. 彼が，ロープで犯人を｛縛った/縛り上げた｝。
    b. 彼が，犯人にロープを｛縛った/＊縛り上げた｝。

状態変化の完成という意味を指定する「上げる」は，材料の移動と対象の状態変化という「縛る」の持つ意味のうちの対象の状態変化を取り出す。そうすると，「縛り上げる」という複合では，(46)で示される操作が行われていることになる。

(46)「縛る（移動/状態変化）」＋「上げる（状態変化）」
    =>「縛り上げる（状態変化）」

「縛り上げる」の「縛り上げる」は材料の移動（移動変化）ではなく，（細長い材料とは独立の）対象変化の完成を表すので，このタイプの複合動詞は，材料の移動を表す構文で用いることができないのである。
　興味深いことに，対象の状態変化を表す「縛り上げる」という複合動詞は存在しても，それに対応する「＊結び上げる」は存在しない。状態変化の完成を示す「上げる」は，変化対象を目的語にとる動詞と結合できるはずであるが，「縛る」とは異なり「結ぶ」は，本来的に対象を目的語としてとらないので，「結ぶ」と「上げる」を複合して状態

---

　① 「結び付ける」の材料目的語構文でも，材料の状態変化の意味が含まれているが，全体として移動の意味を表すため，移動の形式をとる材料目的語構文は許容される。ちなみに，(i)のような例では，「結ぶ」が単独で現れると材料の状態変化の意味のみを表すことができるが，「結び付ける」では材料の移動の意味が表されなければならない。
　(i) a. 選手は靴の紐を結んだ。
    b. 選手は靴の紐を結びつけた。
これも，後部動詞の「付ける」によって，「結び付ける」でも移動の意味が取り出されるためである。

変化の完成の意味を表す「結び上げる」という複合語を作れない。これに対して，「縛り上げる」を用いた (45a) の構文が可能なのは，「縛る」がその意味構造により変化対象と材料を目的語として選択できるからである。そうすると，「結ぶ」の意味には，先に見たように，(材料とは独立の) 対象の状態変化は指定されていないため，「結ぶ」には「結び上げる」という複合語が形成できないと考えられる。このように，複合語に見られる「縛る」と「結ぶ」の非対称性もこの2つの動詞が持つ意味の違いを反映していると考えることができる。

5. まとめ

本論では，「結ぶ」と「縛る」は，場所格交替動詞とは異なる意味の指定 (語彙概念構造) があり，場所格交替動詞よりも多くの交替パターンを許すことを見た。さらに，「縛る」と「結ぶ」の対象目的語構文での項省略の非対称性が動詞の表す意味の違いから生じることを示した。「縛る」は，細長い材料の移動・変化の意味とともに，材料が付けられる対象がまとまるという対象の状態変化の意味も表すことができるため，材料とともに対象も目的語にとることができる。これに対して，「結ぶ」は，細長い材料の移動・変化の意味は表しても，対象の状態変化については本来的には何も指定していない。そのために，「結ぶ」は材料を目的語にとることはできても，対象を目的語にとることはそのままではできない。しかしながら，「結ぶ」という事態が起これば，結ばれる対象に変化が起こる。「結ぶ」の場合，対象の変化の意味を表さないが，対象の変化は「結ぶ」行為と密接な関連がある。そのため，「結ぶ」では，材料の対象への結びつけを強制により (密接に関連する) 対象の状態変化とみなし対象を目的語にとることができるようにする。ただし，強制により対象を目的語とするためには，材料を「で」句として表出し，材料が目的語として解釈される可能性を排除する必要がある。「結ぶ」では，「で」句を表出しないと，強制を引き起こすための条件が満たされないので，対象目的語構文は作ることができない。さらに，「結ぶ」と「縛る」の複合動詞において交替パターンの制限が観察されるのは，「結ぶ」と「縛る」の語彙概念構造の選択の可能性が後部動詞によって制限されることに由来することも見た。

参考文献

Dowty, David (1990). "Thematic proto-roles and argument selection." *Language* 67, pp. 547-619.

Fillmore, Charles (1977). "The case for case reopened." In Peter Cole and Jerrold Sadock (eds.) *Syntax and Semantics* 8: *Grammatical Relations*, pp. 59-83. New York: Academic Press.

影山太郎 (1996).『動詞意味論―言語と認知の接点―』くろしお出版.

影山太郎・由本陽子 (1997).『語形成と概念構造』研究社.

岸本秀樹 (2001).「第4章:壁塗り構文」影山太郎 (編)『<日英対照>動詞の意味と構文』pp. 100-126. 大修館書店.

Kishimoto, Hideki (2002). "Locative alternation in Japanese: A case study in the interaction between syntax and lexical semantics." *Journal of Japanese Linguistics* 17, pp. 59-81.

岸本秀樹 (2006).「「山盛りのご飯」のゲシュタルトと場所格交替」影山太郎 (編)『レキシコンフォーラム No. 2』pp. 233-250. ひつじ書房.

岸本秀樹 (2007).「場所格交替動詞の多義性と語彙概念構造」『日本語文法』7-1, pp. 87-108.

岸本秀樹 (2012).「壁塗り交替」澤田治美 (編)『ひつじ意味論講座:第2巻 構文と意味』pp. 177-200. ひつじ書房.

Levin, Beth (1993). *English Verb Classes and Alternations: A Preliminary Study*. Chicago: University of Chicago Press.

森田良行 (1989).『基礎日本語辞典』角川書店.

奥津敬一郎 (1981).「移動変化動詞文―いわゆる spray paint hypallage について―」『国語学』127, pp. 21-33.

Pinker, Steven (1989). *Learnability and Cognition*. Cambridge, Mass.: MIT Press.

Pustejovsky, James (1995). *The Generative Lexicon*. Cambridge, Mass.: MT Press.

摘 要:「結ぶ」和「縛る」都可以使用表示状态变化和移动的格框架, 出现与处所格替换相似的替换现象。但是,「結ぶ」和「縛る」与处所格替换动词的语义指向不同, 允许替换的类型要比处所格替换动词多。另外,「結ぶ」与「縛る」虽然语义相似, 但在可以省略的论元这个问题上各自的机制不同。「縛る」在表示对象的宾语句中可以省略表示材料「で」小句,「結ぶ」在表示对象的宾语句中不能省略「で」小句。在有

关对象影响的语义指向上,「結ぶ」与「縛る」不同。「結ぶ」本来只表示材料的移动和变化,因此只能将表示材料的成分用作宾语。但是当表示由于某种强制出现对象的状态发生变化时,也可以将对象用作宾语。与此相对,「縛る」既可以表示材料的移动和变化,也可以表示对象的状态变化。本文主要讨论「結ぶ」与「縛る」的语义指向的不同表示可否省略「で」小句的差异,由「結ぶ」与「縛る」构成的复合动词中可以观察到的替换类型的制约现象来自后向动词制约「結ぶ」与「縛る」语义结构的选择。

关键词:「結ぶ」与「縛る」;论元替换;格框架;语义指向;强制

Factors for Resolving Relative-Clause Attachment Ambiguities

Yoko NAKANO

Abstract: Resolving the ambiguity of relative-clause attachment in complex noun phrases (NPs), for example, '*The servant of the actress who was standing on the balcony*' is one of the most interesting topics in psycholinguistics. Previous psycholinguistic studies have reported that the preferred relative-clause attachment sites vary across languages. This study overviews various factors relevant to choosing relative-clause attachment sites when a sentence containing an ambiguous relative-clause attachment is presented in isolation and with preceding contextual text, and examines them through Japanese studies. No single factor seems to explain the differences in preferences; instead, multiple factors simultaneously interact and affect the choice of attachment sites. Accessibility to a large corpus makes it possible to compare the results of corpus analyses and online experiments, and suggestions for future research are presented.

Key words: ambiguity resolution; relative-clause attachment; Japanese; sentence processing

Introduction

When a sentence is auditorily presented and processed, the incoming string of sounds, which is mere waves of air, is segmented into small units corresponding to words; their categories are identified, and the units are

---

作者简介：中野阳子（1962-），女，日本/关西学院大学社会学部教授，关西学院大学研究生院语言交际文化研究科教授，研究方向：心理语言学，日语句式解析，二语句式解析

associated with one another or attached to different units to form larger units (i.e., phrases and clauses). The sequence of operations, such as segmentation, categorical identification, association, or attachment, which is performed to form a linguistic representation of a sentence, is referred to as sentence processing. Units that serve as the subject, object, predicate, and modifier of a sentence are referred to as the constituents of a sentence. When two constituents, for example, a pronoun and its referent, are related, and one (e.g., the pronoun *he*) is dependent on the other (e.g., the referent *Tom*), the relationship is referred to as dependency. The main issues in the field of sentence processing include how dependencies are established and the factors that influence the establishment of dependencies. This study overviews the factors that influence the resolution of ambiguous relative-clause attachment. Although ambiguous relative-clause attachment has been investigated across languages, the number of psycholinguistic studies is limited in Japanese. Therefore, major factors proposed in theories will be examined, along with Japanese data.

1. Crosslinguistic Preferences of Relative-Clause Attachments

Since Cuetos and Mitchell's (1988) and Mitchell and Cuetos' (1991) work, researchers in psycholinguistics have asked participants to read sentences similar to (1) below and answer a question about the antecedent, such as "誰が青い服を着ていたの。" in Japanese, and "Who is wearing a blue cloth?" in English.

> (1) 青い服を着た子どもの母親は、道をゆっくり歩いていた。
> Aoi fuku-o kita kodomo-no hahaoya-wa, michi-o yukkuri aruite-ita.
> blue cloth-acc wearing child-gen mother-top, street-acc slowly walking-past
> [A mother of a child who was wearing a blue cloth was walking slowly in the street].

The answer could be the child or the child's mother. Sentence (1) is ambiguous regarding to which of the noun phrases (NPs)—the child (NP_1) or the mother of the child (NP_3)—the relative clause 'Aoi fuku-o kita' is attached. The complex NP, such as the underlined phrase in (1), has been studied by many researchers, but no specific term exists for them in English. This study, however, follows Gunji and Sakamoto's (2005) suggestion and refers to the complex NP as 'relative-clause attachment ambiguous NP' and a sentence that contains a relative-clause attachment ambiguous NP as having 'relative-clause attachment ambiguous construction'.

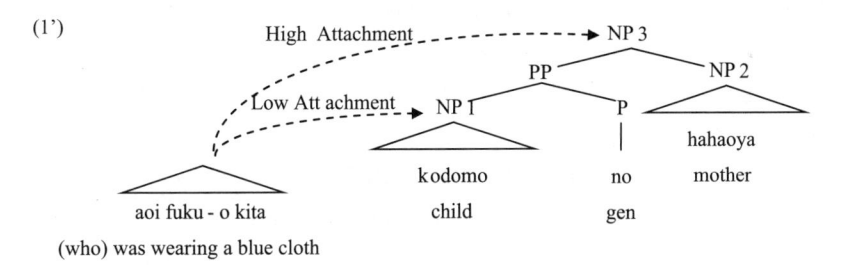

(1')

High Attachment → NP 3
Low Attachment → NP 1
PP
NP 2
P
hahaoya
mother
kodomo
child
no
gen
aoi fuku - o kita
(who) was wearing a blue cloth

(1') is the tree structure of the relative-clause attachment ambiguous NP in (1). When the relative clause is attached to the lower NP (i.e., NP_1), the attachment is referred to as low attachment (LA), and when it is attached to the higher NP (i.e., NP_3), the attachment is referred to as high attachment (HA).

Cuetos and Mitchell (1988) investigated the preferred height of relative-clause attachment in Spanish using sentences similar to (2) and found that more participants chose HA (62%) than LA (38%). In contrast, when they investigated relative-clause attachment preferences in English using the English equivalent of (2), as shown in (3), more participants chose LA (40%) than HA (62%)[①].

(2) Alguien disparó contra el criado de la actriz que estaba en al balcón.
(3) Someone shot the servant of the actress who was on the balcony.

(Mitchell & Cuetos, 1991)

---

① The proportions for Spanish and English were calculated based on Cuetos and Mitchell's (1988) data published by Mitchell and Cuetos (1991).

The preferred height of relative-clause attachment has been studied in various languages. Languages with native speakers who chose HA more often than LA in offline questionnaire studies include Spanish (Cuetos & Mitchell, 1988), Afrikaans (Mitchell & Brysbaert, Grondelaers & Swanepoel, 2000), Dutch (Desmet, Baecke, & Brysbaert, 2002), French (Zagar, Pynte, & Rativeau, 1997), German (Hemforth & Konieczny, 2000; Konieczny & Hemforth, 2000), Croatian (Lovrić, 2003), Italian (De Vincenzi & Job, 1993), Persian (Arabmofrad & Marefat, 2008), and Japanese (Kamide & Mitchell, 1997). Languages with native speakers who have indicated a preference for LA include English (Cuetos & Mitchell, 1988; Mitchell & Cuetos, 1991), Arabic (Abdelghany & Fodor, 1999), Norwegian, Swedish, Romanian (Ehrlich et al., 1999), and Chinese (Shen, 2006).

Cross-linguistic differences in attachment preferences cannot be ascribed to a single factor, such as the position of a relative clause and NP_1 and NP_2 in a language. For instance, the structure of complex nouns is quite similar in Chinese and Japanese in that a relative clause precedes the complex noun head. However, the order of words inside relative clauses differs, as in (4) and (5), and native Chinese speakers tend to prefer LA (Shen, 2006), while native Japanese speakers tend to prefer HA (Kamide & Mitchell, 1997).

(4) [站在陽臺上的 relative clause] [女演員 NP1] 的 [男僕 NP2] 往天上看。
zhanzaiyangtaishang-de nüyanyuan-de nanpu wangtianshangkan
"The servant of the actress who was on the balcony looked at the sky".
(Shen, 2006, p. 126)

(5) [バルコニーに立っている relative clause] [女優 NP1] の [召使 NP2] が空を見ていた。
balcony-ni tatteiru joyuu-no meshitsukai ga sora-o mite-ita
balcony-on standing actress-gen servant nom sky-acc looking-at
[The servant of the actress who was on the balcony looked at the sky].

Several factors have been reported to be relevant to cross-linguistic differences in attachment preferences. This study assigns the factors to four categories based on linguistic properties, experimental materials, participant characteristics, and contextual influence. Since attaching a relative clause to its head is one of the operations involved in establishing a dependency between the two, studying the ambiguous resolution of relative-clause attachment will lead us to a better understanding of the sentence processing mechanism.

2. Factors Relevant to Linguistic Properties

Three major views, which include the degree of free word ordering (i.e., the principles of recency and predicate proximity; Gibson, Pearlmutter, Canseco-Gonzalez, & Hickok, 1996), relationships between constituents (i.e., the *construal hypothesis*; Frazier & Clifton, 1996), and construction frequencies (i.e., the tuning hypothesis; Mitchell & Cuetos, 1991), are introduced in this section.

2.1 Degree of Free Word Ordering

According to Gibson et al. (1996), either of two principles, the *principle of recency* or the *principle of predicate proximity* is applicable to a language.

(6) a. The Principle of Recency
Preferentially attach structures for incoming lexical items to structures built more recently.
(Gibson et al., 1996, P. 26)

b. The Principle of Proximity
Attach as close as possible to the head of a predicate phrase.
(Gibson et al., 1996; p. 41)

The principle of recency is adopted by default. However, when the word order of a particular language is free, the principle of proximity is adopted instead. In some languages, the word order is rigid, while in other languages, it is relatively free. In the latter, predicates are more active and attract constituents, including relative clauses, and as a result, relative clauses are attached to the higher NP, which is close to the predicate—the main verb. For instance, the English language has a rigid word order, and Japanese has a relatively free word order. In English, the principle of recency is adopted, and the relative clause is attached to the recent structure (i.e., NP_2 in ' NP_1 of NP_2 who/which ⋯ '), resulting in LA. Since word-ordering is relatively free in Japanese, the principle of predicate proximity is adopted. Japanese is a head-final language, and the main verb is located at the end of a clause. NP_2 is closer to the main verb of the sentence, as in (5), and therefore, the relative clause is associated with NP_2, resulting in HA.

The two principles, however, cannot explain the attachment preference in some sentences, such as (7b) and (8b) below.

(7) a. Someone shot the servant of the actress who was standing on the balcony.

b. Someone shot the servant with the actress who was standing on the balcony.

(8) a. 誰かがバルコニーに立っていた女優の召使を撃った。
dareka-ga balcony-ni tattei-ta joyuu-no meshitsukai-o utta
someone-nom balcony-on standing-past actress-gen servant-acc shot
"Someone shot the servant of the actress who was standing on the balcony."

b. 誰かがバルコニーに立っていた女優の横の召使を撃った。
dareka-ga balcony-ni tattei-ta joyuu-no yoko-no meshitsukai-o utta
someone-nom balcony-on standing-past actress-gen servant-acc shot
"Someone shot the servant next to the actress who was on the balcony."

In sentence (7b), when NP_1 and NP_2 form NP_3 in combination with the preposition *with*, and in sentence (8b), the postpositional phrase, *yoko-no* "next to", the relative clauses are attached to the lower NP across languages (Gilboy, Sopena, Clifton, & Frazier, 1995; Greek: Papadopoulou & Clahsen, 2003; Japanese: Nakano, Hayano, Nishiuchi. & Imoto, 2007). Although the words that adjoin NP_1 and NP_2 are different, the structure of complex NPs is the same. Therefore, if the principles of recency and predicate proximity are applied to sentences (7b) and (8b), the preferences should be the same with (7a) and (8a), but attachment preferences vary across languages when the words adjoining NP_1 and NP_2 are genitive-marking words (English *of*, Japanese *no*).

2.2 Relationships Between Constituents

Frazier and Clifton (1996) categorized the relationships between constituents into primary and secondary (or non-primary). A primary relationship is formed between the subject, object, and predicate of a sentence, and a secondary or non-primary relationship is formed between other constituents, including a relative clause and its head (NP). However, the principles described in (9) are applicable to primary relationships, while pragmatic principles, such as Grice's maxims, are also applicable to secondary relationships.

(9) Construal Hypothesis

    a. *Construal Principle*

    i. Associate a phrase XP that cannot be analyzed as instantiating a primary relationship into the current thematic processing domain.

    ii. Interpret XP within that domain using structural and non-structural (interpretive) principles.

    b. *Current thematic processing domain*

    The current thematic processing domain is the extended maximal projection of the last theta assigner.

According to the construal hypothesis in (9), the relative clause in the Japanese example (8b) is attached to the current thematic processing domain, which is 'the extended maximal projection of the last theta assigner'. In (8b), the last theta assigner is *yoko-no* "next to", and the extended maximal projection is the lower NP, *joyuu* "the actress", hence resulting in LA. In (8a), the genitive case-marker *no* indicates a grammatical case, but it is not a theta assigner. The last theta assigner is *utta* "shot", and the extended maximal projection is the complex NP *joyuu no meshitsukai* "the servant of the actress"; therefore, the relative clause is attached to the higher NP.

According to Frazier and Clifton (1996), since the relationship between a relative clause and its antecedent NP is secondary, the principle (9a. ii) also applies to it. One of Grice's maxims (i.e., the maxim of manner) requires us to avoid obscurity (Grice, 1975). Therefore, relative-clause attachment ambiguous construction has to be avoided. This means that ambiguous sentences, such as (7a), repeated as (10a), should be avoided.

(10) a. Someone shot the servant of the actress who was standing on the balcony.
b. Someone shot the actress' servant who was standing on the balcony.

The complex NP in (10a) can be rewritten, as shown in (10b), by inserting a possessive apostrophe. According to Grice's maxim of manner, when we utter a sentence similar to (10b), we should avoid using the phrasing of sentence (10a). Therefore, (10a) is used only when we intend the other meaning (LA). In some languages, such as Spanish, however, the substitute expression using the apostrophe, ' the actress' servant ', is not available. Consequently, the high-attachment interpretation is proportionally more frequent in Spanish than in English.

2.3 Prior Exposure to Language

Some researchers argue that prior exposure to language influences decisions in sentence processing. One of exposure-based accounts, the tuning hypothesis (Cuetos & Mitchell, 1991; Mitchell, Cuetos, Corley, & Brysbaert, 1995) assumes that when processing structural ambiguities, they are resolved based on the most frequent interpretation in a language rather than less frequent ones. If, in Spanish, modifiers are related to the higher head of *NP de NP*, ambiguous relative-clause attachment will tend to be resolved in analogous ways, resulting in HA. Frequencies are known as a factor that affects various experimental results. In general, more frequent items are processed faster and preferred more than less frequent items. However, frequency is not the only determinant factor in experimental results. Miyamoto and Takahashi (2002) reported that the distributional pattern of construction frequencies does not necessarily match the pattern of processing difficulties of constructions.

To summarize, the three major theories have proposed influential factors for determining the height of relative clause attachment.

3. Experimental Materials

This section discusses the influence of materials used in psycholinguistic experiments to investigate relative-clause attachment preferences.

3.1 Prosodic Length

It has been pointed out that prosodic length affects the choice of relative-clause antecedents (Fodor, 1998, 2002), as in the implicit prosody hypothesis (IPH):

(11) The implicit prosody hypothesis (IPH)
> In silent reading, a default prosodic contour is projected onto the stimulus, and it may influence syntactic ambiguity resolution. Other things being equal, the parser favors the syntactic analysis associated with the most natural (default) prosodic contour for the construction.
> (Fordor, 2002; p. 84)

According to the IPH, when two constituents are in sisterhood, they tend to take a balance of their prosodic lengths. In relative-clause attachment ambiguous NP, the relative clause will be attached to the NP whose length is extended by the relative clause and becomes closer to the length of its sister NP. In Fodor's (2002) study, long relative clauses tended to be attached to the higher NP more frequently, compared to short relative clauses in English and in French. The results indicate the influence of implicit prosody in reading; however, the results comparing English and French are different, and prosodic influence cannot neutralize attachment preferences. According to the length of relative clauses, in English, when the relative clause is long, the results indicate the tendency of 'mild low attachment', but when the relative clause is short, the results indicate 'more low attachment'. Furthermore, in French, when the relative clause is long, the results indicate 'strong high attachment', and when the relative clause is short, there is 'no attachment bias'. More specifically, prosodic length strengthens or weakens attachment preferences, but it is not a single absolute determinant.

3.2 Others

It has been noted that the degrees of plausibility for combinations of potential antecedents and relative clauses may differ between the two NPs (i.e., NP_1 and NP_2; Mendelsohn & Pearlmutter, 1999). The saturation of nouns in complex NPs may also affect the height of relative-clause attachment. Uetsuki (2004) reported that unsaturated NPs are read more slowly than saturated NPs when they are part of the complex NP head of a relative clause. Processing unsaturated NPs is more costly than processing saturated NPs, and therefore, the saturatedness of NPs possibly affects the height of relative-clause attachment. These and other potential factors mentioned in Section 3 have also been controlled in some experiments by exchanging the positions of NP_1 and NP_2 (Traxler, 2007).

4. Property of Participants

This section discusses properties of participants which influence experimental results when investigating relative-clause attachment.

Working memory (WM) is the type of memory used to store intermediate products of processing and integrate incoming information into stored products (Badely, 1992). Since the part of a sentence that has already been processed needs to be temporally stored in memory, and incoming words in the remainder of the sentence need to be integrated into the processed part of the sentence, WM is closely related to sentence processing. It has also been proposed that the WM resources are limited, which is termed WM capacity (Just & Carpenter, 1992). When the cost of processing a sentence is beyond an individual's WM resources, the processing slows down, breaks down, and is misconducted (King & Just, 1991). Slowdowns in sentence processing in various experiments are considered to be the indication of a sentence's processing difficulty at a particular locus.

High attachment requires more processing resources than low attachment. First, when the sentence contains a complex NP with globally ambiguous relative-clause attachment, attaching the relative clause to the adjacent NP (the lower NP), which can be a potential antecedent of the relative clause, is less costly than attaching the relative clause to the non-adjacent NP (i.e., the higher NP). Specifically, choosing the lower NP as the relative-clause antecedent can reduce processing costs. Second, sentences are processed incrementally, and decisions made about incoming words are made immediately (i.e., incrementality; Marslen-Wilson, 1975; Kamide, Altmann, & Haywood, 2003). In languages in which the complex NPs of potential relative-clause antecedents appear before a relative clause; the relative-clause is attached to the NP leftwards, after the two NPs (i.e., the lower and higher potential antecedent NPs) are processed, and the relative clause appears and needs to be attached to either of the two NPs immediately in an incremental parsing. The lower NP should be chosen since it is stored for a shorter period of time and less costly than the higher NP.

In English experiments, native English speakers tend to prefer LA. Traxler (2007) reported that as a participant's WM capacity increases, he or she is more likely to choose HA. Nakano et al. (2007) also found that participants with higher WM capacity tend to choose HA more frequently than participants with lower WM capacity. Nakano and Nishiuchi (2007) and Nakano (2008) found that native Japanese speakers choose HA more frequently when a complex NP with ambiguous relative-clause attachment is located at the beginning of a sentence than when it is in the middle.

In summary, several factors are involved in choosing the height of relative-clause attachment when the relative clause attachment ambiguous construction is presented in isolation in various experiments with respect to three viewpoints. They influence relative-clause attachment simultaneously.

5. Contextual Information

This section addresses factors that influence relative-clause attachment when they are presented in context.

5.1 Cohesive Relations

In many of the previous psycholinguistic studies of relative-clause attachment, the experimental sentences were presented to participants in isolation. However, it has often been assumed that some sentences, such as (1), shown below as (12), has a particular context even if the context is not described. It has also been noted that contextual information can affect processing (Crain & Steedman, 1985; Altmann & Steedman, 1988; Papadopoulou & Clahsen, 2006).

(12) Someone shot the servant of the actress who was (standing) on the balcony.

In general, the restricted use of relative clauses assumes that there are two or more of the same objects or types of people, and without the relative clause, one cannot specify to which of the objects or persons one is referring. Therefore, in the context of sentence (12), there are two or more servants or actresses, and the relative clause specifies which two are being referred to in sentence (12) (Rohde, Levy, & Kehler, 2011). Thus, it is more natural that sentence (12) is phrased in the text as in (13) and (14). The relative clause is related to the actress in (13) and to the servant in (14).

(13) There was a servant working for two actresses. Someone shot the servant of the actress who was on the balcony.
(14) There were two servants working for a famous actress. Someone shot the servant of the actress who was on the balcony.

(Rohde et al., 2011, p. 6)

It is possible that information in the preceding text facilitates resolving the ambiguity of relative-clause attachment.

Nakano (2015) investigated the frequencies of HA and LA in a large, balanced Japanese corpus, the Balanced Corpus of Contemporary Written Japanese (BCCWJ, the National Institute for Japanese Language and Linguistics). The frequencies of HA and LA vary depending on whether the relative clause, NP_1, and NP_2 are referred to in the preceding text. The ratios of HA and LA when the content of relative clauses, NP_1, and NP_2, is referred to in the preceding text, are summarized in Tables 1 and 2[②].

Table 1   **Ratios of relative-clause attachment and references to NP₁ and NP₂ in the preceding text**

References to NP₁ and NP₂	Relative-Clause Attachment		
	Low Attachment	High Attachment	Sum
No Reference to NP₁ or NP₂	43.1% (25)	56.9% (33)	100% (58)
Only to NP₁	43.55% (27)	56.45% (35)	100% (62)
Only to NP₂	36.67% (11)	63.33% (19)	100% (30)
To Both NP₁ and NP₂	47.76% (32)	52.24% (35)	100% (67)
Overall	43.78% (95)	56.22% (122)	100% (217)

(Nakano, 2015, p. 269)

Table 2   **Ratios of relative-clause attachment and references to relative clauses in the preceding text**

Reference to Relative Clause	Relative-Clause Attachment		
	Low Attachment	High Attachment	Sum
No Reference to the Relative Clause	36% (27)	64% (48)	100% (75)
Reference to the Relative Clause	68% (17)	32% (8)	100% (25)

(Nakano, 2015, p. 270)

Overall, the data from the corpus indicate that HA is slightly more common than LA, as in Table1. However, when the preceding text refers to a relative clause, the tendency is reversed, and LA is more frequent than HA, as in Table 2.

Nakano's (2015) corpus analysis results are consistent with the results of offline questionnaire studies in Japanese, in which HA is more frequent than LA, but when the context of relative clauses is not referred to in the preceding text, LA is more frequent than HA. This result is not consistent with the results of offline questionnaire studies, and thus, further research is necessary to clarify the reason for the tendency toward LA. But, the LA tendency might be due to the

---

[②] Some ratios were re-calculated from the data in Nakano (2015). In the tables, attaching the relative clause to the NP₁ is the LA, attaching it to the NP₂ is the LA.

position of attention in discourse. When the content of a relative clause is mentioned in the preceding text, the focus of discourse might be on relative clauses even when readers encounter the ambiguous relative-clause attachment, and the relative clause is attached to a closer NP.

Yamada (2018) also analyzed a Japanese corpus (the Kyoto University Text Corpus, which consists of Mainichi Newspaper published in 1995) and found more LA samples than HA samples. Desmet et al. (2006) suggested the possible influence of editing in writings, as edited writings, such as newspaper articles, are different from natural utterances. The corpus used by Nakano (2015) includes writings from various genres, both edited and unedited, but the corpus used by Yamada (2018) only includes newspaper articles, which are edited writings. The different types of writings may be the cause of different results. To summarize, it can be said that the results of two corpus studies in Japanese indicate HA is not necessarily a fixed choice in Japanese.

5.2 Prediction from Context

A sentence is processed incrementally, as decisions about incoming words are made without delay. This implies that an incoming word belongs somewhere in the middle of a sentence, and even if there are several possible continuums for the rest of the sentence, the appearance of a particular word, structure, or grammatical category is predicted before its actual appearance. In incremental parsing, sentences that contain ambiguous relative-clause attachment are also subject to prediction. Based on the preceding context or the preceding part of the same sentence, HA and LA are also predicted.

Levy (2008) argued that the difficulty in processing a word in a sentence is closely related to the probability of the appearance of a particular word. The degree of surprise when a word appears in a sentence can be termed surprisal (Hale, 2001; Levy, 2008)[3]. When the expectation of the appearance of a word

---

[3] Surprisal is "the negative log-probability of the word (w_i) in its sentential context ($w_{l\ldots i-1}$) and extra-sentential context (CONTEXT)."

(i) surprisal = -log $P(w_i/w_{l\ldots i-1}; \text{CONTEXT})$

(Levy, 2008, p. 1130)

is higher, surprisal is lower, and when the expectation is lower, surprisal is higher. If the preceding context makes readers of a sentence expect the appearance of the head NP of a relative clause or the appearance of a relative clause that modifies a head NP, reading is facilitated. However, if the preceding context is irrelevant to the relative clause or the head NP or does not exist, reading is not facilitated (Rohde et al., 2011; Nakano, 2020).

Rohde et al. (2011) investigated the influence of pragmatic contextual knowledge on ambiguous relative-clause attachment. They constructed sentences without and with implicit causative (IC) main verbs, such as *detest*, and IC verbs require object NPs to have reasons to be detested. Therefore, when participants of an experiment read a sentence like (15), they expect the appearance of an object NP that a relative pronoun *who* follows, and a relative clause that explains why the object NP is detested (e.g., 'are arrogant and rude'), resulting in high attachment in (15b). In contrast, non-IC verbs do not require a causal object NP; hence, they do not make the participants expect the appearance of a causal object NP or any relative clause that explains causation.

(15) a. John babysits the children of the musician who ⋯
b. John detests the children of the musician who ⋯

(Rohde, et al., 2011, p. 4)

Rohde et al. (2011) found the effect of verb types on the height of relative clause attachment not only in an offline sentence completion task but also in a self-paced reading task. They argue that the effect was found because the context built expectations about the continuation of the text, including the processing of relative clauses.

In Nakano's (2020) eye-tracking experiments, target sentences that contain an ambiguous relative-clause attachment are either preceded by a text or not. In the text, either of the two NPs in the complex NP head, NP_1 *no* NP_2, 'NP$_1$-gen NP$_2$' is pluralized to provide a rationale for restrictive use of the relative clause. The effect of extra-sentential context was found in the first-pass duration of the critical region (NP_1 *no* NP_2, 'NP1-gen NP$_2$'): The extra-sentential context facilitated the reading of target sentences in the early stage, and the facilitative effect was also observed in the regression path duration of the spill-over region. However, the contextual effect was not found in the height of the attachments. In summary, the results are compatible with surprisal theory and Rohde et al. (2011). When the context makes readers of the target sentence expect the appearance of NP heads, reading is facilitated.

5. Discussion

5.1 Multifactorial View

Sections 2 to 4 dealt with studies investigating factors that can possibly determine relative-clause attachment preferences across languages when target sentences that contain ambiguous relative-clause attachment are presented in isolation without context. No single determinant factor has not been found. Rather, ambiguous relative-clause attachment could be due to the interaction of several different factors, and it is conceivable that these factors could motivate different attachment preferences; for example, one factor motivates HA preference, while another factor motivates LA preference. It has been reported that when a complex NP head has a preposition that assigns a thematic role to its object NP, such as *with* in English, LA is preferred across languages. Nakano et al. (2007) conducted an offline questionnaire survey using native Japanese speakers and investigated the interaction between working memory capacity reflected in the participants' reading-span scores and antecedents chosen to attach relative clauses. When the complex NP head had a postpositional phrase NP_1 *no tonari no* NP_2, 'NP_2 next to NP_1', participants whose reading span scores were above average indicated more HA than those whose reading span scores were below average (67.1% vs. 76.9%). This means that while the postpositional phrase led participants to choose LA, those with a larger working memory capacity were more likely to choose HA. Based on these findings, we should view resolving the ambiguity of relative-clause attachment as multifactorial rather than unifactorial.

5.2 Contextual Effects

Contextual information affects relative-clause attachment in at least in two ways. First, contextual information becomes the previous experiences of individual readers as exposure-based accounts, as the tuning hypothesis assumes in Section 2.3. Second, contextual information affects the height of relative-clause attachment, as mentioned in Section 4. Desmet et al.(2006) reported that the interaction of animacy and concreteness of head NPs affects the height of relative-clause attachment both in their corpus and eye-tracking studies and that the results of both studies are consistent.

Although it has been difficult to find clear evidence of exposure-based accounts, recent advancements in technology have empowered researchers to do so by applying deep learning to psycholinguistics. It seems that the simulation of language acquisition began with relatively small linguistic units, such as morphology (e.g., Albright, 2002; Albright & Hayes, 2003; Veríssimo & Clahsen, 2014) and the meaning of words (e.g., Vinson & Vigliocco, 2002; Vigliocco, Vinson, Damian, & Level, 2002), but in the future, it will broaden and include the inter-sentential interpretation of not only relative-clause attachment but other dependencies between constituents.

6. Conclusion

A considerable body of research on ambiguous relative-clause attachment and factors that influence it has been conducted over the past thirty years, and it will continue to grow. Instead of a single factor, several different factors simultaneously affect the resolution of ambiguous relative-clause attachment; hence, the phenomenon should be viewed as multifactorial rather than unifactorial. With the continued advancement of technology, it is predicted that crosslinguistic studies of ambiguous relative-clause attachment will become more inter-disciplinary, involving corpus-based analyses and computational modeling with the aid of modern technology, and they will be able to shed further light on the universal model of sentence processing.

Acknowledgments

We thank our students for participating in the experiments. This work is supported by the Grants-in-Aid for Scientific Research (Nakano, No.15K02545) of the Japan Society for the Promotion of Science.

References

Abdelghany, H. , & Fodor, J. D. (1999). *Low attachment of relative clauses in Arabic*. Paper presented at the Poster presented at AMLaP (Architectures and Mechanisms of Language Processing) ,Edinburgh,UK.

Albright, A. (2002). Islands of reliability for regular morphology: Evidence from Italian. Language. *Language*,78(4) ,648-709.

Albright, A. , & Hayes, B. (2003). Rules vs. analogy in English past tenses: A computational/experimental study. *Cognition*,90(2) ,119-161.

Altmann, G. , & Steedman, M. (1988).Interaction with context during human sentence processing. *Cognition*,30(3) ,191-238.

Arabmofrad,A. ,& Marefat, H.(2008).Relative clause attachment ambiguity resolution in Persian. *Iranian Journal of Applied Linguistics*,11,29-48.

Baddeley, A.(1992).Working memory. *Science*,255(5044) ,556-559.

Crain,S. ,& Steedman, M. (1985). On not being led up the garden path: The use of context by the psychological syntax processor. In D. R. Dowty, L. Karttunen & A. M. Zwicky (Eds.), Natural Language Parsing (pp. 320 - 358). Cambridge, UK: Cambridge University Press.

Cuetos, F. ,& Mitchell, D. C.(1988). Cross-linguistic differences in parsing: Restrictions on the use of the late closure strategy in Spanish. *Cognition*,30(1) ,73-105.

De Vincenzi, M. , & Job, R. (1993). Some observations on the universality of the late-closure strategy. *Journal of Psycholinguistic Research*,22(2) ,189-206.

Desmet,T. ,Baecke,C. D. ,& Brysbaert, M.(2002).The influence of referential discourse context on modifier attachment in Dutch. *Cognition*,30(1) ,150-157.

Desmet,T. , Baecke, C. D. , Drieghe, D. , Brysbaert, M. , & Vonk, W. (2006). Relative clause attachment in Dutch: On-line comprehension corresponds to corpus frequencies when lexical variables are taken into account. *Language and Cognitive Processes*,21(4) ,453-485.

Ehrlich, K. , Fernandez, E. , Fodor, J. D. , Stenshoel, E. , & Vinereanu, M. (1999). *Low attachment of relative clauses: New data from Swedish, Norwegian and Romanian*. Paper presented at the 12th Annual CUNY Conference on Human Sentence Processing, New York, NY.

Fodor, J. D. (1998). Learning to parse. *Journal of Psycholinguistic Research*, 27 (2), 285-319.

Fodor, J. D. (2002). *Psycholinguistics cannot escape prosody*. Paper presented at the Speech Prosody International Conference, Aix-en-Provence, France, 83-90.

Frazier, L. , & Clifton, C. (1996). *Construal Theory*. Cambridge, MA: MIT Press.

Gibson, E. , Pearlmutter, N. , Canseco-Gonzalez, E. , & Hickok, G. (1996). Recency preference in the human sentence processing mechanism. *Cognition*, 59, 23-59.

Gilboy, E. , Sopena, J. -M. M. , Jr. , C. C. , & Frazier, L. (1995). Argument structure and association preferences in Spanish and English compound NPs. *Cognition*, 54, 131-167.

Grice, P. (1975). Logic and conversation. In P. Cole & J. L. Morgan (Eds.) , *Syntax and Semantics* (Vol. 3 , pp. 41-58). New York: Academic Press.

Gunji, T. , & Sakamoto, T. (1999). *Gengogaku no Hoho [Research Methods of Linguistics]*. Tokyo, Japan: Iwanami Shoten.

Hale, J. (2001). *A probabilistic Early parser as a psycholinguistic model. Proceedings of the Second Meeting of the North American Chapter of the Association for Computational Linguistics on Language Technologies* (pp. 1 - 8). Pittsburgh, PA, US: Association for Computational Linguistics.

Hemforth, B. , & Konieczny, L. (Eds.). (2000). *German Sentence Processing*. Dordrecht: Springer.

Just, M. A. , & Carpenter, P. A. (1992). A capacity theory of comprehension: Individual differences in working memory. *Psychological Review*, 99(1), 122.

Kamide, Y. , Altmann, G. T. M. , & Haywood, S. L. (2003). The time-course of prediction in incremental sentence processing: Evidence from anticipatory eye movements. *Journal of Psycholinguistic Research*, 49, 133-156.

Kamide, Y. , & Mitchell, D. C. (1997). Relative clause attachment: Nondeterminism in Japanese parsing. *Journal of Psycholinguistic Research*, 26, 247-254.

King, J. , & Just, M. A. (1991). Individual differences in syntactic processing: The role of working memory. *Journal of Memory and Language*, 30(5), 580-602.

Konieczny, L. , & Hemforth, B. (2000). Modifier attachment in German: Relative clauses and prepositional phrases. *Reading as a perceptual process* (pp. 517-527). Amsterdam: Elsevier.

Levy, R. (2008). Expectation-based syntactic comprehension. *Cognition*, 106 (3), 1 126-1177.

Lovrić, N. (2003). *Implicit prosody in silent reading: Relative clause attachment in Croatian*. (Unpublished doctoral dissertation). CUNY Graduate Center, New York, NY.

Marslen-Wilson, W. D. (1975). Sentence perception as an interactive parallel process. *Science*, 189(4198), 226-228.

Mendelsohn, A. P. , N. (1999). Individual differences in attachment preferences. *The poster presented at the 12th CUNY Conference on Human Sentence Processing, CUNY.*

Mitchell, D. C. , Brysbaert, M. , Grondelaers, S. , & Swanepoel, S. (2000). Modifier attachment in Dutch: Testing aspects of construal theory. In A. Kennedy, R. Radach, D. Heller & J. Pynte (Eds.) , *Reading as a Perceptual Process* (pp. 493-516). Amsterdam: Elsevier.

Mitchell, D. C. , & Cuetos, F. (1991). The origins of parsing strategies. In C. Smith (Ed.) , *Current Issues in Natural Language Processing* (pp. 1 – 12). Austin: Center for Cognitive Science, University of Texas.

Mitchell, D. C. , Cuetos, F. , Corley, M. M. , & Brysbaert, M. (1995). Exposure-based models of human parsing: Evidence for the use of coarse-grained (nonlexical) statistical records. *Journal of Psycholinguistic Research*, 24(6), 469-488.

Miyamoto, E. T. , & Takahashi, S. (2002). Sources of difficulty in processing scrambling in Japanese. In M. Nakayama (Ed.) , *Sentence Processing in East Asian Languages* (pp. 167-168). Stanford: CSLI, US.

Nakano, Y. (2008). Kankeisetsufukaaimai kobun no shori eno gojun no eikyo [The influence of word order on the resolution of ambiguous relative-clause attachments]. *Proceedings of the 25th Annual meeting of the Japanese Cognitive Science Society* (pp. 416-417). Kyoto, Japan: the Japanese Cognitive Science Society.

Nakano, Y.(2015). Gendai nihongo kakikotoba kinko kopasu (BCCWJ) no koa deta ni motozuku kankeisetu fuka aimai meishiku to senkobunnmyaku nai no kessoku rensa no bunseki [Analysis of relative-clause attachment ambiguous noun phrases and cohesive chains in preceding context based on the core data of the Balanced Corpus of Contemporary Written Japanese (BCCWJ)]. *Proceedings of the 8th Workshop of Corpus Linguistics of Japanese* (pp. 265 – 272). Tachikawa, Tokyo, Japan: National Institute for Japanese Language and Linguistics (NINJAL).

Nakano, Y.(2020). Kankeisetsufuka ni kansuru yosoku eno bunmyaku no eikyo—shisen keisoku ni yoru kenkyuu. [Contextual influence on the prediction of relative-clause attachment ambiguity resolution: An eye-tracking study]. *Language and Culture*, 23, 49-66.

Nakano, Y. , Hayano, M. , Nishiuchi, M. , & Imoto, T. (2007). Chugokujin ryugakusei no dainigenngo toshiteno nihongo ni okeru kankeisetsufuka aimaikobun no shori ni tsuite [Relative-clause ambiguity resolution in L2 Japanese by Chinese students]. *Research reports by the Department of International Studies, Faculty of Humanities and Economics Kochi University*, 8, 109-126.

Nakano, Y. , & Nishiuchi, M.(2007). *Nihongo no kankeisetufukaiti sentaku eno waakingu memorii no eikyou [The influence of working memory on the resolution of ambiguous relative-clause attachments in Japanese]*. The Proceedings of the 24th Annual meeting of the Japanese Cognitive Science Society, Seijo Gakuen University, Tokyo, Japan, 536-537.

Papadopoulou, D. , & Clahsen, H. (2006). Ambiguity resolution in sentence processing: The role of lexical and contextual information. *Journal of Linguistics*, 42, 109-138.

Rohde, H. , Levy, R. , & Kehler, A. (2011). Anticipating explanations in relative clause processing. *Cognition*, 118(3), 339-358.

Shen, X. (2006). *Late assignment of syntax theory: Evidence from Chinese and English*. (Unpublished doctoral dissertation). University of Exeter, UK.

Traxler, M. J. (2007). Working memory contributions to relative clause attachment processing: A hierarchical linear modeling analysis. *Memory & Cognition*, 35(5), 1107-1121.

Uetsuki, M. (2004). Kozoteki aimaibun shori ni okeru kochishiku to meishi howasei no eikyo [The saturatedness of a noun" and a postpositional phrase in Japanese relative clause attachment preference]. Japanese*Cognitive Science Society Technical Report*, 54. Retrieved from https://www.jcss.gr.jp/contribution/technicalreport/TR54.pdf

Veríssimo, J. , & Clahsen, H. (2014). Variables and similarity in linguistic generalization: Evidence from inflectional classes in Portuguese. *Journal of Memory and Language*, 76, 61-79.

Vigliocco, G. , & Vinson, D. P. (2002). A semantic analysis of grammatical class impairments: Semantic representations of object nouns, action nouns and action verbs. *Journal of Neurolinguistics*, 15, 317-152.

Vigliocco, G. , Vinson, D. P. , Damian, M. F. , & Levelt, W. (2002). Semantic distance effects on object and action naming. *Cognition*, 85(3), B61-B69.

Yamada, T. (2018). *Head association ambiguity in Japanese relative clause processing*. (Unpublished doctoral dissertation). University of Tokyo, Tokyo, Japan.

Zagar, D. , Pynte, J. , & Rativeau, S. (1997). Evidence for early-closure attachment on first-pass reading times in French. *Quarterly Journal of Experimental Psychology*, 50A, 421-438.

文学与文化

《负罪和悲哀》中华兹华斯对贫穷话语的改写

刘庆松

摘　要：西方传统文化中的贫穷话语通过一系列的二元对立范畴，在荣耀穷人的同时也强化了规训，从而达到了固化贫穷状态的目的；通过与贫穷拉开距离，并视之为一种田园景观，使得穷人被进一步客体化。华兹华斯的诗歌虽然没有解构贫穷话语中的二元对立结构，但通过对因果关系的颠倒，以及赋予"被客体化"的穷人以主体的地位，从而对贫穷话语进行了革命性的改写。这一点在《负罪和悲哀；或，索尔兹伯里平原上的奇遇》一诗中得到了最好的体现。

关键词：华兹华斯；《负罪和悲哀；或，索尔兹伯里平原上的奇遇》；贫穷话语；改写

西方传统文化中的贫穷话语有两种常用的策略：一是根植于田园诗和农事诗的贵族传统的抑制策略，包括把贫穷田园化，以及把贫穷置于圣经空间，以减弱贫穷这一令人畏惧现象的冲击力与强烈性；二是根植于资本主义与工业的中产阶级传统的规范化策略，书写节俭、忍耐和勤劳等价值观，以用于劳动阶层（Harrison，1994：29）。正如特里默（Sarah Trimmer）所区分的，上帝分配给优势阶层的道德要素是正义、人道、屈尊和慈善；给穷人的则是诚实、勤快、谦卑和感恩（qtd. in Harrison，1994：32）。哈里森进一步指出，穷人可以接受适当的教育，阅读圣经，接受优势阶层推荐给他们的价值观和美德，并避免成为激进思想的猎物（Harrison，1994：32）。

如果说中世纪的富人因为穷人而成圣，那么18世纪的穷人只是珍贵

作者简介：刘庆松（1968—　），男，陕西师范大学外国语学院，副教授，研究方向：英美文学。

的原料，供财富使用（福柯，2005：583）。尤其到 18 世纪末，由于导致贫穷的各种社会因素的集中式爆发，传统的贫穷话语受到了巨大冲击，保守、陈腐的表达内容因与现实的脱节而被排斥。18 世纪 90 年代被称为危机的十年，圈地、战争、经济衰退、济贫法、暴动等成为与贫穷表述密不可分的关键词。而在之前的 1760—1790 年间，人们强烈呼吁对低层社会的人道主义关怀和相关制度的改革。退伍伤残老兵、士兵的遗孀、孤儿、妓女、扫烟囱的孩子和囚犯等群体成为当时文学作品的主角。不得人心的事首先是战争，人们认为这是为了让在海外殖民地有产业的人得到保护并发家致富，却损害提供兵源的穷人（巴特勒，1998：49）。华兹华斯在 18 世纪 90 年代创作的叙事诗聚焦于贫穷，并通过田野调查式的方式，对乡村世界的贫穷现象做了零距离的探访，从而产生了一系列优秀的诗歌作品，比如《毁掉的村舍》《决心与自立》《坎伯兰的老乞丐》等，其中最有代表性的就是《负罪和悲哀；或，索尔兹伯里平原上的奇遇》一诗（后文中简称为《负罪和悲哀》）。这些作品对传统的贫穷话语进行了革命性的改写。华氏这一阶段的诗歌帮助开启了一个诗歌充满政治意味的时代。

华兹华斯于 1793 年夏天和好友威廉·卡尔弗特共游英国西部，但后者因故离开，留下华氏孤身一人，向北徒步穿越索尔兹伯里平原。这反倒成了个幸运事件，因为诗人和广大荒野地带的相逢带来了丰硕的成果，尤其是这次旅行途中开始创作的《索尔兹伯里平原》一诗，被认为是他最有雄心、意义最为重大的早期诗歌（Fosso，1999：159），标志着华兹华斯个人的一个重大发展阶段的开始。这首诗在 1794 年就基本写好，但并没有出版，直到 1798 年，他抽取了其中的主干部分，并以《女流浪者》（其中的很大一部分早在 1791—1792 年间就已创作出来）为题，编入《抒情歌谣集》中，该诗与其他作品在文体上和政治上都有着极大差异。而《索尔兹伯里平原》一诗几经改易之后（1799 年的手稿被命名为"索尔兹伯里平原历险记"），终于收入 1842 年出版的《诗集，以早期和晚期诗歌为主》一书，诗名改成了《负罪和悲哀；或，索尔兹伯里平原上的奇遇》。

虽然由于华氏的日趋保守，《负罪和悲哀》已经消减了很多"火药味"，但该诗仍然表明了华氏在 18 世纪 90 年代所持的激进政治观，是一首最直接的抨击"危机的十年"的抗议诗（poetry of protest）和说教诗

(didactic poetry)。他声称写这首诗的目的部分地是为了揭露法律的罪恶和战争给个体带来的灾难。诗中的两位主角,老水手以及士兵的遗孀,原本过着宁静怡人的乡村生活,但却被贪得无厌的地主、经济衰退和战争的灾难逼迫到了精神上和身体上的懒惰状态,从而成为"被懒惰"的贫穷他者,和"堕落"的流浪者,在索尔兹伯里平原上流浪,饱尝酸甜苦辣,老水手甚至在最后被处死。但在华氏的诗歌叙事中,他们却变成了改写贫穷话语的语符。

一 为"被懒惰"的穷人正名——对贫穷话语中因果关系的颠倒

　　托多罗夫指出,话语不是单个说话人的事,而是在事先知道听话人反应的情况下与其相互作用的结果,听话人可以是实在的一个人,也可以是想象听者的理想形象(2001:234)。贫穷话语的发话人是掌握着话语权的权势阶层,听话人可能是现实的穷人,也可能是被理想化的穷人。巴赫金把话语看作"任何一种意识形态行为的伴随现象"(1998:355)。话语作为一种结构,可以看作是由一系列意识形态素构成。像意识形态一样,贫穷话语力图使贫穷现状合法化,而它采取的一个主要手段,就是通过一系列具有规训功能的二元对立范畴来把贫穷归咎于穷人自身,这些范畴就是贫穷话语中的意识形态素。

　　在贫穷话语中,存在多重二元对立范畴,如勤劳与懒惰,服从与违抗,上进与堕落等。每一对范畴中都包含正面与反面的范畴,符合主流话语需要的便是正面的,反之则是反面的。发话人通过正面的范畴荣耀穷人,用与其对立的反面范畴来束缚穷人,使其循规蹈矩,安于被定义、被规训的地位,成为客体化的对象。反面的范畴从精神、心理、道义的角度解释贫穷产生的原因,掩盖了真实的社会原因。而华兹华斯作为非贫阶层的中产阶级的一员,却反戈一击,对这些反面范畴进行了颠覆性的改写,正如桑德斯所指出的,华兹华斯早期诗歌是激进的,并不是因为表达了革命性的思想和理论,或穷人的不满,而是因为试图把视角从那些体面和世故的东西上移开(2000:523)。华氏对粗朴的乡村生活的真切关注与描述可以看作"重寻与自己气质相近或相同的思维话语之旅"(丁宏为,2002:175)。

　　在《负罪和悲哀》中,两位主角,老水手和士兵的遗孀,都是流浪

者。流浪者的形象具有多重含义，是华氏用以表现社会现实的典型人物，由于其命运的极度悲惨而与他的其他诗歌中的贫穷人物具有显著的差异。

在贫穷话语中，流浪者代表着懒惰与堕落，与勤劳上进的穷人形成了鲜明的对比。在勤劳与懒惰的二元对立中，懒惰是反面范畴，被认为是贫穷的根源之一。然而在《负罪和悲哀》中，这两位流浪者并非因懒惰而贫穷，相反，他们最初都是勤劳肯干的劳动者。水手在被强征入伍之前，也曾多次在出海时面对寒夜中的暴雨和狂风。在侥幸从海外征战的部队退役后，他回到了家乡。由于没有应得的退伍待遇，身无分文，不能给家人送去食物，使他无颜面对他们。在绝望中，他遇到了一个旅人，进行抢劫，并失手杀死了对方，"从此，流浪者想逃脱杀手的命运"。[①] 正像柯尔律治的《古舟子咏》中那位杀死了信天翁而受到诅咒的老水手一样，华兹华斯的老水手在索尔兹伯里平原上也是受尽折磨。

士兵的遗孀在成为一个"懒惰的"流浪者之前，同样经历了勤劳—赤贫—懒惰的三步曲。她曾是一位喜好读书的乡村姑娘，与父亲在德文特河边过着怡然自得的田园生活。然而，就在姑娘年届20芳龄之时，灾祸从天而降。虽然诗中含糊其辞，归咎于无妄之灾，但在早前发表的《女流浪者》中，已经提到在他们的树林中，突然出现了一座霸气的豪宅，那是乡村的权势者借着圈地的风潮，强占了他们的土地所修建的。父亲的财产就此化为乌有。他们流离失所，只好投奔姑娘的恋人，父亲又一次可以睡在一个安静的房屋中。持续的劳作提供了每日的面包，三个可爱的孩子也相继问世。然而，不幸却接踵而来：

> "快乐的父亲离世，
> 当险恶的战局削减了孩子们的饭食：
> 三倍的快乐！坟墓为他隐藏起
> 空的织机、冰冷的炉子和无声的纺车，
> 泪水为忍耐不能缓和的灾祸滚落。"（266—270）

[①] William Wordsworth, "Guilt and Sorrow; or, Incidents upon Salisbury Plain", in *The Salisbury Plain Poems of William Wordsworth*, ed. Stephen Gill (Ithaca, New York: Cornell UP, 1975), 72. 文中引自该诗的句子均为笔者翻译，以下只注明行数。

坟墓使得父亲不用面对那些闲置的工具，无事可做，从而背上懒惰的恶名，死亡因此给他带来三倍的快乐。而"沉默的织机"成为这一时期文学作品中丧失而非获得的标志（Harrison，1994：106），暗示了农民即便想勤劳苦干，却连施展勤劳的机会都已丧失——"人勤地不懒"成为一句空话。在勤劳与懒惰的二元对立中，他们别无选择。在华氏的《废弃的屋舍》一诗中，玛格丽特和丈夫罗伯特也经历了从勤劳到赤贫再到懒惰的螺旋式下降。而老人在玛格丽特临死之前最后一次来访茅舍时，又一次"看到懒散的织机／仍旧在原位"。勤劳的所得不能维持温饱，从而使得农民心灰意懒，在身体上和精神上陷入双重懒惰。

父亲去世后，一家人的生活陷入绝望。具有讽刺意味的是，当他们要求救济时，却被拒绝了，也许是为了防止他们对救助产生依赖心理，从而变得懒惰，而在她成为流浪者以后，却被视作懒惰的穷人，不值得救助。穷人由此陷入了一个第二十二条军规一般的悖论中。

女流浪者等穷人的困境起因是贫穷与懒惰的逻辑关系长期未得到厘清。在宗教改革运动之前，劳动开始与富裕和幸福联系在一起，懒惰则与贫穷和邪恶相联系（科卡，2006：6）。贫穷话语颂扬处于劳动状态中的穷人，贬低无所事事的穷人，并给他们扣上一顶"懒惰"的帽子，虽然也有别的合适的帽子，但"懒惰"既显得温和，还有迷惑性，能转移人们的注意力。懒惰包裹下的贫穷，既暗示了虚幻的脱贫希望，也迟滞了穷人思考贫穷真相的步伐，顺带着也磨钝了贫穷的刺激性。勤劳与懒惰的二分，撕裂了穷人，使其形不成合力。勤劳的富人与懒惰的富人联手，勤劳的穷人却抱怨懒惰的穷人拖累了他们。懒惰的穷人受到歧视，懒惰的富人受人钦羡。年轻的华氏在获得父母留下的遗产后，即便算不上富裕阶层，但也成功脱贫。而作为勤劳的非贫阶层的一员，他虽然没有公开谴责权势阶层对百姓的鱼肉，但却在潜文本中表达了贫穷话语的欺骗性。他为懒惰正名，为勤劳去魅。

扬认为穷人天性懒惰，"除了白痴没有人不知道必须使不劳动下层阶级处于贫困之中，否则他们将不会勤奋工作"，吉尔伯特却持有相反的观点，"成千的劳动者本该通过自己的血汗般的劳动挣到他们每天所需的面包，却不得不因为无法劳动、无法从教区或者自己那里得到生计而只能依靠济贫税"（转引自丁建定，2011：75）。吉尔伯特的观点正道出了穷人"懒惰"的真正原因，而在狄更斯的叙事中，济贫所里理事们大腹便便的

形象则说明甚至连济贫资源都受到了盘剥。

华氏并不能完全摆脱传统贫穷话语的影响，在诗中他把热情救助女流浪者的吉普赛人列入懒惰的穷人一类，对其持否定态度，而忽略了他们作为少数族裔所遭受的不公正待遇——其实他们也属于"被懒惰"的一族。

除了对贫穷话语中贫穷与懒惰的因果关系进行颠倒外，华氏也揭示了其他二元对立范畴中，贫穷与反面范畴的逻辑关系的似是而非。如在服从与违抗、上进与堕落等的对立中，他认为并非是穷人的违抗与堕落导致了贫穷，反而是贫穷引发了违抗与堕落，这一点从水手的杀人罪行中即可看出。但以暴力犯罪来反抗社会的不公正，这绝非华氏所赞同，他在诗歌最后让水手前往警局自首已经表明了他的观点。

二 赋予"被客体化"的穷人以主体的地位——对贫穷话语的主客体对立模式的解构

除了对贫穷话语的因果关系进行颠倒以外，华兹华斯还使得作品中的穷人摆脱了被动的客体地位，获得了拥有自我评判能力的主体的身份。

在18世纪晚期，勤劳的农民、劳工是极其普遍的文学类型，比如在兰霍恩（John Langhorne）的《乡村正义》（*The Country Justice*）、考伯（William Cowper）的《任务》（*The Task*）、骚塞（Robert Southey）的《波特尼湾牧歌》（*Botany-Bay Eclogue*）等诗歌作品中，以及哥尔斯密（Oliver Goldsmith）的《威克菲尔德牧师》（*The Vicar of Wakefield*）等小说作品中，哈里森认为，这些勤劳的穷人呈现出一个贫穷的景观，成为被怜悯和同情的对象（Harrison，1994：79）。

这些作者采取的是田园诗的"保持间距"的传统手法（distancing conventions）（Harrison，1994：81），使读者从一定距离之外远观穷人，穷人与田园风景融为一体，成为被凝视的景色。在作者、读者和作品中的勤劳穷人三者中，作者和读者共同构成了审美主体，而作品中的穷人成为审美客体，被动地接受作者和读者的道德评判，在田园化的乡村风景中，形成了一个奇特的贫穷景观。正如程巍所分析的那样，"这种对贫穷和'自然'的道德奉承，一定会扩大为对贫穷地区的美学奉承"（2014：52）。

但在华氏18世纪90年代的抗议诗中，穷人不是遥远的审美客体，反而像主体一样，对作者和中产阶级读者发出了警世之言，提醒这些人自身

优势地位的脆弱,① 以及其主体性的岌岌可危。华氏重构的贫穷话语体现出主体间性的特点。他的诗语中展现的生存不是在非穷阶层与穷人的主客二分的基础上进行的主体构造和客体征服,而是主体间的共在,是非穷阶层自我主体与穷人对象主体间的交往、对话。他的主体间性既否定任何阶层的原子式的孤立个体观念,也反对社会性对穷人个体性的吞没。

在极为典型的抗议诗《负罪和悲哀》中,以老水手和士兵的遗孀为代表的"被懒惰的"穷人,打破了田园诗—农事诗传统中的贫穷景观,取代勤劳的穷人成为荒野中的被抛弃者和流放者,并对世事与环境做出独立的、主体性的道德评判。作品中的主角和作者在许多方面有重合之处,体现出主体间性的特点。比如,士兵的遗孀,这位女流浪者与华氏一样幼时饱读诗书,如果不是她父亲的财产一夜之间化为乌有,她本可以接受更好的教育,提升自己的社会地位,成为这首诗的读者主体,而不是客体化的被懒惰的穷人。像中国的杜甫一样,她发出了对贫富巨大差距的不平之声,"无家可归,身旁是千栋房屋。/忍饥挨饿,眼前有千桌饭蔬"(368—369)。这种纯正的诗歌语言,这种反客为主的穷人对世事的评判,展示出的绝不是一个被评鉴的贫穷景象,而是混合着作者主体身影的穷人对象主体。另外,华氏本人曾漫游于索尔兹伯里平原的事实也让人把他与诗中的流浪者联系起来。亨德森认为,在华氏对流浪者的关注背后是他对自己作为一个诗人的地位的关注。华氏呼吁不要忽视这些边缘人物,因为他感觉到自己也被边缘化、被忽视(Henderson,1991:79)。而对女流浪者哀伤情绪的描述,似乎反映了华氏个人的精神痛苦,因为他也忍受着因抛弃法国女友安奈特·瓦雍所导致的创伤(Campbell,1926:304)。

除了穷人对象主体与作者主体的认同与融合之外,流浪者也成为具有自我道德评判能力的具有主体特征的人物。作为负罪之人,老水手经历了灵魂忏悔与自新的心路历程,但其推动力却并非意识形态的说教或贫穷话语的熏陶,而是其他穷人对他精神上的感化和提升,以及同等重要的他内

---

① 华兹华斯的妹妹,多萝西·华兹华斯,在她的日记中,对于穷人,表现出既认同又恐惧的复杂态度,因为兄妹俩也曾经历过生活拮据的时期。详见 Heidi J. Snow,"William Wordsworth's Definition of Poverty",*Romanticism and Victorianism on the Net* 56,2009. Retrieved from http://www.erudit.org/revue/ravon/2009/v/n56/1001098ar.html?lang=en。在多萝西的日记中,乞讨是随处可遇的现象。她记录了各种各样的乞丐与流浪汉,有些很可能就是华兹华斯诗歌中人物的原型。详见[英]多萝西·华兹华斯《格拉斯米尔日记》,倪庆饩译,花城出版社2011年版。

心蛰伏的人性因素。老水手和女流浪者虽然同为天涯沦落人，同样被讥之为懒惰的穷人，但其蛰伏的人性却在相互砥砺中爆发出强大的力量，带来了希望和追求，而女流浪者贫而不馁的高洁人格对老水手产生了极大的触动。在该诗第 59 节中，两位流浪者来到一家乡村饭馆用餐，与诗歌开头体面而冷漠的饭店明显不同的是，这家饭馆的老板娘没有因为他们的身份而不屑一顾，反而热情相迎。

在该诗的最后部分，老水手的妻子由于生活所迫，去投靠自己的老父亲，但在途中染上重病，奄奄一息之际被带到了同一家饭馆。她没有认出近在咫尺的丈夫。在最后时刻，她评价她那涉嫌杀人的丈夫："他温顺而善良；/世上没有比他更温和的人了；/他甚至不忍抢夺乌鸦的食粮。"（608—610）在弥留之际，她的嘴唇翕动着，说着祝福他的话。老水手的心灵被彻底感化了，他哭喊着"宽恕我吧"，并带着一种"可怕的宁静"，走向警局，坦白自己的罪行。诗歌以他被处绞刑而告终。从华氏的作品中可以看出，人际关系的完整是人真正的安慰和唯一的力量，但这种关系必须独立于法律、官方和国家的管束之外，而在其所处的维度中，正常的律法甚至传统道德观是无关的，甚至危险的（Gill, 1972: 62—63），可见贫穷话语在老水手的改造过程中是多么的苍白无力。老水手并非自甘堕落，正如吉尔所言，小偷和凶手是一个更大的罪犯——政府——的牺牲品（Gill, 1972: 56）。老水手接受了不完整的自己，甚至愿意接受因为自己的罪过而该受的惩罚，从而避免了被贴上一个堕落的穷人的标签。华氏拒绝对穷人给出清楚的道德判断，也避免了把穷人变成没有自我分辨能力的被评判的客体。①

华氏的中产阶级读者在同情穷人的同时，也意识到在导致贫穷状况时的共谋关系（complicity）（Harrison, 1994: 92），而在华氏再造贫穷话语的过程中，也存在着共谋关系（Harrison, 1994: 111）。在权势阶层对乡村的殖民化过程中，华氏虽非其中的一员，却也是间接的受益者，所以他不可能彻底解构贫穷话语。但华氏对贫穷话语的改写毕竟使得中产阶级读

---

① 有论者也注意到，在多萝西·华兹华斯的日记中，同样缺乏对穷人的道德判断，只有在寥寥几次相遇中，她才做出一些结论。即便对于撒谎的乞讨儿童，她也只是温和地责备。详见 Heidi J. Snow, "William Wordsworth's Definition of Poverty," *Romanticism and Victorianism on the Net* 56, 2009. Retrieved from http://www.erudit.org/revue/ravon/2009/v/n56/1001098ar.html? lang = en。

者意识到贫穷话语对穷人的误导与抹黑，从而避免把贫穷归咎于穷人内在的因素，也看到改善穷人生存状态的必要性，以及穷人不容忽视的人性力量。华氏改写的贫穷话语改变了穷人客体化的身份，促进了作者主体、读者主体与穷人对象主体的合作。

参考文献

Campbell, O. J. & Mueschke, P., "'Guilt and Sorrow': A Study in the Genesis of Wordsworth's Aesthetic", *Modern Philology* 23 (3), 1926.

Fosso, K., "The Politics of Genre in Wordsworth's Salisbury Plain", *New Literary History* 30 (1), Poetry & Poetics, 1999.

Gill, S. C., "'Adventures on Salisbury Plain' and Wordsworth's Poetry of Protest 1795-97", *Studies in Romanticism* 11 (1), 1972.

Harrison, G., *Wordsworth's Vagrant Muse: Poetry, Poverty, and Power*, Detroit, MI: Wayne State University Press, 1994.

Henderson, A., "A Tale Told to Be Forgotten: Enlightenment, Revolution, and the Poet in 'Salisbury Plain'", *Studies in Romanticism* 30 (1), 1991.

Snow, H. J., "William Wordsworth's Definition of Poverty", *Romanticism and Victorianism on the Net* 56, 2009. Retrieved from http://www.erudit.org/revue/ravon/2009/v/n56/1001098ar.html?lang=en.

［英］安德鲁·桑德斯：《牛津简明英国文学史》（下），谷启楠等译，人民文学出版社2000年版。

［苏］巴赫金：《巴赫金全集》第二卷，李辉凡等译，河北教育出版社1998年版。

程巍：《反浪漫主义：盖斯凯尔夫人如何描写哈沃斯村》，《外国文学》2014年第4期。

丁宏为：《理念与悲曲——华兹华斯后革命之变》，北京大学出版社2002年版。

丁建定：《论18世纪英国的济贫法制度》，《学习与实践》2011年第6期。

［英］玛里琳·巴特勒：《浪漫派、叛逆者及反动派（1760—1830年间的英国文学及其背景）》，黄梅等译，辽宁教育出版社1998年版。

［法］米歇尔·福柯：《古典时代疯狂史》，林志明译，三联书店2005年版。

［法］托多罗夫：《巴赫金，对话理论及其他》，蒋子华等译，百花文艺出版社2001年版。

［德］于尔根·科卡：《欧洲历史中劳动问题的研究》，李丽娜译，《山东社会科学》2006年第9期。

Wordsworth's Rewriting of Discourse on Poverty in "Guilt and Sorrow"

Liu Qingsong

Abstract: The discourse on poverty in the western traditional culture, through a series of concepts in binary opposition, glorified the poor and in the meantime reinforced disciplining, thereby attaining the objective of solidifying the condition of poverty. And it further objectified the poor through distancing poverty and regarding it as a rural spectacle. Though Wordsworth did not deconstruct the binary opposition structure of the discourse on poverty, his poetry revolutionarily rewrote the discourse, by means of reversing the cause and effect relation in the discourse and endowing the objectified poor with a status of subject, which is best expressed in the poem "Guilt and Sorrow; or, Incidents upon Salisbury Plain".

Key words: Wordsworth; "Guilt and Sorrow; or, Incidents upon Salisbury Plain"; discourse on poverty; rewriting

吉姆男性气质的动态建构

郭 荣

摘 要：《幸运的吉姆》是英国当代著名小说家金斯利·艾米斯的第一部现实主义小说，它奠定了金斯利·艾米斯在"愤怒的青年"这一派别中的先锋地位。金斯利·艾米斯采用"反英雄"式的写作手法，展现了主人公吉姆在经历了男性气质危机、男性气质觉醒以及男性气质重塑的动态变化，从侧面反映了男性气质是社会建构的产物，也指向了性别身份的动态性。艾米斯通过建构吉姆动态的男性气质旨在抨击以贝尔特朗为代表的伪精英男性气质，并表现出对以吉姆为代表的中下层阶级男性气质抱有积极态度。

关键词：《幸运的吉姆》；男性气质；动态建构

《幸运的吉姆》（*Lucky Jim*）的出版奠定了金斯利·艾米斯在"愤怒的青年"一派中的代言人地位。值得注意的是，主人公吉姆从不幸到幸运的过程中产生了性别气质的动态变化。康奈尔指出，"性别的常识性知识绝不是恒定的，而是在不断变化的实践中的理性认识，通过这些实践，性别就在日常生活中"形成了"或"完成了"（康奈尔：7）。因此可见，男性气质是动态的建构过程。它的建构不仅受到历史、社会、文化的影响，更与个人所处的环境息息相关。显然，《幸运的吉姆》中的主人公吉姆在经历了从不幸到幸运的过程中，其男性气质也经历了动态变化，为"幸运"的人物形象构建奠定了基础。

作者简介：郭荣，女，陕西师范大学外国语学院在读博士，研究方向：英美短篇小说、叙事学。

1. 吉姆的男性气质危机

男性气质的危机可能由多方面造成，而在由两性关系主导的社会中，女性的权力无疑将直接影响到男性气质。康奈尔认为，"如果没有'女性气质'相对照，那么男性气质这个概念就不会存在"（92）。《幸运的吉姆》中男女主人公的权力关系变化暗示出吉姆的男性气质的不稳定性。当吉姆的男性气质受到来自女性权力的威胁时，也就代表着在以男性为主导的社会中，吉姆的男性气质出现了危机，如康奈尔所言："权力关系将明显地表明危机倾向"（116）。

《幸运的吉姆》中，女性在一定程度上成为男性的拯救者并居于主体的位置。小说将童话故事中的主客体进行了置换，主人公吉姆是处于艰难境地的"灰姑娘"，等待着被拯救，而故事中的女性成为拯救主体。吉姆的女友玛格丽特是吉姆时常求助的对象。在吉姆和玛格丽特的两性关系当中，女性成为施救者，而男性变为被动的获救者。例如，在周末的晚会上，吉姆多次希望玛格丽特可以帮他解围："大家刚要静默下来，玛格丽特开了口，狄克逊对她在场，并且嘴边总是有话说而觉得非常感激"（艾米斯：37）。当他误把克里斯廷当成贝尔特朗前女友后，丑态百出，不得不再一次"转向玛格丽特求援"（艾米斯：40）。因此，文本中的玛格丽特不再是西蒙·波伏娃口中的第二性，而转化成为第一性，对"不幸"的吉姆施以援助。

在《幸运的吉姆》中，另一位女主人公克里斯廷在第一次与吉姆相遇时就削弱了他的男性气质。吉姆打量了一番克里斯廷，"看到她这模样，他感到自己的生活习惯、标准和报复受到了一次无法抗拒的袭击，这种袭击似乎将注定他的命运，使他永远不得翻身"（艾米斯：36）。吉姆认识到自己的社会地位要远低于克里斯廷。克里斯廷对他的"袭击"，不仅是对他社会地位以及他代表的社会阶级的攻击，更是对他男性气质的袭击。就这一角度而言，克里斯廷成为权力主体，而吉姆转变为处于他者位置的客体。克里斯廷对"不幸"的吉姆施以援手更是强化了克里斯廷作为一名支配者和主体所具有的权威。她先是帮吉姆掩饰了他不小心烧坏威尔奇太太床单的事实，从而让他摆脱了威尔奇太太和威尔奇教授的指责；克里斯廷在得知贝尔特朗对她不忠时立刻分手，并主动向吉姆表明了心意，间接地帮助吉姆找到了得以谋生的职位。此种"施救"行为体现出

了克里斯廷的话语权和权威性。男女性别的二元对立意味着女性气质的增强，女性对话语权的掌握必将削弱男性气质。就这一层面而言，吉姆的男性气质受到两位女性的削弱，造成了他男性气质的危机。

"那姑娘转过头，发现狄克逊在瞪眼看她。狄克逊心里一惊，突然感到肚子往里收缩；他像一个站着休息的士兵听到一声'稍息'的口令一样，猛然挺起了身子"（艾米斯：37）。当两人的身份具有明显的阶级鸿沟时，克里斯廷是吉姆窥视的对象。吉姆不再是具有凝视能力的男性，而克里斯廷对狄克逊的注视，让他成了被凝视的对象，成了客体和被支配者。而再见克里斯廷时，"（吉姆）狄克逊遇上了她的目光，虽然目光里对于他没有半点表情，但是他却想一溜烟地跑到人墙后边去，在衣裙和裤子的保护下躲藏起来"（艾米斯：110）。与此同时，吉姆也受到了贝尔特朗作为男性的蔑视和敌视。因为发现了吉姆窥视自己的女友克里斯廷，贝尔特朗的占有欲被激发，因此，他"怀有敌意地朝狄克逊瞥了一眼"（艾米斯：37）。此外，当吉姆在一次舞会上将目光转移在米切的女友奥莎内茜身上，米切"立即严肃起来"，奥莎内茜小姐在朝他微笑之后，立刻"转过身去发笑"（艾米斯：109）。由此可见，吉姆在两位男性以及他们的两位女伴面前是显得自卑的，失去了作为男性的尊严。"男性气质受到来自女性气质的严峻威胁，他们把力量和尊严视为男性气质的核心特质。"（刘岩：109）而吉姆尊严的失去也就意味着其男性气质受到了多方压力。

因个人所处的社会地位相异，男性气质形成的动力也必定有所不同。对于作为临时讲师的吉姆来说，发表文章就等于他的能力和价值，进而是形成他男性气质的动力。他认为，如果不发表文章，"就会在学校一钱不值，或者一事无成"（艾米斯：29）。由此可见，吉姆的价值是由"文章被一家学术性的杂志采用"（艾米斯：10）与否决定的。这种学术背景下，文章的采用成为其职业男性气质的表征。在他申请大学讲师的这份工作时，他对自己的中世纪研究"小题大做了一番，因为能表示对某个专科特别感兴趣，似乎会显得好一些"（艾米斯：30）。正因为吉姆的"小题大做"，他才获得了讲师职位，但是事实上，吉姆并不能够胜任这一职位。职业是一位男性的男性气质的最直接反映。吉姆对于文章发表的能力欠缺预示着他的学院男性气质面临着危机。

吉姆作为一名学者，他对科研不感兴趣，对于他写的文章，他认为

"标题安得十全十美，因为它集中体现了文章的漫不经心，鸡毛蒜皮的性质，体现了那送葬般的排列枯燥事例的方式，还体现了文章对不是问题的问题做了虚张声势的说明"（艾米斯：9）。而对于文章的价值，他可以讲得很清楚，"首先，可以简单地说文章毫无价值；其次，文章的价值在于对历史事例进行了发疯似的盘根究底，而在罗列事例时却又发狂似地使文章写得枯燥乏味；再其次，文章的价值还在于它的出发点上，即他要用这篇文章来抹掉他给学院和系里留下的'坏印象'"（艾米斯：10）。作为一名教师，他对于分配给他的教学专题"恨之入骨"、"讨厌为工作花费脑筋"，对优等生米切的"提问很反感"（艾米斯：24），想方设法地疏远米切，不让米切选修他的专题。对于跟握有他"生死大权"的老教授威尔奇谈话，吉姆"都得强陪着笑脸，硬打起精神，敷衍应酬；还因为他要表现出既不像精疲力竭，又不像怒不可遏，形之于色"（艾米斯：8）。因此，无论是作为研究者还是教师，吉姆都表达出了对现状的不满以及因为拮据的经济处境而不得不维持现状的无奈。在这种境况下，他除了在寻找大学教职时打败了"牛津大学毕业生"之外，找不到自己男性气质的动力源。在学生米切面前，他害怕提问，失去教师的尊严；在握有他生死大权的威尔奇教授面前，他极度反感却不得不阿谀奉承；对于自己写的文章，他觉得一点价值也没有。而这些都关系到吉姆的生存问题，"失业"无疑会使他经济状况更加拮据，男性气质受到更为严重的压力。身体上的疲倦以及心理上的厌恶都表明吉姆男性气质危机重重。

2. 吉姆的男性气质觉醒

吉姆通过认识身边两位女性，找到了男性尊严的产生场域，进而刺激吉姆男性气质的觉醒。吉姆第一次跟克里斯廷谈话的时候，便对克里斯廷会跳芭蕾这一方面进行突出强调。艺术本身所带有的欣赏性使得克里斯廷成为吉姆欣赏的客体，从而使吉姆占有了凝视的主导权。此外，吉姆对克里斯廷声音的认知也让他从她的身上找到了能被男性欣赏的女性特质，"不像玛格丽特小银铃般地笑声一样，克里斯廷笑起来声音清脆而富有音乐感"（艾米斯：38）。女性声音是女性特质的外在表征之一。吉姆从这一外化的女性特质中将女性客体化进而找到了其男性气质的归属，激发了其男性气质的觉醒。杨柳指出，"女性之所以成为欲望的客体，是社会文化建构的。身体的施与受，都不只是生理的活动而已，它们无时无刻不被

'权力'渗透，成为表达权力、展现主控力的场域"（147）。因此，吉姆的审视成为表达其男性主导权的方式，而克里斯廷被置于男性控制的场域之下。相比而言，玛格丽特对于吉姆的主动讨好使得吉姆进一步意识到其作为男性的主体地位。当吉姆看到玛格丽特"明显地为他而搽了一些口红。这使他感到高兴"（艾米斯：55）。玛格丽特的行为极大地增强了吉姆作为一名男性的自豪感，进而激发了其男性气质的觉醒。在吉姆与这两位女性的关系当中，女性成为男性目光中的审美对象、观赏对象、甚至成为男性欲望的投射对象。"虽然男性气质的内涵在不同历史时期呈现的特质有所差异，但自始至终处于男性气质核心的一个特征就是异性情欲。"（刘岩：111）所以吉姆下一步就开始了他自己都无法解释的所作所为，他与玛格丽特亲热了起来。而在两人的亲热过程中，玛格丽特故意表现出的羞怯和被动也在极大程度上满足了吉姆，使之成为两性关系中具有控制权的主体。男性主体化和女性身体客体化的强烈对比突出了男性的支配性地位，因而帮助吉姆从两位女性身上寻找到了男性气质的归属。

"男性气质不仅在男性与女性的对立关系中理解，而且在男性与其他男性的对比之中产生。"（Chopra：1608）吉姆在参照对比周边男性的社会地位以及他们对女性的吸引力时建构了其对男性气质的认知，而现代社会中的"许多男性群体通过异性恋的表现来表示男性气质，如果不这样做他们很有可能就被视为没有男子气概"（Sweeney：370）。故事中的贝尔特朗通过有夫之妇卡洛尔来展现其男性气质。虽然贝尔特朗对于卡洛尔漫不经心，但是卡洛尔对于贝尔特朗的依赖和迷恋满足了贝尔特朗作为男性所拥有的主导权和支配权，进而凸显出其在两性关系中的男性气质。因此，在卡洛尔和贝尔特朗的两性关系当中，卡洛尔显然失去了本体的独立性，最终依附于贝尔特朗，成为他表征男性魅力的工具。富商戈尔阿夸特先生是小说中另一位成功男性，并且他拥有很高的社会地位。以吉姆的现任女友——玛格丽特为代表的众多女性在参加聚会时都想方设法与戈尔阿夸特接近。显然，以玛格丽特为代表的众多女性在与戈尔阿夸特交往的两性关系中失去了主体地位，并且希望通过依附男性而获得梦寐以求的金钱和地位。贝尔特朗和戈尔阿夸特的男性气质对吉姆的男性气质重塑产生重要的影响。

吉姆的男性气质在认识到女性在两性关系中的从属地位才渐渐明朗。"他非常清楚地知道，像她这样的姑娘，除了被当作贝尔特朗之类的私人

财产而露露面以外，平时是哪里都看不到的，因此他早就不觉得这里有什么不公正的地方。他能找到的女人，就是成千上万个像玛格丽特那样的人"（36）。吉姆在自己的认知当中将优秀的克里斯廷当作了贝尔特朗的私人财产，而贝尔特朗进一步肯定了吉姆的想法。克里斯廷被贝尔特朗当作炫耀的资本，成了他男性气质的体现。此外，他同时利用克里斯廷结识朱利叶斯·戈尔阿夸特——所谓的"大鱼"，进而得到私人秘书的职务，这一个职位有着可观的薪资，它的工作地点更是位于繁华的伦敦。因此，在两性关系当中，女性的地位最终还是要为男性气质的构建铺路搭桥，成为他们最终获得成功的工具。职业上的成功可以为贝尔特朗的男性魅力增添浓重的一笔，让贝尔特朗成为一名成功人士，成为众多男性效仿的对象，进而彰显出他在整个社会中优越的男性气质。

康奈尔指出男性的身体是自然的男性气质的携带者，男性身体承载的男性气质是进化压力赋予人类的。（康奈尔：62）事实上，吉姆的身上也一直承载着男性气质的因子，但是却因激发其深层男性气质的动力不足，而迟迟没有建构和表征。吉姆崇敬阿特金森，"因为他对任何需要他考虑的事情都有一种厌恶感，并且不因为习惯而改变他的这种厌恶感"（31）。相比于阿特金森，吉姆对于他讨厌的事情忍气吞声，直到他学院男性气质逐渐消解。而一次偶然的机会使得吉姆与贝尔特朗针锋相对进而激发了他体内的男性气质因子，因而促进了其男性气质的觉醒。吉姆"曾经在威尔奇家幻想出的反贝尔特朗战役，现在已经展开，并在战术上取得了一个辉煌的胜利。一个无形的声音在告诫着他，这场战役对于他那样一个地位摇摇欲坠的人，即使是不再往下开展，也是极其危险的了；还告诫他，由于战斗的胜利，他开始得意忘形了"（艾米斯：106）。因此，对于吉姆来说，"即使是不再往下开展"与贝尔特朗的战斗他也要面临男性气质的消解，而一旦战斗胜利就意味着与贝尔特朗男性气质的战斗中他成功胜出。所以吉姆在舞池当中注意到"矮个子骑兵""蛮族敌人"。这些画面中携带的斗争因子都预示着吉姆与贝尔特朗男性气质的对决，进一步预示着吉姆男性气质的回归与重塑。

3. 吉姆的男性气质重塑

吉姆原有的男性气质受到了来自于社会各方的多重挑战，但是对于两性关系的重新认识以及对成功男士的憧憬使得吉姆踏上了追求商业精英的

男性气质之路。身体作为性别气质的外在表征之一，其对于男性气质的建构是不可缺少的。"暴力又是一种主张或者宣扬男性气质的方式。当被压迫的一方获得暴力手段时，暴力是一个促发过程。一些边缘性的群体会以张扬这种男性气质来对抗其他男性"（康奈尔：115）。对于小说中的其他人物来说，吉姆是一个典型的边缘人物，他挣扎在社会的边缘，既不能离开备受排挤的教师岗位，也不能在两性关系中找到男性气质的归属。因此他日日都生活在社会高压下，在生存的边线上虚度光阴。然而当吉姆与贝尔特朗产生暴力的肢体冲突时，也就意味着二者身体内所蕴含的男性气质产生对抗之势。"这一轮是狄克逊斗赢了。他重新带上眼镜，心里感到非常舒服；贝尔特朗用发窘的眼神望了望他"（艾米斯：224）。贝尔特朗发窘的眼神以及吉姆舒服的心理状态表明了吉姆的男性气质在与贝尔特朗的博弈中胜出，也意味着他在"面对冲突时，通过使用人际暴力的能力和权威，"（Schippers：91）帮助其找到了在贝尔特朗面前宣扬自身男性气质的方式。

朱迪斯·巴特勒的性别表演理论指出性别在一定程度上是表演出来的，而在此过程中，着装是体现性别身份的重要媒介。事实上，不仅性别身份通过着装可以予以体现，着装也可以在一定程度上表明社会（职业）身份。继吉姆在演讲丑态百出之后，他便被学院辞退，这意味着他沦为一名无业人员。吉姆回到家中褪去了他的讲师行头，套上了"一件开领短袖式马球后运动衫，以表示他和学术界的关系已经一刀两断"（艾米斯：250）。至此，吉姆的学院男性气质随着原有服装的褪去而消解，与此同时运动衫意味他将开始"追逐"另一种形式的男性气质。

"幸运"的吉姆通过将女性转变为客体和被支配者，重申了男性主体和支配者位置，进而重构了其男性气质。克里斯廷是贝尔特朗的女朋友，吉姆虽对克里斯廷一见钟情，但是却并未表达爱意，所以他总想在与贝尔特朗的争吵中打个胜仗，以此来向克里斯廷证明他所具备的男性气质和力量。克里斯廷是这一胜仗中的见证者，因而也成为吉姆重塑其男性气质关键因素之一。因此，当吉姆下定决心开始追求克里斯廷时，他"意识到放弃对克里斯廷的追求，就意味着在反贝尔特朗的战役中宣布停火"（艾米斯：202）。而"贝尔特朗虽然和他一样没有工作，没有本事，但他仍然有克里斯廷啊"（艾米斯：253）。这里的克里斯廷被吉姆本能的客体化了，她作为男性成功的因素之一从属于男性，失去了女性的独立地位。当

吉姆和克里斯廷在火车站互表爱意之后，吉姆对威尔奇一家发出了大笑，而这大笑包含着他最终"抱得美人归"的胜利喜悦以及以吉姆为代表的中下层阶级男性气质的胜利。

康奈尔指出，"体育已变成了大众文化中男性气质的主要标志"（73）。吉姆为了在克里斯廷离开之前见她最后一面的奔跑，也成为象征他追求男性气质所作的努力。"他唯一能意识到的是，如果他不能到车站就会坏事，他所需要的东西也就会远走高飞。"因此他"突然像发了狂似的拼命疾跑起来，他发觉他跑步的速度比原来想象的还要快"（艾米斯：260）。而当他终于追赶上汽车时，售票员对于他的夸赞，"跑得不错啊，大汉"（艾米斯：261）。这样的赞美既是对他男性气质的肯定，也是他身体中所携带的男性气质的表征。张中载指出，"这部小说显示了转型期英国新文化的诞生——通俗文化和高雅文化相互冲突、相互抵消、相互补充、相互融合，造就了新时期的新文化"（59）。事实上，这部小说在文化背后也显示出以吉姆为代表的中下层阶级男性和以威尔奇父子为代表的精英阶级之间的对抗，前者最终取得男性气质战役胜利的社会变化。

虽然吉姆男性气质的重构充满了机会主义的色彩，但是吉姆最终的胜利也使得他成为20世纪中后期英国成功男士的代表。戈尔阿夸特先生给吉姆提供了一个体面的秘书职位，所以吉姆的男性气质从一份年薪五百磅，并且工作地点位于伦敦的职业上找到了归属感。所以，我们应该意识到"经济环境和组织结构成为了男性气质发展的一部分"（康奈尔：47）。伦敦的作用不仅仅是情节的一个背景场所，它直接参与塑造了吉姆的自我表现意识。因此，吉姆对于伦敦市的期待，也成为他重塑男性气质的重要一步。吉姆"暗暗地想着伦敦的这些地方：湾水区、骑士桥大街、诺丁山大门、平利科区、贝尔格雷夫广场、瓦平区、切尔西亚区"。这些地标性建筑成了伦敦繁华的缩影，同时也是"象征企业权利的丰碑"（莫特：182），进而成为象征吉姆职业男性气质胜利的奖杯。当吉姆取得"胜利"的时候，面对威尔奇太太"即将呕吐的表情，狄克逊宽宏大量地朝她点了一下头。他记得某本书中说过，成功能使人变得谦逊、宽容和善良"（艾米斯：271）。这种"有风度的举止"也正是吉姆作为成功人士所表现出的男性气质：宽宏大量。此种男性气质的重塑和吉姆在商业上取得的成功（一份年薪五百磅的工作）以及工作环境紧密挂钩。因为"从20世界50年代中期起，广告商和零售商就造出了大量不同的有关青年男性性格

和地位的信息。这一阶段男性气质的商业变化历史大部分都是从一种主要市场写来的。这些书中充满了庆贺商业文化到来的文字"（莫特：165）。因此，在吉姆的想象中，伦敦是商业男性的乌托邦，那里充满了对商业男性气质的认同感。

4. 结语

《幸运的吉姆》中女性和男性权力关系的变化塑造了"灰姑娘"吉姆。作为学院讲师的吉姆对学院派的作风感到十分厌恶，在这样"不幸"的情形下引发了吉姆男性气质的危机。吉姆的男性气质不仅受到了以威尔奇教授为代表的男性所施加的压力，同时也受到了来自女性的挑战。但是通过参照其他男性的男性气质，吉姆重新认识两性之间的关系，并展开了对抗贝尔特朗男性气质的"战役"。肢体上的暴力冲突让吉姆在贝尔特朗面前找到了宣扬其男性气质的方式。最终吉姆收获克里斯廷的爱并找到一份年薪五百磅的工作让吉姆重塑极具商业色彩的职业男性气质。

《幸运的吉姆》反映出不仅女性在两性关系中的权力地位会影响男性气质，同性之间因为权力、地位以及职业的差异也会影响到一个人对于性别身份的认识，个体所处的社会阶级以及经济环境都会影响其男性气质的构建。因此，"幸运"的吉姆也让人们意识到男性气质是一个动态的社会建构产物，它是多方面因素作用的结果。金斯利·艾米斯通过展现吉姆男性气质的动态性，最终带给读者以"幸运"的吉姆形象，并宣告着中下层阶级男性气质对抗精英阶级男性气质的胜利，并指向后者的虚伪。正如陈丽所言，"这其实是商业资本对精英文化的一次胜利，是工商业资本家的价值观念和文化需要的一种胜利"。与此同时，读者也不难发现金斯利·艾米斯对学院男性气质的批判和对商业男性气质的向往。金斯利·艾米斯曾在其自传中提到，他的父亲认为事业上的成功应该表现为：在城市中工作，有着可观的收入，并且社会地位稳定。因此，吉姆最终构建出的商业男性气质正是金斯利·艾米斯"愤怒的青年"一代中支配性的男性气质。

综上所述，虽然"幸运"的吉姆充满了机会主义的思想，但是金斯利·艾米斯通过建构吉姆的商业男性气质进而对理想男性气质的投射，通过批判、讽刺以威尔奇、贝尔特朗为代表的伪精英，金斯利·艾米斯戏剧性地表征并消解了他们的男性气质。金斯利·艾米斯通过"反英雄"的

创作手法,将吉姆的男性气质置于动态变化之中,最终突出了中下层知识分子在抵抗精英阶层时所作出的种种努力,因而成为"愤怒的青年"这一派别中的代表作品,艾米斯与吉姆同作为学院知识分子郁郁不得志的相似遭遇使得他成为当之无愧的"愤怒的青年"代言人,金斯利·艾米斯为像他一样的中下层知识分子在文坛上呼出他们的声音,表达着他们对支配性男性气质的渴望。

参考文献

[1] 陈丽:《话语权的争夺:吉姆幸运的背后》,《解放军外国语学院学报》2002年第5期。

[2] 弗兰克·莫特:《消费文化:20世纪后期英国男性气质和社会空间》,余宁平译,南京大学出版社2001年版。

[3] [英] 金斯利·艾米斯:《幸运的吉姆》,谭理译,译林出版社2013年版。

[4] 刘岩:《男性气质》,《外国文学》2014年第4期。

[5] 杨柳:《性的消费主义》,上海社会科学院出版社2010年版。

[6] 张中载:《一部"反文化"小说——〈幸运的吉姆〉》,《外国文学》1998年第1期。

[7] [美] R. W. 康奈尔:《男性气质》,柳莉等译,社会科学文献出版社2003年版。

[8] Anderson, Eric. "Orthodox and Inclusive Masculinity: Competing Masculinities among Heterosexual Men in a Feminized Terrain." *Sociological Perspectives*, vol. 48, no. 3, 2005, pp. 337–355.

[9] Chopra, Radhika, et al. "Understanding Masculinity." *Economic and Political Weekly*, vol. 35, no. 19, 2000, pp. 1607–1609.

[10] Sweeney, Brian N. "Masculine Status, Sexual Performance, and the Sexual Stigmatization of Women." *Symbolic Interaction*, vol. 37, no. 3, 2014, pp. 369–390.

[11] Schippers, Mimi. "Recovering the Feminine Other: Masculinity, Femininity, and Gender Hegemony." *Theory and Society*, vol. 36, no. 1, 2007, pp. 85–102.

The Dynamic Construction of Jim's Masculinity

Guo Rong

Abstract: *Lucky Jim* is the first realistic novel by Kingsley Amis, who is a famous contemporary British novelist. *Lucky Jim* establishes Kingsley Amis's vanguard position in the school of "Angry Young Man". Kingsley Amis uses "anti-hero" writing technique to show that Jim has experienced a dynamic process of masculinity construction: masculinity crisis, masculinity awakening and masculinity remodeling. It reflects that masculinity is the product of social construction. At the same time, it points to the dynamics of gender identity. By constructing Jim's dynamic masculinity, Amis aims to attack the pseudo-elite masculinity represented by Bertrand and shows a positive attitude towards the middle and lower class masculinity represented by Jim and his eagerness towards business masculinity.

Key words: *Lucky Jim*, masculinity, dynamic construction

翻译与文化

老舍早期的小说创作与翻译文学：
互文性探究

李文革　马春兰

摘　要：在20世纪20年代的文学研究会作家群中，老舍是一位卓尔不群的英才，被冠以"人民艺术家"的称号。本文主要探究老舍早期创作的小说与翻译文学之间的互文性关系。通过翻译阿尔杰农·布莱克伍德的短篇小说和研究厨川白村的文艺论著，老舍确立了其短篇小说的创作题材和手法；受福楼拜和托尔斯泰小说的熏陶，他奠定了小说创作的现实主义方向；从对英译本《圣经》和福楼拜小说语言的研究中，他形成并确定了通俗简练的语言风格；从对《基督教大同主义》的翻译和英译本《圣经》的研读中，他形成了其小说中的"基督文化"色彩。本研究表明，老舍在这四个方面都借鉴了诸多外国作家和作品，将其创造性地融合到自己的创作中，形成了自己独特的创作风格。

关键词：老舍；早期；小说创作；翻译文学；互文性

老舍是一位杰出的文学创作大师。他的一生中，大约有三分之一的时间都在从事文学翻译。1924年，老舍远赴英国伦敦东方学院教书，成为他人生中重要的转折点。在此期间，他涉猎了大量的外国文学作品，也开始提笔写作。1930年回国后，他集中翻译了十余部作品。无论是对译介作品的阅读研究，还是在具体的翻译实践中，老舍都获得了颇多的感悟，对他早期的小说创作有一定的指导意义。

本文主要探讨老舍早期的小说创作和翻译文学之间的互文性关系。

李文革（1966—　），男，陕西华县人，54岁，陕西师范大学外国语学院副教授，硕士导师。研究方向：中西方翻译史论，英语语言教学。马春兰（1991—　），陕西师范大学2015级硕士研究生，现为宁夏回族自治区农业农村厅职工。研究方向：翻译理论与实践，英语教学。该论文为国家社科西部项目"文学研究会的翻译文学及其影响研究"（12XZW019）的部分成果。

一　创作题材与手法

在 1926—1933 年，除了大量的创作，老舍还译介了多部外国文学作品。在齐鲁大学担任教授期间，是他一生中译作的爆发期。译作既有小说和诗歌，还有西方的文学理论著述。通过翻译阿尔杰农·布莱克伍德的短篇小说和研究厨川白村的文艺论著，老舍确立了其短篇小说的创作题材和手法。

老舍翻译了阿尔杰农·布莱克伍德的《客》，这对他尝试爱情题材小说《微神》起着催化作用。老舍的写作几乎不涉及爱情题材，用他自己的话来说，"我一方面在思想上失之平凡，另一方面在题材上不敢摸这个禁果"（曾广灿、吴怀斌，1985：34）。然而，《微神》讲述的却是纯纯正正的爱情故事，也是老舍的第一部爱情小说。在《客》的翻译和熏陶下，老舍提笔创作了《微神》。正如老舍所言，"在短篇里有时因兴之所至，我去摹仿一下，为的是给自己一点变化"（老舍，1999：116）。

《微神》与《客》存在显而易见的互文性关系。在内容题材上，两者都讲述了主人公与昔日恋人情深缘浅、抱憾终身的爱情故事。《客》中的穆尔阑德旅长 25 年前爱上了"她"，无知和不够大方使他未能及时向她表达爱意，眼睁睁地看着自己爱慕的她嫁给了别人。如今他从东方回来，得知她生病和自由的消息，赶来看她。他向她倾诉了多年前的心腹话，她也答应为他活着，可惜一切太晚，她只剩下最后一口气，之后两人便双双离世。《微神》中十七岁时"我"和"她"相恋了，但许多无意识而有力量的阻碍，横挡在两人中间，"我"始终没敢向她表白，后来"我"远行南洋数年，回国后却得知她家道中落，曾被迫嫁于他人，现已沦为暗娼。我终于鼓足勇气向她倾诉爱意，愿与她相守一生，但为时已晚，不久后她便死去，从此结束了"我"的初恋，开始终生的空虚。

在艺术手法上，《微神》与《客》之间有鲜明的互文性关系。两者都明显采用了意识流创作手法，打破了时间顺序与空间格局，意识在现实场景与过往回忆中自由流动，真实与虚幻错综交织，在如幻如真的世界里做着甜蜜而又心酸的爱情梦。

老舍还与厨川白村存在互文性关系。老舍曾拜读过鲁迅翻译的厨川白村的《苦闷的象征》一书，厨川白村把象征看作主客观的融合，将外部世界与内心世界结合起来，强调内心感觉的表现，自我"心象"的勾勒

与表达。老舍的文艺思想与厨川白村并无二致。老舍在其文艺论著《文学概论讲义》中把象征主义阐述为"一种心觉,把这种心觉写画出来……有这种的心觉,才能写出极有情调的作品。这极有情调的作品是与心与物的神秘的联合"(老舍,1995:117)。他们都强调心与物的交融和心觉的表现,突显出鲜明的互文性。

老舍的《微神》就采用了典型的象征手法,体现了心与物的统一。他笔下的世界是有气味、音调和颜色的,强烈的色彩书写十分突出和鲜明。无论是动植物、人物还是生活物件都被赋予了颜色这一特性:"小白山羊,灰紫、红黄、浅粉的花,暗绿的松树,牙白的帘儿,小椭圆桌儿、椅子、垫子和毯子全是绿色的,满在胸口的绿海上,大绿梳儿和小绿拖鞋等,在这个鬼艳的小世界里,活着的只有颜色"(吴小美,2009:38—40)。绿色在《微神》中有明显的象征意义,灵动地展现出自然的生机和活力;小绿拖鞋也是"她"的象征。老舍通过这种诗意的写法,拿具体的景象带出实物,描写和刻画出这种心觉的感受。

老舍创造性地汲取了厨川白村象征主义的精华,并发挥其主观能动性,在勾勒这种心觉时又添加了一份神秘感。在《微神》中,"每逢似睡非睡的时候,我才看见那块地方——不晓得一定是哪里,可是在入梦以前它老是那样儿浮在眼前。就管它叫做梦的前方吧"(傅晓燕,2013)。"差不多是个不甚规则的三角,三个尖端浸在流动的黑暗里"(吴小美,2009:38)。这里"梦的前方"和"不甚规则的三角"所暗示的象征意义,充满了不确定性和神秘感,令人想象,引人回味无穷。

总之,老舍从翻译文学中汲取了丰富的养分,通过翻译阿尔杰农·布莱克伍德的《客》,他确立了短篇小说的爱情题材和意识流创作手法;他对厨川白村的象征主义创作手法的吸纳,形成了自己的文学理论认识,并践行在其小说创作中。

二 关注社会现实的主题

老舍的小说体现了浓厚的现实主义成分。他的创作关注社会问题,关注普通人的社会处境和命运。这一主题与法国的福楼拜和俄国的列夫·托尔斯泰之间存在互文性关系。

老舍的小说侧重于揭露阴暗的社会现实,抨击社会陋习和罪恶。这一主题与福楼拜有互文性关系。在伦敦东方学院教书期间,老舍花了大量的

时间，阅读了法国批判现实主义作家的作品。他在《写与读》中特别强调说，"法国的福楼拜与莫泊桑都拿去了我很多的时间，我昼夜读小说"，他们"写实的态度和尖刻的笔调"对老舍的影响很大。（曾广灿、吴怀斌，1985：546）老舍还在《文学概论讲义》中评论说，"福楼拜是个大写实者…他的写实作品影响于法国的文艺极大，《包法利夫人》是写实的杰作"（老舍，1995：108）。法国的大写实家们如福楼拜，都毫不顾忌的写实，写日常的生活和社会的罪恶。

福楼拜十分注重描写细节的真实，善于用细腻的笔触揭示社会现实。他的《包法利夫人》精细地描述了爱玛的苦难生活和悲剧命运，揭露了资本主义社会残害人性、腐蚀人的灵魂以及吞噬人的罪恶本质。福楼拜对于创作要反映社会现实，注重细节真实的追求，无疑影响了老舍的创作。在创作《二马》时，老舍开始决定往细里写，深入地描写马威和马则仁在伦敦的生活遭遇，揭露了虚伪冷漠、物欲横流的社会现实，剖析了中国人的暮气和懒惰。

老舍的小说关注社会现实和普通人的悲苦境遇，这一主题也与列夫·托尔斯泰存在明显的互文性关系。托尔斯泰的作品，反映了沙俄农奴制的腐朽，以及农民对这个制度的反抗情绪，被列宁赞誉为"俄国革命的一面镜子"（马新国，2002：249）。在著名的文艺论著《艺术论》中，托尔斯泰认为，艺术的真正使命在于传达情感，也肯定了文学的人民性和现实主义原则。在《文学概论讲义》中，老舍也明确地表达了自己的文艺观："文学的基本特性是感情；写实主义的好处是抛开幻想，而直接地看社会。这也是时代精神的鼓动，叫为艺术而艺术改成为生命而艺术。这样，在内容上它比浪漫主义更亲切，更接近生命。"（谢昭新，2020）这与托尔斯泰的思想如出一辙。

老舍非常推崇托尔斯泰。他曾评论说，"真能写实的，要属俄国十九世纪的那些大写家了"（老舍，1995：109）。他又在《文艺诸问题中》谈到"十九到二十世纪的俄国作家的影响更是突出……其中托尔斯泰的影响是谁也比不上的"（老舍，1999：131）。托尔斯泰的《战争与和平》，有很强烈的时代性，反映了沙皇统治下俄罗斯人的不幸生活和当时的各种社会矛盾，流露出托尔斯泰的人道主义精神。老舍曾不止一次赞美《战争与和平》的伟大。

受到托尔斯泰现实主义创作的熏陶和启迪，老舍在创作中，聚焦当时

的社会现实问题，对其阴暗性作了全景式的批判。他的短篇和长篇小说，都从不同的角度，淋漓尽致地反映了当时的社会现状和人类生存境遇。《微神》形象描述了女主人公逐渐沦为暗娼的悲惨命运，揭示了当时社会的黑暗，抨击封建礼制对人思想的束缚和迫害。《猫城记》象征性地讽喻了当时社会的落后腐败和愚昧无知的国民性的劣根。《离婚》批判了封建的婚姻观对人思想的禁锢，揭露了怪物衙门中官员好吃懒做、相互勾结、道德沦丧的丑陋现实。老舍对当时社会现实的揭露与批判，展现出他对劳苦大众遭遇的悲悯情怀，展示其人道主义精神。

总之，在福楼拜和托尔斯泰的启迪和熏陶下，老舍在他的作品中注入了鲜活的现实元素，深切关注劳苦大众的现实生活，确立了其小说创作的现实主义方向，体现了他的人道主义思想。

三 通俗简练的语言风格

通俗简练，是老舍的语言风格。他认为，"言语，是文艺的工具。一本好的文艺作品，必定是用最简单最有力而最经济的言语，去发掘人们的真理和报导人生的经验"（老舍，1999：87）。这种语言观的形成，与他涉猎的外国文学作品和文艺思想存在互文性关系。

《二马》通俗简练的语言特色与英文《圣经》展现出互文性关系。老舍最初创作时，把白话文和文言文夹杂在一起，想把文言融解在白话里，以提高白话，使白话成为雅俗共赏的东西，《老张哲学》和《赵子曰》就是典型的例子。可是，后来他才发现这种奇特的念头，完全是一种错误和偷懒的方式。他读了英文《圣经》，感受了其简洁精炼的语言魅力，体悟到"英文《圣经》用了最简劲自然的，也是最好的文字"（老舍，1995：461）。在《我怎样学习语言》中，他还强调说，"通过读文艺名著我明白了一些运用语言的原则，凡是有名的小说和剧本，其中的语言都是源源本本的，像清鲜的流水句似的，一节跟着一节，不随便胡扯。世界上最好的著作差不多也就是文字清浅简练的著作"（老舍，1999：299）。英译本《圣经》正是这样的经典之作，备受老舍的青睐。

英文《圣经》最显著的语言特色是用词精炼，简洁自然。老舍仔细琢磨这种语言的劲美后，在《二马》的创作中，他一改风格，极力避免运用生硬晦涩的文言字句，无论写人、叙事还是抒情都用简明通俗的白话。通过一系列简洁精炼的语言描述，"黄白的脸色儿，瘦，可是不显着

枯弱。两条长眉往上稍微地竖着一些，眼角儿往上吊着点儿……一条不很高的鼻子，因为脸上不很胖，看着高矮正合适。嘴唇儿往上兜着一点，和他笑眯眯的眼睛正好联成一团和气"（舒济、舒乙编，2004：5），使马威的形象跃然纸上。

　　在语言表达上，老舍还与福楼拜存在互文性关系。福楼拜要求自己的文字要具有"诗的韵律和科学语言般的精确性"（马新国，2002：238）。同样，老舍特别注重锤炼小说语言，讲究语言的精炼。他在创作时，也注重语言的美妙，写完要多念，做到念起来顺口好听。老舍在《文学概论讲义》中，探讨文学的风格这一主题时，引述福楼拜的"一字说"语言风格，即在描述一件事情时，"最重要的是找这个名词，这个动词，这个形容词，直到找着为止，而且这找到的是比别的一切都满意的"（老舍，1995：71），这与老舍提倡的"文字要一针见血，简洁有力"如出一辙。

　　这种独具匠心的语言风格，在老舍的小说中有所体现。《黑白李》中用"老狗熊学不会新玩意儿了。三角恋爱，不得劲儿"，"不能因为个女子失了兄弟们的和气"。（吴小美，2009：77—86）简洁的语言，体现出黑李忍让憨厚的品格。《离婚》无论是人物刻画还是情节铺叙，都运用简劲的语言表现出来："他长着一对阴阳眼：左眼的上皮特别长，永远把眼珠囚禁着一半；右眼没有特色，一向是照常办公"（舒济、舒乙编，2004：175），将张大哥栩栩如生的形象精妙地刻画了出来。小说中还通过张大嫂简洁的倾诉，"一天到晚应酬亲友……女人天生的倒霉就结了……老做饭，老洗衣裳，老擦桌椅板凳！"（舒济、舒乙编，2004：194—196），把焦点放在家庭琐碎的日常生活中，由家庭这个小的细胞来窥探整个社会中传统婚姻对女性的束缚。

　　总之，老舍的早期创作，与英译本《圣经》和福楼拜的文艺理论及作品形成了鲜明的互文性关系。在这些作品的熏陶下，老舍从中吸收养料，形成了自己独特的语言风格。他无论在人物塑造，还是情节叙述方面，一直坚持用简洁精当的语言表达出最好的思想。

四　基督教文化色彩

　　老舍的小说，还展现了浓厚的基督文化色彩，宣扬了基督教的大同思想和博爱精神，这与他翻译宝广林的《基督教的大同主义》和研究英译本《圣经》有明显的互文性关系。

老舍的《老张的哲学》中所体现的基督教思想,与《基督教大同主义》存在鲜明的互文性。老舍最早翻译的是由宝广林用英文撰写的《基督教的大同主义》。他将其翻译并发表,一定程度上影响了他本人的宗教观点。"耶稣之精神,为教会之生命来源,失此精神,则虽有极高理想与原则,等于傀儡耳!""扑基督教的大同主义杀蓄婢之制,以提高妇女地位。置婴孩于家庭中心,而尊崇独妻之制。以牺牲精神,使社会安堵,是福音之所在,即天国也。"(老舍,1999:398—399)译文中的这种基督教的大同精神,一直是老舍身体力行追求的境界,与他的救世理想相契合,在他的小说中有所体现。

《老张的哲学》淋漓尽致地展现了基督教徒的生活,成功地塑造了不同的基督徒形象,有典型的反面人物老张,正面人物李应、龙凤和赵四,还有中间人物龙树古,反映了基督教徒方方面面的生活。朱维之在《基督教与文学》中评论说:"其他客观地描写基督教徒生活的,在长篇方面有老舍底《老张的哲学》,其中有李应、龙树古、龙凤和赵四都是救世军教会底信徒……老舍只是把中国基督徒底几种面孔,从实描绘罢了。"(朱维之,1992:370)其中,老舍对老张这种"钱本位"的人生观嗤之以鼻,批判他自私贪婪、恶贯满盈的丑陋行径;对车夫赵四这种行侠仗义,舍己救人的仁爱品质给予高度的肯定。

老舍的《猫城记》与《圣经》存在互文性关系。《圣经》是基督教的经典,作为一名基督徒,老舍研读过英译本《圣经》,对其教义有深刻的了解。他的《猫城记》里体现了强烈的基督教文化色彩。在《黑白李》中,他灵活巧妙地融入了《圣经》中的故事,多次出现"毁灭的手指":"又看见那毁灭的巨指,我身上忽然觉得有点发颤";"我又看见了那毁灭的巨指按在这猫国的希望上,没希望!";"舌似乎被毁灭的指给捏住,从此人与国永不许再出声了"(舒济、舒乙编,2004:63,93,161)。"毁灭的手指"出自《圣经》的《但以理书》,在老舍的小说中多次出现并贯穿全文,象征性地预示着猫国面临灭亡绝种、文明毁灭以及国民性坍塌的危机。

老舍的《黑白李》也与《圣经》存在显著的互文性关系。《圣经》是一部具有"灵魂的深度"的经典,颂扬人的平等、博爱、容忍与牺牲精神。这种至高至圣的精神恰如其分地体现在老舍的《黑白李》中。在《黑白李》中,老舍以生动细腻的笔触,塑造了黑李集博爱、忍让和奉献

于一身的丰满形象。他拜读《四福音书》，给人们讲《圣经》里的故事，上礼拜堂去祷告以坚定良心，把爱人让给弟弟，心甘情愿为弟弟上刑场受死，而且总是劝告人要为别人牺牲等。老舍成功地刻画了黑李高洁无私的品质，成为小说最引人入胜之处，也体现了他对这种宽厚和牺牲精神的大加赞许。

老舍作为一名基督信徒，对基督教义有过深入的了解。基督教文化对他的文化心理和文学思想产生了一定的影响。他的"基督情结"在创作中恰如其分地体现了出来，塑造了许多惟妙惟肖的宗教形象，宣扬了基督教的普世思想与博爱精神。

结语

老舍从 1926 年开始，翻译了诸多英国文学作品，研读了法国和俄国等作家的作品。通过研究，他受到启发并借鉴在自己的创作中。他早期的小说创作，在题材手法、主题和语言风格等方面与诸多外国作家存在着明显的互文性关系。老舍早期的小说创作与翻译文学之间的互文性关系是多重的，尤其与福楼拜和托尔斯泰之间的互文性比较鲜明。但是老舍对这些外国作品绝不是盲目的摹仿，而是充分发挥其主观能动性，结合自己的时代背景和创作经验，辩证地吸纳外国文学作品中的丰富养分，形成了自己的创作特色，成为"文武昆乱不挡"的人才，为世界文坛留下了宝贵的精神财富。

参考文献

[1] 傅晓燕:《此情可待成追忆——品评老舍〈微神〉的情感表述》,《名作欣赏》2013 年第 17 期。
[2] 老舍:《老舍文集》第十五卷,人民文学出版社 1995 年版。
[3] 老舍:《老舍全集》第十六卷,人民文学出版社 1999 年版。
[4] 老舍:《老舍全集》第十七卷,人民文学出版社 1999 年版。
[5] 老舍:《老舍全集》第十八卷,人民文学出版社 1999 年版。
[6] 马新国:《西方文艺理论》,高等教育出版社 2002 年版。
[7] 舒济、舒乙编:《老舍小说全集·第 2 卷》,长江文艺出版社 2004 年版。
[8] 舒济、舒乙编:《老舍小说全集·第 3 卷》,长江文艺出版社 2004 年版。
[9] 舒济、舒乙编:《老舍小说全集·第 4 卷》,长江文艺出版社 2004 年版。
[10] 吴小美:《老舍小说十九讲》,漓江出版社 2009 年版。

[11] 谢昭新:《论老舍对中国现代小说理论的贡献》,《中国现代文学研究丛刊》2002 年第 4 期。

[12] 曾广灿、吴怀斌:《老舍研究资料》,十月文艺出版社 1985 年版。

A Study on the Intertextuality between Lao She's Early Writings and Translation

Li Wenge Ma Chunlan

Abstract: Among the writers of the Literature Research Association in the 1920s. Lao She, one of the most outstanding talents, is endowed with the name of People's Artist. This paper mainly explores the intertextuality between his early translated literature and the novels in his earlier writing career from four aspects. He derived his novels' creative themes and writing techniques by translating Algernon Blackwood's novel and studying Kuriyagawa's literary theory works. He established realistic orientation in his writings from his reading and learning of Flaubert's and Tolstoy's novel. Through deeply understanding the languages in the English Bible and Flaubert's novels, he formed his colloquial language style. Besides, Christian culture was revealed in his novels after he translated Bao Guanglin's Christian work and studied the English Bible. This study shows that Lao She all learned from foreign authors or works in four aspects, which he creatively blended into his early writings so as to form his creative uniqueness.

Key words: Lao She; early; novel writing; translation; intertextuality

日本17—19世纪翻译文化考

席卫国

摘　要：17至19世纪以来，日本一方面采取闭关锁国政策的同时，一方面积极地接受先进的西洋文化，手段之一就是借助翻译更加客观地接近其实体。日本是明治以后才真正进入现代化行列的国家，但明治时期之所以可以实现被称为西洋化的日本近代化强国，原因在于之前有充足的准备时间，其背后就是"翻译文化"。至今，日本仍被称为翻译文化大国，实际上日本的翻译作品很多，翻译质量也相当出色。本论旨在通过对"翻译文化"之国的日本从江户中期到明治初期的翻译文化的现状进行梳理，阐明明治后期日本近现代文化发生的根源。

关键词：翻译文化；通词；兰学；闭关锁国；西洋文化

引　言

作为一种社会文化符号系统，语言与文化有着密不可分的联系。语言是文化的一种载体和形式，通过语言，文化得以记载、传播和延续。同时，文化也是语言存在的一种基础，正是有了不同的社会文化，才会产生不同的语言形式。语言与文化的这种密切关系同样注定了翻译与文化的密切关系。

"翻译"是不同语言之间的一种转换活动，这种活动既然涉及语言，就必然会涉及其所承载的文化，也就是所谓"跨文化活动"（Snell-Hornby，1988）。由此可见，语际间的翻译不仅仅是语言符号及其意义的转换，更是两种不同文化的相互沟通和移植，翻译实际上也就在一定程度

作者简介：席卫国（1966—　），男，陕西师范大学外国语学院副教授。研究方向：日本文学・日本语言学・日语教育学。

本文为2015年度国家社会科学基金一般项目："晚清旅日学者、留学生与中国文学现代性出现关系研究"（项目号15BZW133）阶段性研究成果，项目主持人：席卫国。

上成为一种文化的交流。这种文化、语言及翻译之间的关系，是一种相辅相成、互为前提的关系。不同文化的交流和趋同首先反映在语言的融合上，语言的融合体现在语言的各个层面，其中以词汇层的融合最为突出。通过译介新词术语，介绍和传播其他民族的文化。这些新词术语又经过长期而广泛的流行和使用，逐渐融入本族语言的词汇中，从而成为本民族主流文化的有机组成部分。

那么何为"文化"？根据我国出版的《辞海》对文化的解释：文化是人类社会历史时间过程中所创造的物质财富和精神财富的总和。这一解释覆盖了精神和物质文化两个方面。由此可见，文化概念的范围极为广泛，内涵和外延十分丰富。大则宇宙观、时空观、人生观、价值观，小则衣食住行、婚丧嫁娶等一切社会的生活方式和行为方式。总之，人类社会进步文明的一切成果均为文化的组成部分，其中也包括语言。换言之"文化"就是由构成社会的各种人类所创造出来的形形色色的有形、无形的行为模式乃至生活方式，而对于每个社会的个别文化来说，都是有其自身价值的，且不存在优劣之分。另外，对于各个社会的个别文化，通过人力、物力的交流等，都具有自然转化的特性，也就是说"文化"可以通过"借用"而得到发展。因此，将先进社会的语言表达的信息内容转换成本国话语，"翻译"是最行之有效，也是最实质的方法之一。

事实上，作为一个国家，在其文化孕育、成长之前，都曾有过"翻译文化"时期。也就是说，通过所谓"翻译文化"这一阶段的准备（笔者称这一时期为文化转换的准备时期），对先进社会文化进行逐一地审视、理解、过滤后，最终接受这种文化。众所周知，17至19世纪以来，日本一方面采取闭关锁国政策的同时[1]，一方面积极地接受先进的西洋文化，其手段之一就是借助翻译更加客观地接近其实体。日本是明治以后才真正进入现代化行列的国家，而明治时期之所以可以实现被称为西洋化的日本近代化强国，原因在于之前有充足的准备时间，其背后就是"翻译文化"。至今，日本仍被称为翻译文化大国，实际上日本的翻译作品很多，翻译质量也相当出色[2]。本论旨在通过对"翻译文化"之国的日本从

---

[1] 只允许长崎港为通商港口，并规定除荷兰、中国，禁止其他任何国家人员及贸易往来。
[2] 实际上日本的训读汉字就可以看成一种翻译。因为他是使用和汉字意思相同的日语的读法，与使用汉字原来的中文音的音读不同，在此意义上可以看作一种翻译。

江户中期到明治初期的翻译文化的现状进行梳理，阐明明治后期日本近现代文化发生的根源。

一　日本 17—19 世纪翻译——"通词"

如上所述，即使普通人不通过阅读原著也能很快接触到先进社会文化的方法之一就是翻译。在实际文化发展之前，有一段时间被称为"翻译文化"时期（或称"准备期""启蒙期"）。这一时期，先进社会的很多书籍都是通过"翻译"而被替换为自己国家的语言。在日本这种"翻译文化"时期最早可以追溯到江户时代，当时是通过"长崎通词"来进行的[1]。

在长崎翻译的主要语言分别为荷兰语和中国语，当时把懂得这两种语言的人称之为"通词"[2]。最初"通词"的主要任务就是翻译（主要指口译），此后由于一年一度进入长崎港的荷兰船只都要在此进行装载商品，通词们必然要参与这些实际买卖的口译翻译，而且买卖信函、文件等的翻译（笔译）也成了他们分内的工作。也就是说他们不仅要在充当荷兰语口译通词的同时还要充当荷兰语的文件笔译通词，他们既是翻译官同时也是商务官。另外，因通过来往入港的荷兰船只把世界各国的信息（当时称"風说书"）带到了日本，翻译这些"风说书"也成了这些"通词"的重要工作之一。对通词来说还有一项更重要的工作，那就是一年一度向将军奉献礼物的使命，被称之为"江户拜礼"。实际上，在江户时期通词不只是商务长官的随身翻译，对众多的江户医生或学者向荷兰人提出的棘手的问题也要进行现场翻译，同时还兼有介绍欧洲的最新科学、医学的现状以及相关的书籍的任务。这样一来，随着个人兴趣和爱好的不断加深，从这些通词人群中产生了不少优秀的医师、天文学者以及物理学家等[3]。

然而，人们知道翻译并不只是考虑语言如何转换的问题，无论你对他国的语言如何精通，想要将其直接转移到自己国家的语言并不是那么简单的事情。尤其是在当时既无任何参考书籍（如翻译辞典等）也没有可参照的翻译方法，对通词来说就更困难了。所以，长崎的通词只有在读、

---

[1] 而真正意义上开始翻译西洋书籍应该在明治以降。
[2] 后来又被记录为"通事"。
[3] 杉本つとむ（1998）『日本翻訳語史の研究』杉本つとむ著作選集 4　八坂書房、P62。

说、写三方面能力都具备的情况下，方才可以"自由自在地担任翻译"。然而，兰学①从长崎传到江户时，对当时的通词来说并不需要太多的口译，因此当务之急就是专注原著的翻译。当时的情景正如杉本（1998）所描述的：

「語学学習には二種の方法があった。まず長崎の通詞は、実用性を考慮し、会話や作文を重視した。もう一つは、主として江戸の学者たちであるが、原著が読めさえすればいいということで、会話や作文は切り捨てて翻訳と読解の法の理解に重点をおくものである。この二つの語学学習がその後、日本での伝統的な学習方法となり、20世紀中頃までつづいていた。（略）一方、表記は18世紀の初期まで、一ラテン文字を用いるよりも一一般に片仮名表記が多かった」／

（译文）"语言学习其方法有两种。首先，长崎的通词主要考虑实用性，重视对话和写作。另一种可能只是江户的学者们，其出发点只要能够阅读原著就行，因此基本上不重视对话、写作，比较偏重于翻译、理解、读解的方法。这两种语言学习方法后来成为日本的传统学习方法，而且这种方法一直延续到20世纪中叶。（略）另外，至到18世纪初在表记方面相比拉丁文更多使用的是片假名"②。

（杉本つとむ1998：40）（译文：笔者）

那么，当时的通词又是如何进行翻译的呢？有关这一点在1774年刊出版的日文版『解体新書』的《凡例》中有所记载：訳有三等：一曰翻訳、一曰義訳、一曰直訳（中略）。在该书中将该内容概括解释为以下三点：

---

① 江户中期以降，出现的一种希望通过荷兰语来研究西方国家的文化、学术的学问。由幕府锁国政策到开国期间，作为导入西洋文化知识的唯一窗口江户，因当时并不需要太多的口译，重点是专注翻译原著。

② 据说初期的通词们习惯于用片假名来记忆。

翻訳：(1) 狭義の翻訳（正訳・対訳とも）；
(2) 義訳（音訳とも）①；
(3) 直訳（対訳・音訳・時には仮借とも）

从以上记载我们不难发现，(2)、(3) 分别相当于现代翻译的"意译"和"音译"，并且在内容上也没有太大差异。但问题在于 (1) 的"翻译"一词的解释与现代的"翻译"从意义上看某些地方并不完全一致，出现了所谓"正译"和"对译"之说。依据此法则，许多词汇便可以完全按照字面意思来进行置换。尽可能从现存的语言中找出与之一致的、接近的词汇，并以此来进行置换，就成了当初翻译的宗旨。因此，当时的翻译者必须要像汉语学家一样具备一定汉字知识。

原是仙台藩御医的大槻玄泽，来到江户学习了医学和兰学，在此期间他重新对中国的翻译方法进行了历史性考证，并且还对《翻译名义集》的方法进行了探讨。从内容上看，当时的日本学者对西洋人和明清时期中国人的译书可以说了如指掌。大槻玄泽指出，中国的"翻译"是把懂汉语的西方人（大都是传教士）请到中国，让他们进行翻译，而后将译文记录下来，作为自己的译文。在日本，从一开始就是由日本人采取直译法把欧洲的语言直接翻译过来。从这一点我们不仅可以窥见中日两国在翻译上的差异，以及两国对于欧洲文化在接受上的根本不同的两种态度，我们还可以找到日本近代化、西欧化的速度比中国发展更快的理由。②

二 《多夫·哈尔玛》与汉词西译

纵观 18 世纪末到 19 世纪初期发行的森岛中良的『類聚紅毛語訳』以及马场佐十郎、奥平昌高编的『蘭語訳選』，我们发现，早期日本人在翻译的时候作为与荷兰语对应的语言，使用的大多是近代中国汉语，所选用的词汇基本上都是来自于近代汉语中的俗语，这说明在日语的翻译语言中早就有近代汉语的存在了。但这些近代汉语后来并没有被作为近代日语

---

① 如著名的『解体新書』中的"解体"一词就是荷兰语的音译"ontleed＝翁多列乙鐸"。意思是解剖身体，使之四分五裂，这种译文虽被认为是不太正确的，但在『蘭学始事』中就有「腑分といひたりしことを新たに解体と訳名し」之说，意思洗去古老词汇中蕴含的各种"污垢"如"腑分"，则表示了新"解体"的翻译。

② 杉本つとむ (1998)『日本翻訳語史の研究』杉本つとむ著作選集 4　八坂書房、P48。

使用，也就是说翻译用语的近代汉语只是作为对应荷兰语内容的词语被置换使用了而已。那是因为形似却内涵不同的中国汉字和日本汉字在语言形态上很多都无法成为活生生的日语，这并非是语言维度上的差异，而是作为符号在翻译上使用了近代中国的俗语。

在句子的翻译方法上，日本人所采用的一个最为重要的方法就是"句読法（句读法：句子的标点符号）"。这种方法特别是对于专业翻译荷兰语的江户时期的学者来说是非常切合实际的有效方法[1]。如果只局限于主要用语进行整理的话，首先就是相当于标点符号的"点例"［贝原益轩的《点例》（1703 年刊）中就有"点例"一词］，该词出自于汉学（意为"符号"）。用"点例"来对应于荷兰语的 teken（记号、符号），如：

　　?"vraag teken"と名<訳して問点と云う/（译文：名词，表示疑问号）

　　·"punctum"と名<訳して畢点と云う /（译文：名词，表示句号）

（译文：笔者）

"疑问号?、句号·"虽是前野荷兰语化的翻译，但其中"vraag teken"（フラーガテーケン）是荷兰语，"punctum"（ビュンクトム）则是拉丁语，把'（coamma コムマ）翻译为"分点"，这里"分点"的翻译也是用拉丁语的"comma"。

18 世纪末到 19 世纪荷兰语的学习与研究得到了迅猛的发展，主要原因一是长崎的通词以及江户的兰学家等人的竭力推行，二是兰·日对译辞典『ドゥーフ・ハルマ』（译：《多夫·哈尔玛》）的翻译发挥了重要作用[2]。

『ドゥーフ・ハルマ』（《多夫·哈尔玛》）当时又被称之为"長崎ハルマ"，意为"长崎哈尔玛"[3]。该辞典在日本文化 13 年（1816 年）完成初稿，到了天保 4 年（1838 年）终稿完成，而后奉献给了幕府。不过，

---

[1] 可以说能够解读的一半就在这句标点符号中。
[2] 进入 19 世纪后，对荷兰语的理解已经相当发达，翻译上也逐渐成熟。
[3] 公认的记载为"和蘭辞書和解（和兰辞典和解）"。

一般人所使用的都是初稿①。最初这部辞典是由商务馆长 H·多夫个人进行编辑的，后来长崎的很多通词也加入到了编辑的行列②。此外，幕府得知此事后，便以政府的名义下令进行翻译、编辑，完成后奉献给幕府。或许最初的译文是用罗马字写的，后来在长崎通词们的帮助下最终改写成了汉字假名混合体③。然而，因 H·多夫的原稿是以名为 F·多夫编辑的《兰法辞典》（1729 年第二版），所以原稿的版本采用了荷兰语加法语进行说明的形式④。因该辞典一直都是手抄本，故而未能得到正式发行。三年后（1855 年—1858 年），才由当时担任将军侍医的桂川国兴公开发行⑤。

事实上，在 19 世纪初期，日本江户就已经出版发行了大量著名优秀的翻译书籍，这些书籍的发行可以说都与《多夫·哈尔玛》的出版有着密切的联系。譬如在这部辞典中就刊载着有以下翻译词汇：⑥

強心劑、下劑、坐薬、少女膜、文学、理学（哲学の意）、言辞学、演説、政治（法律の意）、自由、平等、日曜日、詩学、空気、コメディー、オペラ/[译文：强心剂、泻药、坐药、少女膜、文学、理学（哲学之意）、语言学、政治（法律之意）、自由、平等、星期天、诗学、空气、喜剧、歌剧]

（译文：笔者）

三 "兰学研究"与日语文法论

上面我们说过"兰学"指通过荷兰语来学习和研究西方国家的先进技术和文化的一种学问，主要是长崎的通词们把《兰日辞典》和《兰日文典》的译编作为自己所从事的一项基本工作。从该学问的性质上来讲，

---

① 译文所用文体基本是最新创作的"である"体。
② 例如中野柳的弟子吉雄权之助（1785—1831）就协助商务长官 H. 多夫编辑并翻译了这部《多夫·哈尔玛》。
③ 所以将此辞典起名为『和欄字彙』。
④ 杉本つとむ（1998）『日本翻訳語史の研究』杉本つとむ著作選集 4　八坂書房、P73。
⑤ 被命名为『和欄字彙』。
⑥ 据史书记载《多夫·哈尔玛》中有许多词汇和短句（例文），总和大约有近 10 万个（目前仅发现大约 5 万左右）。

首先是把学习和研究荷兰语作为基础，其次才是翻译和对其内容的研究。在荷兰语研究方面也是因受汉学的影响而逐步发展起来的，这些被记载的语言词汇等甚至对当代日语也产生了极为深远的影响。

据史料记载，有关荷兰语学的学术基础理论最初是由中野柳圃确立的。他在这些基础理论中阐明了把荷兰语作为语学从事学习和研究的方法。例如他主张："动词"因人称、数量、时态发生词形变化；"名词·形容词"可以分为"阳（男）、阴（女）、间（中）"三性；并且指出把"格"或"文章"分类成"直接法、分注法、使令法、普通法"；还有作为品词可以翻译为"名目词、虚词（样态词）、形动词（副词）、处在词（慢词＝前置词）、助词（接续词）、叹息词（感叹词）、发声词（冠词）"等。在他所著的『蘭語九品集』等论著中记载了大量有关荷兰语文法的记述[①]，就连现在我们所使用的日语语法用语以及学术用语几乎都出自该论著。

虽然自长崎至江户的正规学习方法传承下来之后，才着手开始最基本的语法理论研究和翻译工作，但该方式一直是把多年来在长崎的荷兰语研究，尤其是中野柳圃和他的弟子们的语法研究作为基础的。江户的荷兰语相关的名家宇田川家以及作为鼻祖的宇田川玄随也都是通过中野柳圃的著述来学习荷兰语的。不论是柳圃学还是始于长崎的荷兰语学都是由中野柳圃弟子之一的马场佐十郎移植到了江户[②]。正因如此，江户便成了荷兰语研究和翻译的中心地。在这里，马场佐十郎作为带头人创立的"和欄書籍和解御用"，中途虽一度曾更名为"藩書調所—洋学所—開成所"，但到了明治时期便归属到了东京大学（旧东京帝国大学）[③]，在此作为幕府最大的政府计划开始了百科全书的日语翻译，这就是著名的由70卷构成的百科全书『厚生新編』。从事该书的翻译人员主要是以马场佐十郎为首的江户的代表性的兰学家以及幕府的官员。可以说该书的翻译成为江户时期翻译事业最伟大的里程碑。也许可以说该辞典的翻译，是在日本闭关锁国的情境下，日本政府为吸收西方国家的文化和科学而采取的积极态度的

---

① 杉本つとむ（1998）『日本翻訳語史の研究』杉本つとむ著作選集4　八坂書房、P70。
② 之后，在江户马场佐十郎成了不论公立或私立的兰学界的权威性的指导者。
③ 马场佐十郎是一名长期永住在被幕府称之为江户的长崎通词，曾作为负责人长期活跃在幕府开设的翻译机关—"和欄書籍和解御用"（1678—1877/1877年以后归属于东京大学）在此期间，以他为中心编撰的『厚生新編』堪称是江户幕府最大的政府翻译事业。

实证吧。而此后能够顺利迎接明治维新时代的到来也与江户时代的这种翻译工作有着密切的关系①。

四 翻译与现代科学

首先，从医学方面看，在长崎所进行的医学方面的研究，如果没有通词的翻译，这方面的研究也是不可能进行的。况且在这些通词中很大一部分人，由于他们个人的不断努力，持之以恒，潜心研究医学，最终弃"通"从医。

譬如作为通词的本木庄太夫（良意）就曾翻译过著名的医学书籍『和欄前躯内外分合図』，（即后来的《人体解剖》），该书的翻译完成于1682年，它的出现比杉田玄白等人翻译的『解体新書』还要早近100年。该书在明和9年（1772年）由周防的医师铃木宗云以题为『和欄全躯内外合図　剑号』正式出版。在这部著作中，出现了许多与现今医学用语相同的词汇，如"大腸、小腸、宿腸、空腸"等。这些词汇假如是从荷兰语直接翻译的话，那么，"厚腸"应译为"大腸"；而"薄腸"应译为"小腸"。另外，当今医学界所使用的"鼓膜"一词在这部书中的解释为"太鼓ノ音スル薄皮"［译：大鼓发声的薄皮（笔者）］，也就是"大鼓的薄膜"。然而，现今的"鼓膜"一词，出现在100年后的『解体新書』，该词的翻译是为了尊重之前的解释"大鼓发声的薄皮"而成为系统医学用语的"鼓膜"②。除此之外，当时翻译的有关医学用语还有很多，如：

　　　　处女膜 maagden vlies, hijmen/ 胃酸 gastrische zuur/　骨髓 diploe/ 角膜 hoorn vlies
　　　　腹膜 penzak/　副腎 renes juccenturiati / 食道 slok darm/ 扁桃腺 tonsillae/ 卵巢
　　　　Eijer nest/　大便秘結 hard lijvigheid alvis cometipata / 種痘 kinderpok/

　　　　（译文）处女膜 maagden vlies, hijmen/ 胃酸 gastrische zuur/ 骨髓

---

① 杉本つとむ（1998）『日本翻訳語史の研究』杉本つとむ著作選集4　八坂書房、P72。
② 杉本つとむ（1998）『日本翻訳語史の研究』杉本つとむ著作選集4　八坂書房、P64。

diploe/角膜 hoorn vlies 腹膜 penzak/副肾 renes juccenturiati /食道 slok darm/扁桃体 tonsillae/卵巢 Eijer nest/便秘 lijvigheid alvis cometipata /种豆 kinderpok　　　　　　　　　　　　　　　　　（译文：笔者）

　　如此大量的汉语翻译词汇莫非全都出自日本人之手？答案并非如此，正如宇田川榕庵曾说过当时所翻译的文章中并不仅只有日文，也含有许多中文。因此，杉本つとむ也认为有关翻译词汇的根源不仅要通过日本的相关文献还应该通过对中国的相关文献调查进行认证。①

　　其次，从天文学来看，其中的"地动说"理论就是由本木良永最早翻译、介绍到日本的。受此影响，中野柳圃将其更加系统化，用日语称之为「地動説」。也就是说，将思想内容用明确的语言表达为「地動説」的是人应该是中野柳圃。②

　　与天文学相关的翻译书籍的形式，大都是以"……と訳す（译为……）"或"……と義訳す（从意义上译为……）"结尾的，但还有一些简单的短句翻译，比如有"地球、土地/ 惑星も道路（行星轨道）/ 太陽の近点"等，还有像"得歷数可甫（テレスコープ）ト名ヅクル遠鏡"类的音译（假借）词汇。另外，还有不少类似于接近俗语的词汇［如"光明ノ曲り（光的折射）"、"惑星ノ渡（流星划过）"］。而像"数得而設而（ステルセル）"类原本应该音译的词汇，却被翻译成了"窮理"③。该词原本是荷兰语的 stelzel，英语的 system（体系）的意思。在泽野忠庵所著『乾坤辨説』一书中把"窮理"解释为"論学窮理の法（逻辑穷理法）"，这种说法来自于"南蛮学"中的"天文、曆术"之用语④，于是便取此意作为荷兰语 stelzel 的译文⑤。另外，在时间单位的表达上出现了如下译文："和欄人一昼夜を二十四時とし…一分・一秒・一忽…（荷兰人把一昼夜作为二十四小时计算，还有一分、一秒、一忽的

---

　① 杉本つとむ（1998）『日本翻訳語史の研究』杉本つとむ著作選集 4　八坂書房、P111。
　② 由本木良永和中野柳圃等翻译的物理学方面的词汇相当之多，与现在所使用的词汇毫无区别。如：極微（分子）、引力、重力、張力、光線、融解、光ノ绕折（屈折）、流動体、地平線、軽重比例法（比重）等等。然而，"電気"是由中国传入到幕府的。
　③ 这里是指狭义的翻译，意为良好的"正译"。
　④ 由"窮理"而出现"窮理学"一直流行到了明治，在明治20年期间"物理学"普遍为人所认同，"物理学"的日本和中国合作翻译的词汇。
　⑤ 杉本つとむ（1998）『日本翻訳語史の研究』杉本つとむ著作選集 4　八坂書房、P68。

单位)",并且还出现了把地球分为三百六十度以及分为度、分、秒的"度数"之说。如果把当时出现的与自然科学相关的翻译词汇的一部分展示一下的话,如下:

酸化物・水素・酸素(瓦斯)・窒素(瓦斯)・炭素(瓦斯)・元素・亜尓加里アルカリ・曹達ソーダ・消極・積極・硫酸・亜硫酸／

(译文)氧化物・氢・氧(瓦斯)・氮(瓦斯)・碳(瓦斯)・元素・亚硝基・天然气・苏打・消极・积极・硫酸・亚硫酸

(译文:笔者)

由此可见,16世纪由于基督教远渡重洋来到日本,日本人又是第一次接触西洋语言,一直闭关自守的日本便选择西洋语言中唯一的荷兰语作为公允的外语,由此便形成了一种学问——兰学,通过精通兰学的学者来翻译研究西方文化。长崎的出岛是当时幕府锁国政策期间西洋文化进入的唯一窗口,可以说从那里才允许有选择性的输入。严格地说,日本的近世并不是锁国,而是所谓有选择性锁国,因此,通过严格过滤的西洋优良文化便源源不断地流入日本。德川幕府政权之所以允许兰学,那是因为他们明确认识到作为维护幕府封建体制能够起到堡垒作用的西方"实学"的利用价值。其方法便是大量地翻译西洋书籍。可以说正因西洋化的日本近代化正处在所谓选择性的锁国期间,所以在长崎、江户的西洋研究和翻译才得以实现。在那里,通过兰学家把西方的学术、文化逐步转化为日语,为此后的明治时代实现所谓近代化奠定了雄厚的文化基础。随着荷兰语研究和翻译工作的不断深入,幕府还专为著名的研究者、翻译家建立了"諸方洪庵",到了明治维新时期,在泽野忠庵创立的名为"適塾"(私塾学习的学生),他们大都是来自于文化、科学等领域的优秀人才,所以取得了很大的成功。不仅如此,19世纪初就出现了以翻译为职业的专业性翻译家,到了中期,还设立了专门研究西洋学的教育机构——「番書調所」,实际上它就是一所专业性极强的研究和翻译西书的研究机构。到明治20年左右,由兰学者开创的江户翻译语言一直在不断深化和发展。说明作为近代日语的翻译语言的确立应该是在明治20年前后。

综上所述，翻译是一般人即使不读原著，也能立即接触到发达国家的先进社会文化的方法之一。在实际文化成长之前，有一段被称为"翻译文化"时期。也就是说，在这一期间，很多先进国家的书籍都被本国语言取而代之。在日本，这样的工作是在江户时代首先通过长崎"通词"来进行的。从此开始出现了专注于学问研究的专业通词，还有一些是辞去通词之职，一心研究学问之道的现代风格的通词。另外，游学于长崎的江户人带走了长崎的兰学，为振兴兰学，18世纪后期到19世纪初期，江户成为兰学研究发展的中心，以此为契机西洋文献的翻译便如火如荼地开展起来。因此，笔者认为日本翻译史的最佳时期应当追溯到日本江户时期的荷兰语翻译阶段。

结　语

以上笔者围绕17世纪—19世纪前后日本翻译文化的现状进行了概括。通过对真实历史的梳理，我们应该清楚地认识到日本在明治时期能够快速实现近代化，与之前十分活跃的众多兰学者（后称西洋学者）的努力是分不开的。正如英国著名历史学家汤因比在《历史研究》（2010）一书中所指出的：历史研究的基本单位是"文明"，所谓"文明"，是指具有一定的时间与空间联系的某一群人类。实际上，在日本近代文明到来之前，就有这样一大批立志改造传统文化的一群人，他们通过不懈的努力，在对西方文明、科学进行研究的同时，苦心挖掘各种好的书籍，采取各种手段，不予余力地将这些书籍源源不断地翻译、介绍给日本国民，对日本近代文明的到来发挥了巨大的桥梁作用。

人们知道，自古以来日本就是特别讲求实效和活用的国家，这一点我们可以通过日本文化发展史就清楚地看到。虽说日本的文化史是包容、接受的历史，但翻译文化也可以说是在这一界限之上的一种直接接受外来文化的过滤和借鉴的窗口。就拿对中国儒学的接受来讲，同样日本追求的也是一种实用主义，他们具有强烈的实用主义、具体主义倾向。因此，日本对充满"实用性"的西洋文明更是不予余力地追崇和接纳。纵观日本文化发展的历史轨迹，我们可以简单地将其概括为：容纳——消化（过滤）——再创造。这里重要的是能够容纳各种不同文化的习惯，正如浩瀚的大海可容纳百川一样，从古至今在日本就存在着吸取外来文化和认识文化的土壤，并且能够有效地、灵活地运用所接受的文化。因此，笔者认

为顺应性、多样性、再造性应该是日本文化的一大特征。也正是这种特质的文化使得与中国同样落后的日本，提早步入了世界文明国家的行列。

参考文献

新村出（編）：広辞苑（第 4 版）[Z]. 岩波書店. 1993
杉本つとむ：日本語学辞典. [Z] おうふう. 1990
杉本つとむ：日本語研究の歴史 [A]. 杉本つとむ著作選集 3. 八坂書店. 1998
杉本つとむ：日本翻訳語史の研究 [A]. 杉本つとむ著作選集 4. 八坂書店. 1998
丸山真男・加藤周一：翻訳と日本の近代 [M]. 岩波書店. 1998
阿诺德・约瑟夫・汤因比（英）：历史研究 [M]. 上海人民出版社. 2010
Snell-Hornby, M. Translation Studies: An Integrated Approach. John Benjamins, 1988

An examination of modern Japanese translation culture
——Mainly focused on 17-19C of translating literature
Xi Weiguo

Abstract: From the 17th to the 19th century, Japan adopted the policy of seclusion while actively accepting the advanced western culture, especially they hoped to approach its entity more objectively with the help of translation. Japan was the country that really entered the modernization ranks after the Meiji period, but the reason why it could realize the modern power of Japan called westernization in the Meiji period was that it had sufficient preparation time before, and the "translation culture" was behind it. Up to now, Japan is still known as a big country of translation culture. This thesis aims to clarify the origin of modern Japanese culture in the late Meiji period by sorting out the current situation of Japanese translation culture in the country of "translation culture" from the middle period of edo to the early period of Meiji.

Key words: ultural translation, translation, the dutch study, isolation, The western culture

从严复的《天演论》看译者主体性的社会性

王春兰

摘　要：20世纪90年代，译者主体性才开始受到我国学者关注和研究，但翻译主体的能动程度直接影响翻译的质量和可读性，而译者主体的能动性又必然受社会大背景制约。本文试图在前人研究成果的基础上，对译者主体性这一课题进行相关梳理，以严复的《天演论》为例，从翻译的社会性角度进一步阐述译者主体性在译者发挥主体能动性过程中受到的社会因素的影响，以及译者在其特定的社会环境下发挥译者的主观能动性后对社会产生的影响，以期为译者在当前社会适度发挥主体性，实现译者服务于社会的社会价值提供积极的借鉴意义。

关键词：主体意识；译者主体性；天演论；翻译社会性

1. 引言

2016年5月17日，习近平总书记在哲学社会科学工作座谈会上发表重要讲话时说，"要强化主体意识，推动理论和学术创新在指导思想、学科体系、学术体系、话语体系等方面充分体现中国特色、中国风格、中国气派"。（人民日报，5.17.）纵观我国翻译历史，我国翻译界长久以来，翻译活动以"忠实"为准则，恪守"原著中心论""作者中心论"，鲜见有学者提及译者的主体性。放眼望去，众所周知，四海内早期成文的正式的翻译活动主要发生在宗教领域，由于宗教深深地扎根和影响西方人民的日常生活，西方人民对宗教的顶礼膜拜致使《圣经》的原语言——希伯来语成为"神的声音"，其语言形式被认为与《圣经》的内容意义是同等

作者简介：王春兰（1980—），女，陕西师范大学外国语学院讲师。研究方向：翻译文化研究。

地位般神圣的，当时的社会历史下，并不是普通百姓都可以理解《圣经》的，只有那些具有"通神"天赋的神职人员可以作一些口头阐释，除此之外是不容许任何其他的声音来亵渎神的声音；虽然后来统治者为了进一步控制思想和传播的需要，《圣经》的文字形式可以进行改写，但对《圣经》文本的翻译只能是逐字逐句的文字转换，而作为翻译活动的主体的译者，只能允许做机械的、文字对等的翻译转换。从此，翻译活动的最基本目标，便被打上"忠实"的烙印。翻译的"忠实"性作为一个原则被传承了下来，于是，将原著转化为译本的译者仅仅是翻译活动的"传声筒"，译者的角色被定义为文字的"媒婆"，"舌人"。译者就好像蜷缩在原作者的阴影之中．作品译好了，光荣归于原作，译作译坏了，皆是因为译者无能。对于此种现象，余光中评论得非常形象而深刻："如果说，原作者是神灵，则译者就是巫师，任务是把神的话传给人。翻译的妙旨，就在这里：那句话虽然是神谕，要传给凡人时，多多少少，毕竟还要用人的方式委婉点出，否则那神谕仍留在云里雾里，高不可攀。"（余光中，2002：55）余先生其实是肯定译者的主体能动作用，事实上，对译者的主体性，已有很多专家进行过探讨。

2. 译者主体性探讨

2.1 译者主体意识的讨论

唐小田，唐艳芳从哲学的角度究其本源，在探寻译者主体性的过程中指出，传统翻译下的研究其实是秉持了形而上学的哲学观，是形而上学支配下的翻译过程（2010：95），在罗宾逊看来就是译者向自身理性意愿之外的各种力量、尤其是对原作者及对原文本屈服、妥协的过程。"（Robinson，2001：236）德莱顿将这种逐字直译（metaphrase）比作"戴着脚镣在钢丝绳上跳舞"（Baker，2001：153），认为其行为愚不可及，但人类历史上在西方宗教盛行时期，宗教的权威制约译者的主体性，迫使译者逐字逐句地对《圣经》进行翻译，译者成为作者和原文的奴仆，而相应的译文作品晦涩难懂。翻译作品的不可读性也印证了当时的形而上学思想，但是我们知道，思维的主体是人，人和动物的本质区别在于人是有思维的客观存在，不同的人对于同一个客观存在，也可能有不同于别人的看法，所以，当时的翻译实践实际上是对翻译主体的不重视甚至是轻视。韦努蒂指出20世纪前的西方翻译史本质上就是一部译者的"隐身"（invisibility)) 史 (Venutil, 1995: 54)。

对于翻译的传统奴仆身份、隐身身份，很多学者提出反对，他们主张译者应该提升主体意识，发挥主观能动性去从事翻译。金圣华以个人的翻译实践及对翻译本质的思考，对于当时社会对译者的普遍看法，提出："译者在早期虽有'舌人'之称，却不能毫无主见，缺乏判断，译者虽担当中介的任务，却不是卑微低下、依附主人的次等角色。翻译如做人，不能放弃立场，随波逐流，也不能毫无原则，迎风飘荡。因此，翻译的过程就是得与失的量度，过与不足的平衡。译者必须凭借自己的学养、经验，在取舍中做出选择。"（金圣华，2002: 15）金圣华提出，译者应当提升主体意识。2003年1月许钧在《中国翻译》上发表文章《"创造性叛逆"和翻译主体的确立》中提到："所谓译者主体意识，指的是译者在翻译过程中体现的一种自觉的人格意识及其在翻译过程中的一种创造意识。这种主体意识的存在与否，强与弱，直接影响着整个翻译过程，并影响着翻译的最终结果，即译文的价值。"（2003: 8）许钧明确了应该肯定译者在翻译过程中的主体的地位，指出译者主体意识是译者自觉的人格，翻译活动的性质是一种再创作过程，译者主体意识直接影响译文质量的好坏，他点出了译者主体意识的重要性和重大意义。查明建也是从哲学观出发，基于"能动性、受动性和为我性辩证统一于主体性之中"的哲学分析，他（2003: 22）指出："译者主体性是指作为翻译主体的译者在尊重翻译对象的前提下，为实现翻译目的而在翻译活动中表现出来的主观能动性，其基本特征是翻译主体自觉文化意识、人文品格和文化、审美创造性。"

2.2 译者主体身份的讨论

学者们都意识到译者的主体意识应该被唤醒，继而大家们讨论到了到底谁才是翻译活动的主体。袁莉（2002: 406）从阐释学的角度出发，对翻译的本质进行讨论，指出："翻译的实质不是对原作品意义的追索或还原，而是译者能动的理解诠释过程，是译者主体自身存在方式的呈现，同时也是译者在理解他人的基点上对自我本性的一次深化理解。"袁莉认为译者是翻译中的"唯一的主体性要素"。

杨武能从文学翻译家的人格心理角度出发，针对翻译本质问题，指出"文学翻译的主体同样是人，也即作家、翻译家和读者；原著和译本，都不过是他们之间进行思想和感情交流的工具或载体，都是他们的创造的客体。而在这整个创造性的活动中，翻译家无疑处于中心地位，发挥着积极

的作用"（杨武能 1993：5）。在杨武能看来，原作者、译者和读者都是翻译活动的主体，在这三者中，译者处于核心地位，这样，他不赞同袁莉观点，他不认为译者是唯一的主体身份。

屠国元（2003：9）也就翻译主体身份问题发表自己的看法，在杨武能、查明建所坚持的翻译主体身份认定基础上，进一步提出译者与原作者和读者三者关系："把译者作为中心主体，而把原作者和读者作为影响制约中心主体的边缘主体"，并且进一步阐述了他对译者的主体性内涵的理解："译者在受到边缘主体或外部环境及自身视域的影响制约下，为满足译入语文化需要在翻译活动中表现出的一种主观能动性，它具有自主性、能动性、目的性、创造性等特点。从中体现出一种艺术人格自觉和文化、审美创造力。"本文认同屠国元对翻译活动中原作者、译者和读者这三者关系的分析，作为主观能动性极强的译者，其翻译活动必然会考虑读者在特定历史时期的阅读和学习要求，也会考虑原作者所处时代、所在社会的局限性。

在哲学社会科学工作座谈会上，习近平总书记指出："要按照立足中国、借鉴国外，挖掘历史、把握当代，关怀人类、面向未来的思路，着力构建中国特色哲学社会科学，在指导思想、学科体系、学术体系、话语体系等方面充分体现中国特色、中国风格、中国气派。"（人民日报，5.17.）习近平总书记对科研工作者提出要求，希望中国的科研具有中国特色，结合翻译学科性质，本文认为我们翻译工作者应该发扬译者的主体主观能动意识，使自己的译作能够实现服务于当代社会，起到传播中外思想和文化的作用，尤其要想办法把中国文化传播到全世界，那么译者就应该当仁不让地勇于承担译者的人生使命和历史责任感，基于新时代的社会基础上进行创造性翻译，关于翻译学科如何结合当代新时期进行创作创新，我们可以借鉴我国的翻译泰斗严复先生以及他的译著《天演论》。

3 从严复的《天演论》看译者主体性的社会性

3.1 严复先生翻译《天演论》的能动性是时代使然

严复先生所处的时代正是清朝社会日渐没落、封建闭关锁国政策下的旧中国被帝国主义列强蹂躏、民族到了生死存亡的危急时刻，人们孜孜探索国家的出路和未来，越来越多的爱国志士认识到中国需要一场革新，并且意识到锁国的封闭封建思想体系不能拯救旧中国，应该洋为中用，积极

向西方探索，向外国学习先进的技术和思想来壮大自己和抵制外强。以洋务派为代表的中国社会变革的主要力量极力主张"师夷长技以制夷"，主张"中学为体、西学为用"，向先进的力量学习来武装自己。旧中国要自强要学习的愿望如此迫切，在众多社会变革的探索者中，严复先生以一个思想启蒙者的眼光观察世界，思考国家落后的根源，严复以为，之所以西方日益强盛，而中国却日渐衰微是因为，西方的智者清楚地懂得进化过程，而中国的圣人却从未了解进化的意义。这在他的《论世变之函》一文中有体现，严复认为，中国与西方最大的不同莫过于"中之人好占而忽今"，而"西之人力今以胜占，中之人以一治一乱，一盛一衰为天行人事之自然"，而"西之人以日进无疆，既盛不可复衰，既治不可复乱"。（王拭，1986：16）严复批判了中国贵古贱今的传统观念，提出社会要在适当时候做出变动；所以，严复在中国急需思想开化的社会背景下，积极主动地选择翻译《天演论》发挥了译者的主观能动性，积极传播进化思想。众所周知译著《天演论》与原著的语言形式并不完全对应，字词的翻译在处理上不是逐字逐句的，而是在保持总体思想的基础上，对原文进行了大批量大段落语言形式的增删，严复先生运用当时的旧时古语形式，其语言的流畅与美感使得《天演论》近乎被认为是严复先生所撰写的了。严复，身为译者，在遭遇民族危亡，国人呐喊，面对国内有这种改革，维新的思想需求的外部环境的客观要求下，选择翻译《天演论》，是译者主观能动性对外部生存时代的积极反应，真正实现了习近平总书记说的"关怀人类，面向未来"的社会使命感。

3.2 严复翻译《天演论》的语言选择能动性是其读者定位使然

众所周知，严复的译文使用的是雅体的文言文，语言优雅富有诗意，既不同于六朝时期语言的华而不实，又不同于清代考据派的晦暗无趣的言语。严复对语言文字的选用是刻意的，有目的的，因为，严复在为翻译作品的读者定位时，将读者定位为面向有政治抱负和拥有社会优质资源的士大夫阶层，因为他们掌握话语权，所以严复为了自己的译作能够最大限度地流传以传播西方进化论的先进思想，同时为了迎合这些士大夫阶层的阅读口味——"非三代两汉之书不读"，严复顺应了当时的主流诗学，选择运用"雅"的形式。语言形式的主观选择——这是作为译者主观能动性的权利和表现。

在语言表述方面，为了让读者适应中国人而非西方人的表达和认知习

惯,严复在翻译《天演论》时颇费心思,创造了不少新名词,比如他把"逻辑学"(logic)译为"名学","生存竞争"(struggle for existence)译为"物竞",'自然淘汰"(selection)译为"天择','形而上学"(metaphysics)译为"理学",这样的语言表述,因为更接近当时人们的语言表达习惯而很快被大众接受和传播;原著中赫青黎讨论的自然原则与伦理原则的关系在严复那里就变成了"天道"与"人道"的关系,进而改为中国传统思想中的天人关系,西方的思想更容易在读者这边理解和接受,语言措辞的表述,严复没有生搬硬套或者字字对译,而是进行了主观选择——这也是作为译者主观能动性的权利和表现。(李强,1999:388)

3.3 严复翻译《天演论》的内容选择能动性是其译者主体性的体现

众所周知,赫肯黎的《进化论与伦理学》原本是为了抨击社会达尔文主义,而不是讲解社会达尔文主义。在这部书前半部,赫肯黎宣传达尔文的"进化论",讲的是关于"生物界"的进化与演变的规律;后半部是讲解"伦理学"内容。赫肯黎特别指出,"伦理学"部分的论述,是属于"人类社会"的事,进化论不适用于人类社会。而通过严复的翻译,达尔文的理论不仅揭示了自然,生物界演化的规律现实,而且还规定了人类的价值观念与行为准则,因为严复对进化论有着自己主观能动的认识,所以严复并没有严格遵循忠实原则,而是"有选择、有取舍、有评论、有改造地加入了大量自己见解的案语"(邹振环,1996:118)。经过严复的翻译,伦理学被舍弃,只剩下了进化论,而且严复根据需要,对"达尔文"的译作部分,加入了许多与赫肯黎观点对立的斯潘塞的观点,以此来阐明严复自己"物竞天择"的社会发展规律,以此来警醒世人,所以,他实际对原文进行了再创作。

3.4 严复和《天演论》对社会的影响

作为立志于对清朝没落时期世人思想启蒙的先驱者的严复先生,其译著《天演论》的出版发行使得清末民初的思想文化界迅速成为进化论的天下,人们对过去和现在世界的存在进行思维思考,否定阻碍国家发展的思想根源,并努力向有着坚船利炮的西方学习,哪怕对方用其枪炮打开我中华国门,我们仍然要学习强者以使自己变得逐步强大。《天演论》是当时士大夫思想开化的旗帜,"标志着向西方寻求真理由感性到理性、由具体到抽象、由形式到内容、由现象到本质这条'天路历程'中不断上升的一个界碑"(王拭 1986;16)。

严复及《天演论》对当时的维新变法以及后来的五四运动都产生了深远的影响，不啻一场惊雷，它对康有为和梁启超等人影响很大，促进了以后历史上的维新变革思想与实践。《天演论》的思想直接影响了革命家孙中山、毛泽东等人，"物竞天择"思想深入人心，严复及《天演论》不仅影响政治家们，也影响了文学界文化人士。胡适在读《天演论》后曾写作《生存竞争适者生存论》，甚至于改掉了他的原名嗣糜而成为胡适，原字由希疆改为"适之"；可见严复及《天演论》对当时思想界及文学界产生的影响和作用。

而严复本人，因其所处的特定历史年代、海外学习经历和自己学识的积累，再加之作为一名译者的使命感和主观能动性，"是近代中国真正深入了解西方现代学术与文化、了解中国在现代世界的处境的第一人"（王森然，1998：6）。

从翻译的学术角度和翻译的主体性角度来考量，严复和《天演论》的成功也是其适应了时代趋势的结果，是时代选择了严复和《天演论》，从社会性角度来说也是原作和读者选择和成就了严复和《天演论》。

4. 结论

对于译者，袁莉强调译者的主观能动的主体意识，她认为"一部译本的优劣很大程度上取决于译者的主体意识，忽视了这点，就谈不上解决翻译中的根本问题"（袁莉，1996）。作为翻译活动的主体，不论其在对译本文本的选择、理解和诠释方面，还是具体到翻译过程中翻译策略的取舍和选择方面，译者始终是最具有主观能动性、最积极活跃的因素。然而译者的所有思维活动，所有关于译本的选择、语言的选择，和译者在翻译活动过程中想要表达的思想以及对原著内容的处理，确实包含大量社会因素的社会性在里面，无论是译者所生存的社会文化的大环境还是由于当时从属于读者需要的译者选择或者阐释译本，社会性因素仍起很大的作用。正如本文所讨论到的严复和《天演论》的译者主体性发挥，同时在译者主观能动性的动机之下其所翻译的文学作品对当时的产生着众多不同层面的影响。海德格尔曾说过："一切翻译研究都是译者在翻译过程中作为支配者状态上的可能性。"（陈嘉映，王庆节，1987：356）只要不是过度张扬译者的主体性就不会陷入主观主义的泥潭。正如罗宾逊所说："译者并非取作者而代之，而是成为与原作者非常相似的一位写作者，但仅仅是因

为二者都是利用自身语言和现实世界的经历进行写作,方式十分近似。"(Robinson,2001:253)本文讨论译者主体性,是期望译者在"一带一路"的新时代背景下,积极主动地促进不同信息、不同文化之间的交流,译者适度地发挥主观能动性,不断引进介绍外国(外族)文化并推动推广本国(本族)的文化和社会风貌的建设,以期尽早实现习近平总书记期望的中国风格,中国气派。

参考文献

[1] Baler, M. *Routledge Encyclopedia of Translation Studies*. New York Routledge 2001:153.

[2] Berman, Antoine. *PourUne Critique des Traductions：John Donne*. Paris：Gallimard, Paris, 1995.

[3] Robison. *Who Translates Translator subjectivities beyond reason*. New York Bandy State University Press. 2001

[4] Venutil. *The Translator's Invisibility a History of Translation*. London and New York Routledge 1995:54.

[5] 查明建、田雨:《论译者主体性——从译者文化地位的边缘化谈起》,《中国翻译》2003年第1期。

[6] 金圣华:《认识翻译真面目》,天地图书有限公司2002年版。

[7] 李强:《严复与中国近代思想的转型——兼评史华兹〈寻求富强:严复与西方〉》,刘桂生等主编《严复思想新论》,清华大学出版社1999年版。

[8] 马丁·海德格尔:《存在与时间》,陈嘉映、王庆节译,三联书店1982年版。

[9] 唐小田、唐艳芳:《从"戴着脚镣跳舞"到"自为的存在"——关于译者主体地位演进的哲学思考》,《浙江师范大学学报》(社会科学版)2010年第3期。

[10] 屠国元、朱献珑:《译者主体性:阐释学的阐释》,《中国翻译》2003年第6期。

[11] 王拭:《严复集》(第1册),中华书局1986年版。

[12] 王森然:《近代名家评传(初集)》,生活·读书·新知三联书店1998年版。

[13] 许钧:《"创造性叛逆"和翻译主体性的确立》,《中国翻译》2003年第1期。

[14] 余光中:《余光中谈翻译》,中国对外翻译出版公司2002年版。

[15] 袁莉:《关于翻译主体研究的构想》,张柏然、许钧《面向二十一世纪的译学研究》,商务印书馆2002年版。

[16] 邹振环:《影响中国社会的一百名译作》,中国对外出版公司 1996 年版。
[17] 《习近平在哲学社会科学工作座谈会上的讲话》,人民网-人民日报,2016年5月17日。

On the Social Nature of the Translator's Subjectivity from Yan Fu's "Evolution and Ethics"

Wang Chunlan

Abstract: In the 1990s, our country began to study the translator's subjectivity, this paper tries to sort out the subjectivity of the translator on the basis of the predecessors' research achievements, taking Yan Fu's "Evolution and Ethics" as an example, This paper further expounds the influence of the translator's subjectivity on the social factors in the process of the translator's subjective initiative, and the influence that the translator exerts on the society under its specific social environment. The aim is to play the proper and positive role of the translator from the translator's subjectivity in the current society and it is helpful to realize the social value of the translator in serving the society.

Key words: Subject Consciousness, Translator's Subjectivity, Yan Fu's "Evolution and Ethics", The sociality of translation

探析后殖民翻译理论视域下中国文学作品中的文化因素外译

郭瑞芝　黄　杨

摘　要：20世纪70年代西方翻译中开始强调向文化转向，随后发展为几个重要的文化派翻译理论。后殖民翻译理论就是其中有代表性的一个，其核心是在处理强势文化与弱势文化之间的权力较量时，引入"杂合策略"，认为两种权力并非二元对立而是存在"第三空间"。近代中国（1840—1949）曾经沦为半殖民地半封建社会，在救亡图存过程中，一度走上完全西化的道路，因此后殖民视域适用于中国文化语境。在中国文化寻求话语权的过程中，一个直接的方式为外译，却难免受到强势文化的压迫与扭曲。后殖民翻译理论的引入有助于修正和抵抗这种被动局面，在中国文化外译中运用"杂合策略"以寻找更能体现中国文化异质性又不受压于西方文化的翻译，对由边缘走向中心、寻求话语权与重新定位中国文化具有重要意义。

关键词：后殖民翻译理论；外译；杂合策略；话语权与文化重新定位

引言

西方20世纪七八十年代兴起的后殖民主义指的是殖民时代结束后由后殖民地国家向宗主国寻求话语，随后日益发展成为消解文化霸权和"种族中心主义"的力量，于21世纪初期进入中国，为学界广泛接受和研究。基于中国在近代时期一度沦为半殖民地半封建社会的现实，在与美国等强势文化的对比下，中国文化属于相对弱势的文化。依据后殖民翻译理论，殖民地文化或者第三世界文化在翻译到宗主国的过程中存在着被扭

作者简介：郭瑞芝，陕西师范大学外国语学院副教授，研究方向：西方文化、外语教学、美国历史与文化；黄杨，女，陕西师范大学外国语学院硕士，研究方向：西方文化与跨文化交际。

曲抹黑的情况，这样的现象在中国文化走出去的过程中也明显存在。

文化走出去的主要途径之一是文化的外译，主动对外翻译中国文学的活动自晚清时期便已经开始。无论在新中国成立前的个人翻译还是新中国成立后的由中国国家对外宣传机构主持的对外翻译项目中，大规模、有系统地主动对外译介中国文学（耿强，2010：3），在外译的过程中出现了许多问题，以至于文化走出去、树立国家形象受到了阻碍。本文在梳理后殖民翻译理论缘起的基础上，分析中国文化外译过程中被扭曲的现象及后殖民主义翻译理论运用对修正或者抵御类似现象的实例，说明杂合策略中第三空间的寻找是中译外的出路，进而实现中国话语权的寻找和中国文化的重新定位。

一 后殖民翻译理论之缘起

1. 西方后殖民时代从政治延伸到文化与文学

在提及后殖民翻译理论前，先以文化转向（cultural turn）观点为切入点，因为这一观点为处理翻译与文化问题时提供了前所未有的理论支撑，其脱离了原本追求字词句的对等，更加强调从文化视角去看待翻译，文化派甚至认为翻译是原文的再生。由此衍生了翻译的女性视角、后殖民翻译理论及巴西食人主义等。（Jeremy Munday，2001）

后殖民翻译理论由后殖民主义发展而来。殖民本是政治词汇，指强国向它所征服的地区移民，是一个大国在国外寻求并获得对经济上、政治上和文化上不发达地区的占有权的过程。这个过程总是由政治、经济延伸到文化层面，表现为宗主国和殖民地之间的不平等关系，文化上形成了强势文化与弱势文化。后殖民主义是20世纪70年代在西方学术界兴起的一种具有强烈的政治性和文化批判色彩的思潮，主要关注宗主国和前殖民地之间关系的话语。巴勒斯坦裔美国学者赛义德（Said）、印度裔美国学者斯皮瓦克（Spivak）和波斯裔美国学者霍米·巴巴（Homi Bhabha）是其中的代表性人物。赛义德的《东方学》的出版被视为后殖民主义研究的开端。"东方学"原本为研究东方各国历史、文学、文化等学科的总称。但赛义德（1978）认为它是一种西方人藐视东方文化，并任意虚构"东方文化"的一种偏见性的思维方式或认识体系，因而"东方学"本质上是西方人文化上对东方人控制的一种方式。后来，"东方学"发展为后殖民批评理论，是在殖民结束后对殖民主义与帝国主义的批评与反思，例如分

析和批判西方主流作品中的"西方文化优越感"。

后殖民翻译理论始于20世纪80年代中后期、崛起于20世纪90年代，是后殖民主义在翻译研究中的一种应用形态与研究范式，是对后殖民批评理论的继承与发展，它承袭了后殖民批评的文化政治批评话语，致力于从后殖民视角来考察不同历史条件下的翻译行为，关注从源文本到译本的转换过程中所存在的语言文化差异、两种文化之间的权力斗争和表现方式。通过探究译本与历史之间的关系，揭示译本生成的历史条件与权力关系，其代表人物有尼南贾纳（Niranjana）、韦努蒂（Venuti）、罗宾逊（Robinson）、谢莉·西蒙（Sherry Simon）、玛利亚·铁木志科（Maria Tymoczko）等。他们围绕"权力关系""翻译的政治""归化与异化"等核心问题，从不同视角研究了不同历史语境下的翻译与文化政治问题。（陈橙，2008：179）

后殖民主义翻译理论的延伸为后殖民主义文学，玛利亚·铁木志科（1999）认为后殖民文学是被殖民国家的人所创作的文学作品，因为后殖民作家在写作过程中经历与宗主国的文化对抗，其创作过程也可视为一个文化翻译过程。故后殖民文学可归属于后殖民翻译。后殖民主义作家的代表人物在印度，如奈保尔（Naipaul）、纳拉杨（Narayan）和拉什迪（Rushdie）等。在后殖民时代，他们反思和揭露帝国主义带给印度社会和文化的破坏及对印度人思想上的殖民。殖民背景使得后殖民作家具有双重或者多重的复杂文化背景，为他们的文学创作提供了与生俱来的条件，但在谈及作家自身的文化认同时，他们又是"无根的"，其作品反映了帝国主义撤出印度后国内混乱、社会问题严重的局面，也显露出殖民后裔既不归属宗主国又不属于母国的难寻的文化归宿。

2. 中国译界对后殖民翻译理论的研究

后殖民翻译于21世纪初始开始传入中国。曹山柯（2001）研究了后殖民主义在我国翻译学上的投影。何绍斌（2002）在文章中提到当代翻译研究范式的"文化转向"，要求把政治、权力和意识形态等影响翻译活动的外部因素纳入研究轨道。葛校琴（2002）从后殖民视域下讨论了国内归化和异化策略，提醒译者在"贬归化，扬异化"的势头中保持清醒的头脑。潘文国（2002）在谈论当代西方的翻译学研究中表明，相比于其他翻译理论，后殖民主义的政治性更加明显。费小平（2003）认为后殖民翻译理论主要关注翻译在殖民化过程中所播散的权力机制以及随之而

来的一系列"抵抗的历史"、挪用的历史、间隙的空间、分裂的空间等。后殖民主义译论是不可或缺的文化批评话语。王东风（2003）综合讨论了翻译研究的后殖民视角。许多学者专注于研究某一特定的西方学者的后殖民翻译思想，王宁全面讨论了当代西方后殖民主义理论思潮代表人物霍米·巴巴的思想。另外，苏珊·巴斯内特的文学翻译思想、韦努蒂的翻译理论思想、斯皮瓦克的"翻译的政治"等在国内都有所研究。

除对后殖民翻译的研究外，学者们也将后殖民翻译理论与同为文化转向观点中的女性视角相结合，包括翻译策略的讨论，或将后殖民翻译理论运用到具体的文本中，研究译者如何在翻译实例中抵抗文化霸权，保留自身文化的异质性和文化主权。如：从后殖民视角分析赛珍珠所译的《水浒传》，或葛浩文所译莫言的文学作品，或者《红楼梦》的英译及辜鸿铭的《中庸》译本等。

同时，如前文所说，学者将后殖民文学归于后殖民翻译理论，林语堂等具有双重文化身份的作家的作品被看作后殖民文学，也常用于后殖民翻译理论的研究中，如其用英文写成的代表作《京华烟云》。

二　西方"文化霸权"下中国文化被扭曲现象

后殖民主义来源于"东方主义"，认为西方文化相比东方文化具有优越性，从而形成文化上的霸权主义。这种霸权思想体现在翻译上是殖民地文化在翻译到宗主国的过程中被改变和扭曲，如夸大殖民地人民的奴性等。鉴于此，后殖民主义翻译理论的提倡者希望能够唤醒第三世界文化的认同，认清自身文化被边缘化的情况，进而与强势文化做斗争。西方文化霸权意识在殖民时代结束的今日并没有消亡，反而在全球化的时代演变为新的形式。"一些西方强势国家，尤其是美国，它们打着文化普遍主义旗号，把自己文化价值观肆意渗透与入侵到其他民族文化当中，而不考虑其他民族文化的自主性与独立性，甚至中断其他民族文化的发展，从而使整个世界文化趋于同质化，使全球文化朝着单一向度发展。"（金民卿，2004：34）

从近代开始中国文化在权力双方就属于弱势的一方，"曾经的黄金帝国就这样濒临解体并逐渐在世界上被边缘化了。为了恢复过去的辉煌和综合国力，中国的一些有识之士不得不向当时的那些经济发达国家看齐，发起了大规模的翻译运动，经过这种'全盘西化'尝试，中国文化几乎沦

为被边缘化的'殖民'文化。大面积的文学和文化翻译以及西方学术思想的译介致使汉语一度被'欧化'或'殖民化'。"（王宁，2013：6）现今，虽脱离了殖民语境，但中国在全球话语的构建方面还有诸多不足，在与强势文化的交流中，存在着文化传播的不对称性。外译情况及接受度未见历史性飞跃，没有达到让西方国家更加了解中国文化的效果，西方国家仍延续固有的思维模式去看待中国，不断利用其强势宣传工具对中国实施"软打击"，蓄意妖魔化中国的国家形象，如鼓吹"中国崩溃论"、"中国威胁论"，攻击中国爱国主义为"狭隘民族主义"等。

在此背景下，一方面，中国文化在外译过程中常出现被扭曲和误解的情况，或者更为常见的表现为文化的流失。以学者研究的外译中的代表性读物"熊猫丛书"为例，"80年代，英美读者在阅读'熊猫丛书'所代表的中国现当代文学时采取了政治的审美视角。之所以说是'政治'的，原因在于包括专业研究者在内的读者更青睐小说主题与政治或文革叙事相关的作品，相对忽略作品形式上的文学性，'熊猫丛书'想要表达的文学性诉求屡屡遭到意识形态的扭曲和变形"（耿强，2010：4）。

另一方面，文学文本翻译中文化间对话的难度是不言而喻的，中国文化中独有的事物，表现为目的语国家的文化空缺，由此文学翻译在外译过程中更易产生误解。中国特有文化在传播至强势文化的过程中，除了出现文化的误读外，也表现为中国文化外译过程中被归化和损耗。下面以翻译中的实例说明后殖民视域下中国文学作品中的文化因素外译被扭曲的具体情况：

（1）在宗教文化方面，葛浩文所译的莫言作品《丰乳肥臀》中存在着对中国道教文化的误读：

原文：菩萨……祖宗保佑……所有的神、所有的鬼，你们都保佑我吧、饶恕我吧，让我生个全毛全翅的男孩吧……

译文：Lord in heaven, protect me…worthy ancestors, protect me…gods and demons spare me, let me deliver a healthy baby…

"译者习惯用基督教的神代替中国民间信奉的诸神。这种翻译策略彰显了文化霸权主义对异己的第三世界他者文化的改造与变异。"（熊华、左苗苗，2011：101）

同样的情况也出现在霍克斯翻译的《红楼梦》中，"阿弥陀佛"，"谋事在人，成事在天"等含有中国传统宗教文化信息的词句分别译为"God bless my soul"和"Man proposes, God disposes"。霍克斯将中国特有的文化意象"佛"与"天"都译成了具有浓重的西方宗教色彩的"God",这样做的目的无疑是为了靠近目标语文化,提高文章的可理解性,但不利于保护中国文化特性。(殷淑文,2011:22)

(2)《丰乳肥臀》英译本中同样存在着对中国国情的误读:

原文:福生堂家当然要跑,我们跑什么?上官家打铁种地为生,一不欠皇粮,二不欠国税谁当官,咱都为民……

译文:Of course the people at Felicity Manor have run off. But why should we join them? We are blacksmiths and farmers. We owe no tariff to the emperor or taxes to the nation. We are loyal citizens...

译者对中国文化的了解不足,在文中的语境,故事发生于20世纪30年代,早已没有皇帝的存在,"皇粮"一词早已超过了其历史含义,指的是供应给当权者的粮食,会让英语读者产生中国还是一个封建国家的错觉。(熊华、左苗苗,2011:101)

(3)在文化意象翻译方面,霍译《红楼梦》归化了部分中国文化:

原文:如今来了个这么神仙似的妹妹也没有……

译文:And now this new cousin comes here who is as beautiful as an angel and she hasn't got one either...

原文是对林黛玉外貌的赞美,形容她是神仙似的,此处采用的归化翻译,即西方文化中更为常用的"如天使般美丽",可见为迎合西方读者的需求,牺牲了本身不会影响可读性的中国文化意象。

(4)在社会文化方面,霍克斯《红楼梦》的翻译中同样归化和牺牲了具有中国文化独特性的表达:

原文:况且这通身的气派,竟不像老祖宗的外孙女,竟是个嫡亲的孙女。

译文:She doesn't take after your side of the family, Granny. She's more like a Jia.

霍克斯将"老祖宗"翻译为"Granny",是出于适应英语语言环境的目的,从而归化掉了汉语中"老祖宗"这一更加体现了中国社会长幼有序、尊敬长辈的社会文化特征。

三 中译外的出口:"杂合策略"在权力双方的权衡及"第三空间"的寻找

在明确后殖民翻译的基本思想后,为了更好地解释其实际运用对减缓强势文化对弱势文化的扭曲,后殖民翻译理论的重要思想"杂合策略"应运而生。后殖民理论学家霍米·巴巴(1994)在探讨现代强势文化与弱势文化的关系时,认为殖民者与被殖民者之间并非是二元对立,而是存在着中间地带,也就是"第三空间"。

罗宾逊(Douglas Robinson)认为"杂合是指不同民族、种族、文化和语言的相互混合的过程,……几乎所有后殖民理论家都欢迎它,认为它可以使人类社会变得更加丰富多彩"(Robinson,1997:118)。"杂合策略"满足了权势两方的需求,并调和了两者的对立,同时又瓦解了对归化和异化的争论,在传播弱势文化的过程中它的作用不容忽视。杂合的目的是提倡多元文化,将东西方之间的文化关系由对抗发展为对话。

当然除了杂合策略,文化转向中的其他翻译策略也用于从后殖民角度研究中国文学作品的外译。唐艳芳(2009)认为赛译《水浒传》中的主要翻译策略为"和而不同",体现了赛珍珠对差异的追求,强调译者主体性、操纵的观点,拥抱异化,以此体现文化的异质性,并采用陌生化的手法消减中心话语霸权。这里也体现了后殖民翻译理论决不能脱离其他文化翻译理论,他们本质上都强调翻译中文化的重要性,只是侧重点不同,故可将其他文化观点用于后殖民翻译研究中。

中国文化外译的接受度虽不容乐观,但情况放到具有多重文化背景的作家身上就不尽相同了。林语堂是第一位以英文书写名扬四海的中国作家,具有三重文化背景的印度裔作家奈保尔于2001年摘得诺贝尔文学奖。这里把后殖民文学归于后殖民翻译中,林语堂和奈保尔后殖民文学的成功对外译的启示是显而易见的。"林氏《京华烟云》实为后殖民文学,但据后殖民译论研究,其创作过程也可视为一个翻译过程。'杂合'这一后殖民文学最大的特点在其翻译过程中也有所体现,并主要表现在对中国传统文化的翻译上。通过杂合中西文化各自的特色,林氏把弱势的中国文化根植于西方强势文化中进行传播,不但没有使之失去自身的文化烙印,而且使之得以在其他文化中重生,这就是林氏成功输出中国弱势文化的秘诀——杂合策略。"(杨世杰、岑群霞,2011:44)这不仅说明了杂合策

略的有效性，也说明了在中国文化外译的过程中，译者应加强自身中西文化素养，最好能够进行中西合作。杂合策略是弱势文化向强势文化寻求话语的必然过程。下面在现有研究基础上，通过具体实例说明杂合策略"第三空间"的寻找在翻译中平衡权力双方的有效性：

（1）语言文化方面的杂合

学者在讨论杨译《红楼梦》时认为根据汉语发音翻译成"yin"和"yang"等文化词在今日已被英语词汇库所收录，属于英语词汇。但是，"yin"和"yang"自身仍然承载中国文化。因此，"阴阳"的翻译体现了杂合策略，表现为其语言层面属于英语词汇，文化层面源于中国文化。

又如："运生世治，劫生世危"翻译为"The good bring order to the world, the bad plunge it into confusion."从句子结构来讲，"the good"和"the bad"为主语，表示一类人，这是英语的常用表达，但结构上带有中文的特征，在两个句子并列时遵循汉语习惯，没有加并列连词"and"。（卢立程，2018：50）

（2）宗教文化方面的杂合

前文中讨论的"谋事在人，成事在天"，杨译为"Man proposes, Heaven disposes"，是对英语表达中"Man proposes, God disposes"的直接模仿，但将"天"翻译为更加符合中国文化语境的"heaven"，体现了语言上归化、文化上异化的杂合策略。（卢立程，2018：51）

又以葛浩文英译《酒国》为例：

原文：走到村头土地庙时，他从怀里摸出一卷黄表纸。

译文：As he neared the Earth God Temple on the village outskirts, he took a packet of spirit money out of his pocket.

在译文中译者将"土地庙"译为"the Earth God Temple"，将西方文化中的"God"用于中国文化中"土地公"的翻译，既加强了可读性又传播了中国民间宗教信仰文化。

（3）文学意象方面的杂合

此处以《京华烟云》中文化意象在中西两种文化之间的转换来说明杂合策略的有效性：

"Mulan (Magnolia) was the name of a Chinese Joan of Arc, celebrated in a well-known poem, who took her father's place as a general in an army."

在作品中，"林氏把 Mulan 引喻为 Chinese Joan of Arc，即中国的圣女

贞德。贞德在西方是勇气、正义的象征。林氏把西方贞德的意象和木兰的意象杂合起来，一方面给予西方读者直接的感受，即木兰和贞德一样有勇气、正义，另一方面使中国的文化意象在西方的文化意象中得到新生，即木兰不但和贞德一样勇敢、正义，而且她代父从军是中国古代孝顺的典范"（杨世杰、岑群霞，2011：45）。

（4）社会文化方面的杂合

中国文化中的某些概念和事物常常在西方文化中难以找到对应，在翻译过程中出于文化传播目的，可通过杂合策略尽量保留源语特色。在赛译《水浒传》中"姓甚名谁"翻译为"What is their surname and what their name?"既使用了英语的特殊疑问句式又表现了中国姓名文化所承载的求本溯源意识。

四　全球化背景下中国文化从寻求话语到重新定位

21世纪是经济全球化的时代，带来了世界文化的交流与碰撞，国家与国家之间实力的较量除了政治、经济、军事等方面同样体现在文化上，"文明冲突论"及"文化软实力"等论断就说明了这一点。但是殖民时代遗留的强势文化与弱势文化之间权力较量的差距以及对话时的不平等并没有消失，被殖民者仅仅脱离了殖民者政治上的控制，往往难以走出文化上的桎梏。随着时间的推移，"文化霸权"升级成更为严重的以美国为首倡导文化一元发展而打压文化多样性的形式。在后殖民时期，弱势文化寻找出口迫在眉睫又任重而道远。

1."第三空间"大有可为

根据巴巴的理论，当在异域文化的"他性"与本土文化的"同性"之间进行交流时，双方是在一个"第三空间"进行"谈判和翻译"。（Bhabha, 1994）事实上，中国文化与西方文化之间的这种谈判在清末时期已经开始，为了寻找救国之路，除将大量西方作品翻译进入中国外，有志之士也将中国典籍翻译为英文，旨在让西方了解真正的中国。如在讨论后殖民视域下的辜鸿铭《中庸》译本时："辜氏译本不斤斤于原作的'特质'，语言流畅优美，与后殖民理论家主张的'异化'、阻抗式翻译大异其趣。辜氏翻译策略的成功，有助于我们反思、推动方兴未艾的后殖民翻译研究。辜氏在民族文化的危急存亡之秋重译儒经，念兹在兹的是向西方宣示中国文明的道德性。"（王辉，2007：62）在"谈判"中，东方文化

对西方文化产生了一定的影响，主要体现在语言文化方面，如今每年有大量汉语借词进入英语语言，政治词汇"Three Represents"（三个代表），典籍中的"Taoism"（道教），有关社会文化的词汇如"dama"（大妈）和"add oil"（加油）等都采取了直译的方式，在保护文化异质性的同时，也丰富了英语语言。

文化转向观点中的赞助人（Lefevere，1992）因素可以说明中国文化外译是大势所趋。现有背景下文化权利双方虽不平等，但整体上愿意进行文化交流与互译，外译未受到外部阻力的阻碍。对中国来说，中国文化外译的官方赞助人为中国国家外文局，目前倡导文化外译并致力于解决外译的接受度问题。因此我们认为"第三空间"大有可为。

2. 用"外译"实现文化重新定位

王宁（2002）全面研究了巴巴的理论，认为其"杂合策略"消解了西方帝国的文化霸权，实现了第三世界批评从边缘向中心的运动，导致了文化多样性的真正实现。"呼吁翻译的重点应转向中译外，从而使得翻译以一种积极的姿态'重新定位'全球文化，并为世界文学的重新绘图发挥重要的作用。"（王宁，2013：5）在新的历史背景下，"文化走出去"已经是国家战略。可见，后殖民翻译理论视域下的中国文化外译将从有效对抗强势文化中逐渐赢得话语权并实现中国文化的重新定位，如果文化（cultures）和英语（Englishes）都应该用复数来表达，那么汉语及其他弱势国家的语言也一定可以用"Chineses"等来表达。

五 结语

后殖民翻译理论对于文化翻译有着举足轻重的影响，对第三世界和其他弱势文化国家文化主权的捍卫和世界文化多样性的保护有着重要意义。在明清和近代，中国文化一度走上全盘西化的道路，历史因素造成了中国文化的弱势地位，后殖民时代的中国依然面对文化上的"失语"以及西方新形式的"文化霸权"。后殖民翻译理论在中国文化语境下启示中国文化外译要寻找权力双方的"第三空间"，使中国文化在"走出去"的过程中既能达到良好的传播效果，又保留一定中国文化的异质性并获得话语权进而重新定位中国文化。

参考文献

[1] Bhabha, Homi. *The Location of Culture*. London and New York：Routledge, 1994.

[2] Lefevere, André. *Translation, Rewriting and the Manipulation of Literary Fame*. London and New York：Routledge, 1992.

[3] Munday, Jeremy. *Introducing Translation Studies：Theories and Applications*. London and New York：Routledge, 2001.

[4] Robinson, Douglas. *Translation and Empire：Postcolonial Theories Explained*. Manchester：St. Jerome, 1997.

[5] Said, Edward. *Orientalism*. New York：Vintage Books, 1978.

[6] Tymoczko, Maria. *Post-colonial Writing and Literary Translation*. Susan Bassnett, and H. Trivedi（eds.）, *Post-colonial Translation：Theory and Practice*. London and New York：Pinter, 1999.

[7] 鲍晓英：《中国文学"走出去"译介模式研究》，上海外国语大学，2014年。

[8] 陈橙：《后殖民主义翻译理论在中国的"旅行"》，《社会科学研究》2008年第6期。

[9] 耿强：《文学译介与中国文学"走向世界"》，上海外国语大学，2010年。

[10] 金民卿：《文化全球化与中国大众文化》，人民出版社2004年版。

[11] 卢立程：《后殖民翻译视域中的"杂合"——〈红楼梦〉杨译本例析》，《乐山师范学院学报》2018年第33卷第5期。

[12] 唐艳芳：《赛珍珠〈水浒传〉翻译研究》，华东师范大学，2009年。

[13] 王宁：《叙述、文化定位和身份认同——霍米·巴巴的后殖民批评理论》，《外国文学》2002年第6期。

[14] 王宁：《翻译与文化的重新定位》，《中国翻译》2013年第34卷第2期；《社科教育版》2011年第6期。

[15] 王辉：《后殖民视域下的辜鸿铭〈中庸〉译本》，《解放军外国语学院学报》2007年第1期。

[16] 熊华、左苗苗：《后殖民翻译理论视域下的文化传译——以〈丰乳肥臀〉英译本为例》，《长江大学学报》（社会科学版）2011年第34卷第9期。

[17] 杨世杰、岑群霞：《试析〈京华烟云〉中的"翻译"杂合策略——基于后殖民视角》，《福建论坛》。

[18] 殷淑文：《文学翻译中的文化误读研究》，河北大学，2011年。

Translation of Culture Element in Chinese Literature from the Perspective of Post-colonial Translation Theory

Guo Ruizhi, Huang Yang

Abstract: The adoption of cultural turn has been stressed in translation since 1970s, contributing to the development of several cultural translation theories afterwards with post-colonial translation theory as the representative one. When dealing with the power-relations between strong culture and weak culture, the strategy of "hybridity" is applied. The strategy of "hybridity" asserts that the relation between the two cultures are not in binary arguments but with "the third space" existed. In its recent history (1840-1949), China was receded into a semi-colonial and semi-feudal country and had once chosen the fully westernized path to save the Chinese nationality, which means post-colonial view can explain the Chinese context. Translation of Chinese culture into English is the most direct way in pursuit of the right to speech, and is often misread and distorted. The post-colonial theory can be utilized to resist and change this passive situation. The strategy of "hybridity" can create the translation with cultural heterogeneity out of the dominance of strong culture, which means a lot to the relocation of Chinese culture from the edge to the center.

Key words: post-colonial translation theory, cultural translation, hybridity strategy, the right to speech and cultural relocation

跨文化传播视阈下《先知·论孩子》及其三个译本的分析与浅评

张 敏

摘 要：散文诗歌《先知》被普遍认为是纪伯伦的顶峰之作，其跨越时空的世界性传播，使纪伯伦成为引人注目的国际文化名人，也是跨文化传播非常经典的成功案例。本文通过文本细读、问卷调查与读者访谈，对比分析了《先知·论孩子》及其三个不同译本的文化内涵及语言风格，并从跨文化传播的角度阐释了其中的译者定位、读者反应以及对翻译研究和外语教学的启示。

关键词：跨文化传播；《先知·论孩子》；译者定位；读者反应

引 言

散文诗歌《先知》被普遍认为是纪伯伦最受欢迎的顶峰之作，自1923年在美国纽约首次出版问世以来，先后被翻译为五十多种外国文字，发行量超过上千万册，它超越时间和空间的世界性传播，无疑成为跨文化传播的经典范例。在我国，第一位译介纪伯伦作品的是茅盾，第一位把《先知》完整地介绍给中国读者的是冰心。自20世纪80年代出现纪伯伦译介热潮以来，已出版了至少三十种中文译本。然而，译介热潮与冷落的纪伯伦研究形成反差（马征，2010）。笔者认为，在全球化的背景下，研究中国文化如何"走出去"，有必要对"引进来"的经典案例进行剖析，所谓他山之石可以攻玉。本着这一宗旨，本文通过文本细读、问卷调查以及读者访谈，对比分析了《先知·论孩子》及其三个不同译本的文化内涵及语言风格，从跨文化传播的视角阐释和评述了其中的译者定位、读者

作者简介：张敏（1966— ），女，陕西师范大学外国语学院副教授。研究方向：跨文化交际。

反应以及对翻译研究与外语教学的启示。

一 原文解读

文学翻译的讨论应从解读原文开始，理解作品需要分析作者的创作背景、写作主题和写作动机，追溯那些在作品中留下深刻烙印的生活经历以及个人成长的心路历程，其实对于译者定位和读者反应的分析，也概莫能外。

纪伯伦（Kahlil Gibran，1883—1931）是美籍黎巴嫩阿拉伯作家、诗人、画家。他出生于黎巴嫩北部的贝什里，12岁随家人来到美国波士顿，1908年至1910年赴巴黎学习绘画和雕塑，师从罗丹，一生共创作了约七百幅绘画作品，大部分被美国艺术馆和黎巴嫩纪伯伦纪念馆收藏。1911年重返波士顿，次年迁往纽约，兴趣转往文学艺术创作活动。他短暂一生的大部分时间在美国度过，是用英语和阿拉伯语进行创作的双语作家，文学作品共十七部，其中九部以阿拉伯文完成，八部为英文作品。1920年纪伯伦组织和领导了在纽约成立的旅美作家的文学团体"笔会"，成为旅美派的代表作家。1931年逝世于美国纽约，遗体葬于黎巴嫩。

历史上，黎巴嫩与基督教有着很深的渊源，一度是阿拉伯世界唯一的基督教国家。南部古城西顿（现在名叫赛达）和提尔（《圣经》称为推罗，现在名叫苏尔）是耶稣曾经讲道的地方。在基督教文化的影响下，黎巴嫩成为中东地区最西化的国家之一。在1943年黎巴嫩独立之时，基督教人口在整个国家占比超过60%。纪伯伦家是一个虔诚的基督教家庭，为马龙教派（Maronites），这一教派与天主教、东正教、新教并称为基督教四大分支。在纪伯伦出生地附近的圣谷，隐藏着基督教历史上最早的一批修道院，为许多遭受罗马人和阿拉伯人迫害的基督徒和修道士提供了庇护。千年以后的今天，依然有很多修士与修女们栖身于此，圣谷也作为世界上基督教早期最重要的修道士聚居地，列入世界文化遗产名录。

这样的家庭和社会成长环境，对于纪伯伦及其文学作品有着深远的影响。他笃信上帝，认为灵魂不死。在为"笔会"设计的会徽上，纪伯伦写下了这样一句警句："上帝座下是宝藏，诗人之笔是钥匙。"（甘丽娟，2011）在他最负盛名的作品《先知》中，诗人用先知的口吻，以散文诗的形式阐释了人生与社会中爱、工作、生死、婚姻、孩子等二十六个方面

的问题，讲述了人世之间的各种基本价值、核心理念，其中的人生哲学、社会理想和对爱的追求，为纪伯伦带来世界性的声誉。

《先知》作为纪伯伦的代表作，被人们称为"小圣经"，因为它在体裁、结构、叙述语言和整体风格上均与先知文学有明显相近之处。犹太教、基督教和伊斯兰教等宗教都有先知这一概念。先知 prophet 也称为先见，是神的代言人，可以把神的旨意传给人。先知文学的特点之一是为了显示出某种神圣性，而选用相当庄严的文字。《先知》中的穆斯塔法，既像上帝在世间的使者，又像和蔼豁达、充满智慧的师长，在应怀抱婴儿的妇女的请求谈论孩子时，作者透过谈论父母与子女的关系，抒发了自己对生命与爱的本质的认识。

显然，不同的文化有不一样的生命观。在传统中国文化中，先有父母，后有子女，身体发肤受之于父母，长辈对于晚辈有难以报答的养育之恩，使得"百善孝为先"成为中国传统文化的核心，并渗透到几千年来中国社会生活的方方面面，包括亲子关系和家庭教育。那么细读原文，关于人来自哪里、去往何处，纪伯伦的《论孩子》又提供了怎样的相同或不同的视角呢？

  Your children are not your children.
  They are the sons and daughters of Life's longing for itself.
  They come through you but not from you,
  And though they are with you, yet they belong not to you.

面对孩子父母，先知开门见山谈及孩子的由来与归属，明确表示孩子来源于大写形式的 Life，虽然有身体发肤受之于父母的现象，但他们并不属于父母，从而完全否定了把孩子当作父母的附属品的世俗观念。

  You may give them your love but not your thoughts,
  For they have their own thoughts.
  You may house their bodies but not their souls,
  For their souls dwell in the house of tomorrow,
  which you cannot visit, not even in your dreams.
  You may strive to be like them,
  but seek not to make them like you.
  For life goes not backward nor tarries with yesterday.

人的存在体现为身体和灵魂，或者分为物质性存在和精神性存在。父

母应该意识到，他们对于孩子的影响是有限的，孩子有自己的未来，他们灵魂所栖息的 the house of tomorrow（冰心译为"明日的宅"，林志豪译为"明日之屋"，尹建莉译为"明日世界"），是父母即使在梦中也无从造访的地方。因此，父母不应以自己的思想来束缚孩子的发展，或以自己的安排让他们成为自己的复制品。

You are the bows from which your children as living arrows are sent forth.
The archer sees the mark upon the path of the infinite,
and He bends you with His might that His arrows may go swift and far.
Let your bending in the archer's hand be for gladness;
For even as He loves the arrow that flies,
so He loves also the bow that is stable.

这一部分是《论孩子》生命与爱的主题的核心组成部分，对孩子与父母的关系作更深一层的诠释。基督教相信圣灵，认为圣灵是赐生命的主，造物主所钟爱的生命个体都应当是平等、独立和自由的。文中弓、箭属于物品隐喻，分别指父母和孩子，大写的 He/His 与人称隐喻 the archer 相对应，the path of the infinite 寓意生命的永恒，将箭射向永生之路的射手是神。作者通过人的有限和神圣的无限与永恒之间的对比，对父母之爱提出建议与忠告：当父母的应当心怀喜乐，甘做稳健的弓，为射手的箭助力，让它飞得又快又远，因为这是神爱世人的安排。

理解了《论孩子》所表达的生命神圣的理念，也就很容易理解西方国家普遍反对杀婴、弃婴，反对自杀，并在全球范围积极推动废除死刑的背景，因为结束一个人的生命被基督教认为是上帝的绝对主权。更为重要的是，它也很好地解释了西方和中国文化的生命观差异，前者强调每一个人都是独立的个体，跟其他的生命只有外在的关系，没有任何内在的联系，故而强调个体的独立性，而后者强调的是一种群体的、相亲的生命观，处于血缘关系中的人，自始至终都不是一个独立的个体（楼宇烈，2017）。

二 译者定位

文化差异的存在是不争的事实，文化异质性无疑对翻译构成挑战。作为跨文化交流的使者，译者应该具有文化自觉，包括对源语文化的自觉、目的语文化的自觉和跨文化交流与传播中的文化自觉。（罗选民、杨文

地，2012）不同的译者定位，影响了同一作品不同译文的风格差异。在诸多中文译本中，本文选取了冰心、林志豪和尹建莉翻译的三个译本，考虑的因素首先是时间跨度，从时间顺序看，冰心译文《论孩子》出现于1931年9月由新月书店出版的《先知》，林志豪译的《孩子》出现于2004年由哈尔滨出版社推出的《先知》，而尹建莉的译文《你的孩子》则以单篇翻译的形式出现于2014年8月《最美的教育最简单》一书的封面上。其次是读者反馈，冰心译作入选自不必说，其他两个英译汉译文都在网上获得了很多读者朋友的大力推荐，最后也是最重要的原因是，三个版本在如何解读和处理原文的宗教性，在对文化异质的感知以及再现的完整程度方面，表现不一，各有特色。相比而言，由于最后一节中的概念隐喻与文化负载词最为集中，是翻译的重点和难点，译文风格差异的表现也最为突出，采用什么翻译策略，三位译者分别做出了各自的抉择。本文所关注的焦点，在于通过译者背景与译文对比发掘影响这一决策的相关因素，阐释翻译过程中的作者定位。

冰心译文：

你们是弓，你们的孩子是从弦上发出的生命的箭矢。
那射者在无穷之间看定了目标，
也用神力将你们引满，
使他的箭矢迅速而遥远的射了出来。
让你们在射者手中的弯曲成为喜乐吧。
因为他爱那飞出的箭，也爱了那静止的弓。

林志豪译文：

你们是弓，而你们的孩子就像从弦上向前射出的生命之箭。
那射者瞄准无限之旅上的目标，
用力将你弯曲—拉满弓，
以使手中的箭射得又快又远。
应为射箭者所造就的一切而欢喜，
因为他既爱飞驰的箭，也爱手中握着的、稳健的弓。

尹建莉译文：

> 你是生命之弓　孩子是生命之矢
> 幸福而谦卑地弯身吧
> 把羽箭般的孩子射向远方
> 送往无际的未来
> 爱——是孩子的飞翔
> 也是你强健沉稳的姿态

对比三篇译文，冰心译文最具神秘和宗教色彩。gladness 译为"喜乐"，是来自《新约》圣经中的重要词汇，作为名词出现多达六十多次，作为动词则多达一百多次。might 是"强大力量；威力"的意思，而将 His might 译为"他的神力"，明确了射手神的身份，既符合原文的精神，又填补了信息差，便于中国读者理解。在语言上，她的译文带有从文言文向现代汉语过渡转换时期的特征。（黄少政，2011）

冰心译文突出的基督教色彩和纪伯伦风格，与她自身的经历、信仰与追求密不可分。1914 年秋，冰心考入基督教公理会在北京开办的贝满女子中学，开始系统学习《圣经》，英文课和《圣经》课成绩优异。1923 年进入另一所教会学校——协和女大（后并入燕京大学），在燕大期间，冰心在一个牧师家里受洗，正式成为基督徒。基督教教义对冰心的文艺活动有很深的影响，她认为"要表现万全的爱，造化的神功，美术的引导，又何尝不是一条光明的大路"（王学富，1994）。

冰心提出的翻译三原则是顺 smoothness，真 authenticity，美 literacy，同为基督徒以及作家和诗人，她的翻译表现出细腻的思想感受力和语言表现力，完整地传递了纪伯伦的声音和他的人文思想。1995 年，冰心因翻译纪伯伦的《先知》《沙与沫》，获黎巴嫩国家级雪松骑士奖，她在授勋仪式上发表致辞，"我喜爱纪伯伦的作品，特别喜爱他的人生哲学，对爱的追求"。

林志豪的译文与冰心的译文相比，在总体解读上非常相像，但在语言和文化信息上，比较中性，在一些细节的处理上，也各有不同。林的"用力"，是说射箭者用他的力气，与冰心的"用神力"相比，没有翻出原文大写的 He、His 所蕴含的宗教文化内涵。冰心"让你们在射者手中

的弯曲成为喜乐吧"，直接保留了原文引弓射箭和手的意象，而林的"应为射箭者所造就的一切而欢喜"，放弃了"your bending"，加入了自己的引申；他选用了"造就"和"欢喜"，而非基督教色彩更为鲜明的"创造"和"喜乐"；他将手的隐喻调换位置，放在了最后一句："也爱手中握着的、稳健的弓。"说到 the path of the infinite，冰心译为"无穷之间"显得比较抽象，而林的"无限之旅"应该说既保留了 path 的隐喻，也与"目标"和"飞驰"更加呼应。

　　林志豪译作颇丰，包括《先知》《瓦尔登湖》《吉檀伽利》《沙与沫》《草叶集》等，他的翻译被不少网友推崇，认为文字优美，更符合现代人阅读习惯，这一点，《孩子》的译文也有所体现，但在网络上找不到他的个人资料，对其翻译以及译者定位的分析，除了看译文之外，没有其他途径，在资讯爆炸的时代，还有文化人隐匿多年，如此神秘，似乎成了真正意义上隐身的译者，真是令人遗憾，也令人称奇。

　　三篇译文中，尹建莉的译文呈现出强烈本土化、世俗化的风格，与前面两篇译文，尤其是冰心译文中的宗教认同感相比，尹的译文更为凸显的是文化自觉意识和问题解决意识，而所谓问题，则是她及其读者所共同关心的家庭教育。首先，诗名 On Children 不是冰心的《论孩子》，也不是林志豪的《孩子》，而是《你的孩子》，那种与父母或家长直接对话的感觉跃然纸上，使得尹的译文从一开始就具有强烈的带入感。在"幸福而谦卑地弯身吧 把羽箭般的孩子射向远方"中，在原文指代父母与孩子的弓隐喻、箭隐喻、射手隐喻中，只保留了前者，the archer 射手从译文中消失了，最后两行指代射手的主语 He 也消失了，取而代之的是"爱"："爱——是孩子的飞翔 也是你强健沉稳的姿态"。从原文对神、父母和孩子三方的关注，变成了父母与孩子两方，从神爱世人，演变成了去圣化、纯世俗的父母与孩子之爱。这样的处理，过滤消减了原文生命神圣的信息，却在一定程度上暗合了"神圣"失落的现代性语境。当然，句子简洁、语言流畅明快也使她的译文非常抢眼。

　　从时间顺序上，尹建莉译文出现最晚，她有可能参考先前的译文，所以，她的译文与其他版本的不同，可以推定为对比借鉴之后的有意而为。已经成为著名教育学者和作家的尹建莉，原本中文专业出身，北京师范大学教育硕士，从事中学语文教育多年，熟悉学校教育，酷爱写作，对家庭教育颇有研究，2009 年所著《好妈妈胜过好老师》一书到 2017 年销售已

破 700 万册，影响着千千万万关注家庭教育的家长。在 2014 年《最美的教育最简单》一书的封面上，她向读者推荐了纪伯伦 On Children 的英文原作，同时送上了自己翻译的《你的孩子》。在这样的语境中，译者其实是教育专家，是培养出优秀女儿的成功妈妈，她与读者以及其他教育领域研究者共同关心的焦点是如何改善家庭教育，（范峥，2009）怎样建立健康的亲子关系。纪伯伦作品中父母应尊重和接纳孩子作为独立、自由乃至平等个体的观点，无疑有助于解决这一紧迫而令众人焦虑的现实问题，具有大力推介的价值。至于作品所蕴含的他者文化信息，如果有兴趣、有需要，也许读者可以自己阅读原文。

除了书的封面，尹建莉还亲自朗读，在听喜马拉雅推出了《你的孩子》语音版，读者和听众反应颇为热烈，大概由此受到鼓励，2015 年她出版了首部译著《小王子》。谈及这本书的翻译，她说有感于很多翻译流畅感差、佶屈聱牙，认为英译汉不仅需要对原著的理解，更需要良好的母语水平，而自己有中文的优势，能"用孩子最能理解的超美文字重新翻译"。她表示遵循这样的翻译原则：尽量用短句子，语句尽量优美；译出原文背后的意思；修改或还原原文中有可能引起理解偏差的说法；对原文的疏漏进行必要的补充与修正。在《你的孩子》译文中，前两条原则得到了充分的体现，比如把 They are the sons and daughters of Life's longing for itself 译为："他们是生命的渴望 是生命自己的儿女"；把 They come through you but not from you, And though they are with you yet they belong not to you 译为 "经由你生 与你相伴 却有自己独立的轨迹"，"轨迹"一词借用了原文 arrows 的隐喻，"独立的"则来自于译者对原文主旨精神的引申，也像是译者对父母的友情提示；特别是将 You may give them your love but not your thoughts, For they have their own thoughts 译为："给他们爱而不是你的意志 孩子有自己的见地"，其中同一个词 thoughts 出现了两次，与父母对应的译为"意志"，与孩子对应的译为更为正面的"见地"，一方面确实体现了译者追求翻出原文背后的意思和文学翻译的再创造，在推敲锤炼汉语译文上颇为用心，另一方面，则凸显了译者通过纪伯伦作品谈论家庭教育和亲子关系的实用性目的。同时，在后两条原则中，译者面对原文时所表现出的自信、解释性呈现、批判性接受和鲜明的扬弃观令人印象深刻，也值得关注讨论。

三 读者反应

通常认为,每当作品被翻译成一种新的语言,都意味着一次新生,而现实中,同一语言的不同译本,也会建构出不同的作者形象。翻译是文化传播,翻译作品一经面世,其生命力和影响力都与读者的反应密不可分,而年轻读者对 On Children 三个不同版本的译文有怎样的感受和评价、他们的鉴赏力和审美趣味有什么特点和偏好,这是笔者解读原文和分析对比译文之后所要探究的问题。

为了寻找问题答案,作者的调查和访谈首先从与六位研究生同学面对面的交流开始,随后分别在英语教育专业(简称英教)三年级的 30 位同学和英语教育硕士(简称教硕)二年级的 42 位同学中开展问卷调查,分发隐去译者姓名,将其分别标注为 1、2、3 的冰心、林书豪、尹建莉译文,让他们从翻译的角度,在原文中以下划线挑选出难翻之处,然后对比三篇译文,挑选出最为喜欢的版本,并简述原因。

分析收到的问卷,第一小节翻译难点集中在介词和 They are the sons and daughters of Life's longing for itself. 第二小节的难点总体较少,主要是一些动词,如 house, tarries。第三小节的难点相对较多,最多的包括 the path of the infinite, He bends you with His might, Let your bending in the archer's hand be for gladness. 在跟同学的进一步交谈中发现,从介词、动词和定语从句这样语法的角度谈翻译,依然是有些同学的第一反应,而来自文化负载词的挑战鲜有涉及,虽然最后一小节的一些文化负载词被选定为翻译难点,但他们认为困难主要在于语言抽象或意象含糊,而不是因为文化差异,比如对于 Life, He, His 为什么会大写,有什么特别的指代关系,很多同学表示比较茫然。

在"最喜欢"的译文中,支持率最高的是 3 号,英教 53%,教硕 67%;其次是 2 号,英教 37%,教硕 24%;1 号的支持率分别为英专 10%,教硕 9.5%。在选择原因说明中,出现频率最高的关键词是"语言",比如 3 号译文语言简洁,更有诗歌韵味;有文采,体现了汉语的美;朗朗上口,更具诗意;语言风格优美;更有节奏感,用词考究,读起来很舒服。2 号译文语言流畅通顺;喜欢 2 号的语言风格,读起来更有韵味;地道朴素;简洁且富于诗意;语言优美,表述清晰,容易理解;在"信"的基础上,对语言文字做了升华和简练。有选择 1 号的同学表示,

喜欢译文句子长短适中，表达合情合理。

虽然提前预计到1号译文由于语言的局限，会受到一定的影响，但是在两组同学中，1号和2号译文的支持率相加依然不抵3号译文大受追捧的情形，确是超乎预料的结果，也成为引发作者思考的事实与依据。观察和数据表明，参与者在解读原文以及赏析译文时，过于倚重语言的字词句以及对作品体裁风格的期待，而不是作品的背景文化，对于文化差异的感知不够敏感。在原文和多篇译文同时呈现的情况下，参与者更多地倾向于把不同译文视为完整的作品，相互比较，细读原文在其选择判断过程中权重偏低。按照普通读者和专业读者的划分，绝大多数参与者看重自己的阅读体验，带着欣赏美文的态度，而不是学习和研究的态度，明显具有普通读者的视角。最后，面对他者文化，是采取保留与回应、中立还是有意过滤，译者需要做出选择，影响这一选择的既有译者自身的思想观念，也有读者的审美趣味，而且译者与读者参与这一活动的目的性也不容忽视。

结语

文学作品的跨文化传播，是作品、译者、读者以及传播媒介相互作用的结果。随着时间的推移，即使有经典的译文，重译还是有必要的，这是文化交流的时效性需求，对原文及其不同译本的对比研究，也同样具有必要性和现实意义（王宏印，2004）。在全球化的时代，翻译与外语教学需要超越语言，从跨文化传播的层面来开展研究与教学，培养具有跨文化交际能力的翻译与外语人才，从而在文明的交流与对话中，听到别人的故事，讲好自己的故事。在这个意义上，纪伯伦作品的译介与传播提供了一个值得重视与挖掘的成功案例。也许他经久不衰的魅力，包括关注世界性的话题，包括在对话中温存的倾听，使他的作品在一定程度上具有能够被广泛本地化的特质，就像他在《先知》中所塑造的穆斯塔法，既有先知的光环，也有人间烟火中一位长者的睿智、启迪与慰藉。

参考文献

范峥：《透过〈先知〉看孩子教育问题——读纪伯伦〈先知·论孩子〉》，《中国教师》2009年第2期。

甘丽娟：《纪伯伦在中国》，中国社会科学出版社2011年版。

黄少政：《纪伯伦诗歌语言特点及翻译对策》，《青海师范大学学报》（哲学社会

科学版）2011年第5期。

楼宇烈：《中国文化的根本精神及其传承》，《人民教育》2017年第2期。

罗选民、杨文地：《文化自觉与典籍英译》，《外语与外语教学》2012年第5期。

马征：《在全球化和冲突的时代阅读纪伯伦》，《国外文学》2012年第3期。

王宏印：《试论文学翻译批评的背景变量》，《中国翻译》2004年第2期。

王学富：《冰心与基督教——析冰心"爱的哲学"的建立》，《中国现代文学研究丛刊》1994年第3期。

A Cross-cultural Communication Perspective on Analysis and Comment of *Prophet · On Children* and Its Three Translations

Zhang Min

Abstract: *Prophet*, a collection of prose poems by Kahlil Gibran, has been acclaimed as the highlight of his writing career. Its world-wide popularity has stood the test of time, established Gibran as an international cultural icon, and provided a phenomenal success story in cross-cultural communication. Through intensive reading, questionnaire and reader interview, this paper analyzes the cultural information and the linguistic styles of his *Prophet · On Children* and its three translations, discusses the orientations in translation and reader response from the cross-cultural perspective and the implications for translation study and foreign language teaching.

Key words: cross-cultural communication, *Prophet · On Children*, orientations in translation, reader response

翻译本科专业语言类课程的设置与实施研究

杨冬敏

摘　要：以提高学生双语能力为主要目的的语言类课程是翻译本科专业课程结构的重要组成部分，在具体教学实施过程中也应和外语专业的语言类课程有所区别，体现出翻译专业的特点。本研究在分析现有国内部分高校翻译本科专业语言类课程设置的基础上，探究了翻译本科专业语言类课程的设置问题，并以笔者自身的教学实践和改革为例，探讨了翻译专业语言类课程的教学实施。本研究认为，翻译本科专业应开设多种门类和性质的母语和外语课程，以提高学生的双语能力；同时，在教学过程中应将语言学习和翻译技能练习结合起来，做好语言类课程和翻译专业类课程的衔接。

关键词：翻译本科；语言类课程；翻译教学

引言

教育部于 2005 年批准设立翻译本科专业，并于 2006 年开始招生。截止到 2019 年 6 月，全国已有 281 所培养单位。翻译本科专业的设置和专业翻译人才培养的兴起，逐渐引起研究者的关注，就课程设置、教学理念、教学内容和教学方法等方面展开讨论。不过目前对翻译本科专业的教学研究主要集中于如何设立合理的翻译专业类课程，以全方位培养学生的翻译能力和水平，并充分体现翻译专业的学科特点。相对而言，现有研究中对以提高学生语言能力为主要目的的语言类课程的关注并不多。究其原

作者简介：杨冬敏（1979—），男，陕西师范大学外国语学院，讲师，研究方向：翻译理论、翻译教学。基金项目：本文为教育部人文社会科学研究青年基金项目"中、美、澳三国翻译资格考试效度对比研究"（项目编号：15YJC740115）的阶段性研究成果。

因，可能是因为目前的翻译本科专业脱胎于传统的外语专业，尤其是英语专业，许多院校的翻译专业语言类课程设置直接沿袭外语专业的语言类课程设置，部分教师在教学内容和教学方法上仍然按照传统外语专业的语言教学实施。

但是，笔者认为，翻译专业不同于外语专业，两者的培养目标不同，相关课程的设置目的也必然各有差异。尤其对于语言类课程而言，外语专业的语言类课程教学主要是培养学生的外语语言运用能力及文化素养，翻译专业的语言类课程教学则需要培养学生的双语知识和能力，以及跨文化素养，并在此基础上，进一步为其翻译类课程的学习打好基础和铺垫。课程设置的目的不同，教学内容、教学方法和教学评估等方面也应不同，尤其应体现出翻译专业的学科特点。

基于以上考虑，本研究以翻译本科专业语言类课程为研究对象，通过分析现有国内部分高校翻译本科专业语言类课程的设置，并结合笔者自身教学实践和改革，探讨翻译本科专业语言类课程的设置及实施问题。

一 语言类课程在翻译本科专业课程设置中的重要性

(一) 翻译本科专业课程设置的相关文件要求

翻译本科专业的课程设置首先应遵从教育主管部门等机构制定的相关国家教学标准和培养方案。自 2006 年翻译本科专业设立以来，教育部成立了高等学校翻译专业教学协作组，对高等学校翻译专业本科教学展开教育、咨询、指导等工作。协作组于 2012 年编写出版了《高等学校翻译专业本科教学要求（试行）》（以下简称《要求》），作为各类高校翻译专业本科教学的指导性文件。课程设置上，《要求》提出应设立语言知识与技能、翻译知识与技能、通识教育等模块，每一模块又包括必修课和选修课两类。就语言知识与能力模块而言，可以设立综合外语、外语听力、外语口语、外语阅读、外语写作、现代汉语、古代汉语、高级汉语写作等课程，且全部为必修课程。就开课时间来看，以上语言类课程均建议开设在本科阶段一、二年级。

随着本科专业教育教学的不断发展，教育部在"十三五发展规划"中提出，"十三五"期间将设立各个专业的本科教学质量国家标准，推进国家教育标准体系建设。教育部高等学校翻译专业教学协作组自 2014 年

开始探讨翻译本科专业国家标准，其中仲伟合、赵军峰（2015）对翻译本科专业教学质量国家标准要点进行了详细解读。他们（2015）指出，语言基本功训练是翻译本科专业教学的首要任务，必须贯穿于四年教学的全过程。在课程体系上，翻译本科专业课程体系可以分为三大模块：语言知识与能力、翻译知识与能力、相关知识与能力。语言知识与能力模块主要包括所学外语知识和汉语知识，旨在培养学生形成良好的学风和正确的学习方法，打好外语语言基础，进一步提升母语综合运用水平。该模块的核心课程包括：综合外语、外语听力、外语口语、外语阅读、外语写作、现代汉语、古代汉语、高级汉语写作等。

此外，教育部高等学校教学指导委员会于2018年出版了《普通高等学校本科专业类教学质量国家标准》（以下简称《国家标准》），其中对包括翻译在内的外国语言文学类本科专业教学制定了详细的国家标准。根据这一文件要求，翻译本科专业的外语类课程可包括公共课程、专业核心课程、培养方向课程、实践环节和毕业论文五个部分组成。课程设置应处理好通识教育与专业教育、语言技能训练与专业知识教学、必修课程与选修课程、外语专业课程与相关专业课程、课程教学与实践教学的关系。课程结构方面，外语类课程可分为通识教育课程和专业核心课程两大类别。其中通识教育课程包括第二外语等。专业核心课程方面，可以分为外语技能课程和专业知识课程，其中外语技能课程包括听、说、读、写、译等方面。此外，就翻译专业而言，专业核心课程包括综合外语、外语听力、外语口语、外语阅读、外语写作、现代汉语、古代汉语、高级汉语写作、翻译概论、外汉笔译、汉外笔译、应用翻译、联络口译、交替传译、专题口译、中国文化概论、所学外语国家概况、所学外语国家文学概论、语言学导论、跨文化交际等方面。

从以上分析可以看出，无论是早期的《要求》，随后进行的有关翻译本科专业国家标准的讨论，还是教育部颁布的最新《国家标准》，均强调了翻译本科专业在课程设置中加强语言类课程的重要性。在课程设置上，以上观点基本一致，即在翻译本科教学中应开设语言类课程，从语种看可以分为母语和外语两个大类，从内容上可以分为主要为培养学生听、说、读、写等基本技能的课程和综合类课程。在课程名称上，多数课程仍然沿用传统的外语专业语言类课程的名称。

(二) 翻译能力研究及语言服务业行业需求

对专业翻译人才培养的探讨，还必须结合翻译学研究的相关理论，并充分考虑社会对职业口笔译人员的需求和要求。

专业翻译人才的培养应遵循学科发展的规律，并以翻译学的相关研究成果为理论基础。目前翻译学研究中，和专业翻译人才培养密切相关的就是翻译能力研究，即成功的职业译员应具有的素质和能力。目前文献中有关翻译能力的探讨比较多，学者们提出了多种翻译能力模型（Lesznyak 2007），形成了多种能力观（Pym 2003，王树槐、王若维 2008）和能力研究历史阶段（李瑞林 2011），其中翻译能力的成分观受到的关注最多。研究者们从不同视角、方法及理论基础出发，探讨了翻译能力的具体构成要素，但普遍认同将语言能力作为翻译能力的组成部分（如姜秋霞、权晓辉 2002，苗菊 2007，张瑞娥 2012，EMT Group 2009，PACTE 2011，Gopferich et al. 2011，Shäffner 2012 等），认为双语能力是译者顺利完成翻译活动的基础和前提，只有具备了一定的双语运用能力，才能够从事双语转换及跨文化交际工作。

此外，专业翻译人才的培养离不开社会的人才需求，只有熟悉和了解语言服务业和翻译行业对职业译员素质和技能的要求，才能培养出行业需要的职业翻译人才。对语言服务业及翻译行业对职业译员的需求与要求方面，已有研究者进行了调研（如苗菊、王少爽 2010，穆雷、沈慧芝、邹兵 2017，姚亚芝、司显柱 2018 等）。这些研究对语言服务行业中的语言服务提供商在网络上发布的招聘广告进行分析，发现多数招聘广告中会提及对职业口笔译人员的双语能力的要求，个别企业还明确指出职业口笔译人员应达到一定的外语水平等级或获得相应证书。

因此，现有的翻译学研究中有关翻译能力的研究，以及有关语言服务业及翻译行业的调研结果均表明，双语能力是职业译员应首先掌握的能力。要培养高质量的翻译专业人才，在人才培养的课程设置中就必须将双语能力作为课程的重要组成部分。

二 国内部分高校翻译本科专业语言类课程设置调研分析

为了对国内培养单位的翻译本科专业语言类课程设置有所了解，笔者通过网上调查的方法，对国内部分高校的翻译本科专业培养方案进行了调

查和分析。笔者首先登陆翻译本科专业教育协作组官方网站，查阅现有的翻译本科学位授权点，然后逐一搜寻各高校翻译本科专业培养单位的官方网站，查询有关翻译本科专业培养方案及课程设置等内容信息。之后对相关信息进行搜集整理，分析各高校培养方案中的语言类课程。

经过调查发现，大部分高校在官方网站对其专业设置和培养方案进行了介绍，或者罗列了该校翻译专业的核心课程。笔者经过网上搜索，共收集到 108 所高校翻译本科专业的培养方案和课程设置。通过对以上资料进行分析归纳，笔者发现，目前高校翻译本科专业的语言类课程设置主要有以下特点：

（1）就培养方案中的课程设置而言，现有高校翻译本科专业的课程可以按照课程属性和课程类别进行划分。就课程属性来看，可以分为通识教育课程和专业相关课程。通识教育课程指学生为完成学位教育所必须完成的课程，如政治系列课程、体育系列课程、计算机系列课程等。专业相关课程指和本专业知识、内容、技巧、理论等相关的课程。从课程类别来看，又可以分为必修课程和选修课程。就专业相关课程而言，又可以根据具体的课程设置目的分为以培养并提高学生语言能力为主的课程（简称语言类课程）和以培养并提高学生专业知识与技能为主的课程（简称专业课程）。

（2）就语言类课程所涉及的语种来看，多数高校的翻译本科专业语言类课程包括母语课程、外语课程和第二外语课程。其中母语类课程主要指汉语课程，既包括传统的通识类课程（如《大学语文》），也包括根据汉语类别命名的课程（如《古代汉语》《现代汉语》），还包括以培养汉语具体语言技能为主的课程，其中尤以阅读能力和写作能力为主，如广东外语外贸大学开设的《中国文学》课程，北京外国语大学开设的《独立中文阅读》课程，北京语言大学开设的《中文读写》课程，山东大学开设的《中文写作训练》课程等。外语类课程主要指以培养学生外语能力为主的课程，其中多数为英语。课程名称上，既有沿用传统的外语专业和英语专业中的课程名称，如《英语听力》《英语阅读》《英语写作》《英语口语》《英语语音》《英语语法》《综合英语》《高级英语》《英语学术论文写作》等课程，也有高校根据翻译专业特点及培养目标，开设了一些专门性比较强的课程，如《英语新闻听力》《英语典籍阅读》等。还有部分高校开始进行一定的教学改革和尝试，将语言训练和翻译专业的学科

特点相结合，开发出新的课程。如西安外国语大学开设了《文本分析与应用》、北京外国语大学开设了《英语分析性阅读》、大连外国语大学开设了《英语听辨与译述》、南通大学开设了《英语读译》、中南民族大学开设了《听力与表达训练》课程等。第二外语课程通常包括初级、中级等不同等级，语种涉及法语、日语、德语、韩语、俄语等。从课程类别看，母语类课程多数为必修课程，个别课程还列入通识教育课程之中，如多数高校将《大学语文》作为全校所有本科专业都必须研修的课程之一。外语类课程中既涉及必修课，也包括选修课。第二外语课程多作为必修课，但学生可以在首次修读第二外语类课程时选择某一语种学习。

（3）就语言类课程在整个课程体系中的地位来看，多数高校在培养方案中，将外语类课程作为本专业核心课程或主干课程，如《综合英语》《高级英语》《学术论文写作》等课程。不过将母语类课程作为核心课程或主干课程的却比较少。就语言类课程在整个课程体系中的比重来看，无论从课程门数还是从学分、学时等方面来看，多数高校的外语类课程在整个翻译本科专业课程体系中均占有较大比例。相对而言，母语类课程和第二外语课程所占的比例较少。从课程所开设的学期来看，语言类课程多集中在大学一、二年级本科基础阶段。如多数高校的翻译专业本科生在大学一、二年级需要修读《英语听力》《英语阅读》《英语写作》《英语口语》《英语语音》《英语语法》《综合英语》和一些母语类课程，高年级阶段则需要修读《高级英语》《英语论文写作》等课程。第二外语课程则多集中在高年级阶段进行。

以上即为笔者通过调研得出的部分高校翻译本科专业的课程设置，尤其是语言类课程的设置情况。虽然并未涉及所有翻译本科专业培养单位，但可以从一个侧面看出语言类课程在翻译本科专业的具体设置情况。

三　翻译本科专业语言类课程的设置

通过对国内部分高校翻译本科专业培养方案和课程设置的调研，结合教育部所制定的相关文件精神，尤其是《国家标准》，以及翻译学研究中有关翻译能力的讨论，和语言服务业对职业译员的能力要求，笔者认为，翻译本科专业的语言类课程设置应将翻译学相关理论、《国家标准》要求、行业需求和各高校的具体特点结合起来。下面笔者结合所在高校的翻译本科专业培养方案，探讨语言类课程的设置问题。

首先，翻译本科专业的目标是培养具有良好的综合素质、扎实外语基本功和专业知识与能力，掌握专业知识的复合型翻译人才。要达到这一培养目标，使毕业生具有扎实的外语基本功和专业知识与能力，就必须在课程设置中将语言类课程作为课程体系的重要组成部分，并在整个课程体系中占有较大比例。

以笔者所在高校的翻译专业为例，我们在制定培养方案时，就特别注意到了语言类课程的比重问题。以2018年翻译本科专业的培养方案为例，培养方案中规定的总学分为160.5，其中开设语言类课程29门，包括母语类课程3门，外语类课程23门，第二外语类课程每个语种3门。大学四年内，翻译专业本科生最少应修读语言类课程23门，最多可修读29门，可以修读的语言类课程总学分为59.5—63.5，占培养方案总学分的37%—39.55%。

其次，翻译本科专业的语言类课程可以在通识教育课程和专业相关课程等模块中设立。其中通识教育课程中可以设立第二外语课程，专业相关课程可以设立母语类课程和外语类课程。就课程性质而言，可以根据不同学校的学科优势、学术传统和学生特征，将部分语言类核心课程作为必修课程，而将个别具有专业特色或专业性比较强的课程作为选修课程。

笔者所在高校的翻译本科培养方案中，语言类课程主要分布于学科基础模块和专业课程模块两大模块。虽然《国家标准》中将第二外语类课程作为通识教育模块，但按照我校的本科专业培养方案要求，第二外语类课程放在专业课程模块，不再放到通识教育模块。专业相关课程包括母语类课程、外语类课程和第二外语类课程。在课程性质上，母语类课程全部为必修课，外语类课程中必修课20门，选修课3门，第二外语类课程每个语种必修课2门，选修课1门。此外，学科基础模块课程中，将母语类课程作为相关学科基础课，将外语基础类语言技能课程如听力、口语、阅读、写作、语法、语音、综合英语等类课程作为本学科基础课。专业课程模块中，将《高级英语》《学术论文写作》等课程作为专业核心课程，第二外语类课程作为专业方向课程，将《英语新闻高级听力》《演讲与辩论》《公共演说》等课程作为专业拓展课程。

从课程性质来看，母语类课程、大部分外语类课程和部分第二外语课程为必修课程，作为本专业的基础性或核心性课程。也有部分外语类课程，尤其是专业性较强、针对性较强的课程，则作为选修课程，供感兴趣

的学生选修。第二外语课程方面，基础性第二外语课程为必修课程，要求所有学生必须修读。中级第二外语课程则为选修，供部分对第二外语感兴趣、拟参加研究生入学考试的同学修读。

再次，就课程类别来看，翻译本科专业外语类课程可以包括语言技能类课程，如英语听力、英语口语、英语写作、英语阅读，也包括提高学生语言基本素质的课程，如英语语法、英语语音、综合英语、高级英语等课程。母语类课程可以包括古代汉语、现代汉语、汉语写作、汉语阅读等课程。

笔者所在高校的翻译本科专业培养方案中，母语类课程主要包括《现代汉语》《古代汉语》《大学语文》《高级汉语写作》等课程。外语类课程包括《综合英语》《英语听力》《英语口语》《英语阅读》《英语写作》《英语语法》《英语语音》《高级英语》、《学术论文写作》《演讲与辩论》《公共演说》《英语应用文写作》《英语新闻高级听力》等组成。第二外语类课程由基础第二外语和中级第二外语组成。

这些课程的开设充分考虑到了《国家标准》和翻译本科专业的培养目标，并借鉴了部分高校的翻译本科课程设置。作为外语类专业，必须具备扎实的外语基本功，开设听、说、读、写等语言技能类课程可以集中提高学生的语言能力。语音、语法、学术论文写作等类课程的开设，可以从一个侧面对学生的某一特定语言知识进行提高。《综合英语》《高级英语》等课程则可以帮助学生掌握综合应用语言技能的能力。同时，作为外语类专业学生，第二外语课程的开设可以帮助学生学习一门新的语言，为将来更加宽广的学习前景做好准备。此外，作为翻译专业学生，不但要掌握娴熟的外语应用技巧和能力，还必须不断提高自己的母语能力。只有双语基本功扎实，熟悉两种语言及文化，才能在后续的专业课程学习中将重点放到专业知识和技能方面，为专业课程学习打好基础。目前开设的母语类课程中，《古代汉语》和《现代汉语》都是帮助学生进一步掌握汉语的基本语言知识和技能，《大学语文》通常作为全校所有专业的基础性课程开设。《高级汉语写作》则主要培养学生使用汉语进行不同文体和主题写作的能力。

四　翻译本科专业语言类课程的实施

(一) 语言类课程的教学实施

除在翻译本科课程设置中注重语言类课程的比重外，在课程的实施上也应该体现出翻译专业的特点，和外语专业的语言类课程教学有所区别。下面笔者就以自身担任的《综合英语》(三) 课程为例，探讨语言类课程中外语类课程的实施情况。

作为翻译专业本科生，虽然在基础阶段需要提高学生的语言技能和语言基本功，但翻译专业最终要培养的是外语运用和双语互译能力，和外语专业的培养目标是不同的。因此，如果仍然沿用外语专业的教学内容和方法，将语言学习作为唯一的目的，那么学生可能只会关注到需要掌握的外语知识和技能，无法和本专业学习相结合。而如果将语言技能学习和本专业特点相结合，在语言课程学习的过程中结合本专业特点，适当融入翻译专业知识和特点，引导学生在学习语言技能的过程中注重专业知识的学习，那么学生就有可能在提高语言技能的同时，逐步培养自己的专业兴趣，为专业课程的学习打好基础。

基于以上考虑，笔者选取在翻译本科专业二年级的《综合英语》(三) 课程中进行课堂教学改革和尝试。选取该课程主要考虑以下两方面原因。首先，《综合英语》课程是翻译专业本科生基础阶段最重要的语言类课程，于一、二年级每学期开设，共计4门，每门每学期6学分，108课时。该课程的主要目的是培养学生综合应用英语语言的能力。其次，我校自2016年开始实行大类招生，翻译专业和英语专业学生入学时以"外国语言文学类"专业招生，一年级第二学期开始选择进入翻译专业或英语专业学习。二年级第一学期既是学生继续培养语言知识与能力、打好基础的重要时期，也是翻译专业本科生真正开始进入专业学习、逐渐明确自己的专业领域的时期。同时，按照翻译专业本科培养方案的设置，翻译专业本科生在第三学期尚未开始专业课程学习，在此阶段将翻译相关知识融入课堂教学，可以为学生后续的专业课程学习打好基础。

笔者针对翻译本科专业学生所进行的相关改革尝试如下：

首先，选取恰当的教材。教材是课堂教学中最重要的教学工具，是教学内容的重要依托和载体。不同的教材因编写原则和理念、面向读者对象等方面的不同，在教材内容的选取、编辑和使用等方面会有不同的编排体

例、重点内容比例等。笔者近几年曾连续承担翻译本科专业《综合英语》课程，前期主要采用的是和英语专业本科生相同的教材，该教材涵盖了听力、口语、精读、泛读、语法练习等多个方面，尤其注重学生的听说技能的训练和提高。不过这样的教材主要用于英语专业本科生培养多方面的英语技能，并不能充分体现出翻译专业的特点。经过笔者对现有英语专业和翻译专业《综合英语》类教材进行调研和分析，并借鉴国内部分高校翻译本科专业的教材选用情况，更换了《综合英语》教材。新的《综合英语》教材在课文内容及篇幅长度、课后练习类型及题量上都和之前的教材有较大区别，压缩了部分词汇学习、听辨理解、口头表达等单一练习内容，增加了对学生反思与批判性思考能力、阅读理解及英汉互译能力的考察，更加注重培养学生的深度思考和文本处理能力。

其次，教学内容中融入翻译相关知识，并予以适当的专业引导。笔者在对翻译本科专业二年级学生讲授《综合英语》的过程中，一方面根据课程的教学大纲和培养目标，认真完成该课程的教学任务，另一方面也在教学过程中适当增加翻译相关知识，并对学生进行适当的专业指导。由于该课程于翻译专业二年级第一学期开设，学生已经选择了翻译专业，但尚未开设具体的翻译专业课程，对翻译相关知识和技能的了解知之甚少，但同时又渴望及早接触和自己专业相关的知识。基于以上考虑，笔者在授课过程中，针对教材中的翻译类练习题，给予有针对性的讲解，同时融入翻译基本概念、翻译技巧及策略等相关知识。此外，在讲解课文时，笔者还有意识引导学生注重两种语言的差异，以及这种差异对翻译实践所带来的影响。

本课程期末临近结束时，笔者专门就该课程的教学内容、教材选择、教学引导等方面进行改革的教学效果，进行了调研和访谈。笔者采用期末课程反馈的方法，要求学生对该课程的教学内容和方法进行评价。调研结果表明，翻译专业本科生对这样的教学改革持肯定的态度。在借用教材向学生讲解翻译的基本概念和步骤、英汉互译的基本技巧和方法的过程中，学生们表现出较强的兴趣和学习积极性。个别学生还会就具体翻译策略和技巧的使用展开讨论，部分问题已经脱离了单纯的语言技能学习的层面，而涉及的是翻译专业方面的问题。此外，更重要的是，通过在二年级第一学期在语言课程中融入翻译专业课程，更能够增强学生的专业归属感和荣誉感，从而使学生为接下来的专业课程学习奠定了坚实的基础。

(二) 语言类课程与翻译专业课程的衔接

为了进一步了解在翻译专业本科生的语言类课程中进行课程改革的效果，笔者继续跟踪研究，探究语言类课程改革的后续影响。一方面，笔者继续在翻译专业本科生二年级第四学期的《综合英语》（四）中增加有关翻译专业知识，并有意识加强学生教材中的翻译实践练习量。另一方面，笔者也尝试在翻译类课程《英汉笔译》中融入语言类课程的相关内容。

通过调研分析发现，由于在《综合英语》（三）有意识增加了有关翻译知识和技巧的讲解，学生在第四学期开始学习翻译专业知识的时候，可以更快融入专业课程的学习。对翻译基本概念和技巧、英汉互译的常用策略和方法等内容，翻译专业学生接受起来更加容易，体现出对翻译相关知识的兴趣和知识储备。

此外，笔者在讲授翻译本科专业课程《英汉笔译》的过程中，也尝试将语言类课程《综合英语》（四）的课文作为翻译实践材料，鼓励学生在学习语言知识和翻译专业知识的同时，以项目为单位，选取《综合英语》（四）中的相关课文进行翻译，并在课堂教学过程中将教材中的翻译实践结果进行呈现。随后进行的个别访谈和分析发现，翻译专业本科生对选取语言类课程《综合英语》（四）中的部分练习作为翻译持有较大的热情。由于有了语言课程中对课文内容的讲解和分析，学生在进行翻译过程中对文本的理解和把握更好，在一方面解决了学生翻译过程中遇到的语言问题，而将主要精力用于翻译技巧及策略的运用。此外，将《综合英语》（四）作为翻译实践材料，还可以使学生进一步熟悉语言类课程的教学内容，从而为专业学习打好基础。

五 结语

语言类课程是翻译本科专业课程中的重要组成部分，对培养学生的双语能力有重要作用。因此，应该在翻译本科阶段开设不同性质和类别的母语和外语类课程。此外，人才培养的过程中，课程设置只是第一步，更重要的是课程的具体实施，包括教学内容和教学方法的选择、课堂教学的具体过程，以及教学评估。本文探讨了翻译本科专业的语言类课程设置，并以笔者自身的教学实践和改革探讨了语言类课程的教学问题。不过，本科教学涉及教学工作的各个方面，任何对课程设置和课堂教学的改革必须遵循教育教学的基本理论和人才培养的科学规律，并充分考虑学生的具体特

点。本研究进行的教学改革和尝试目前只取得了阶段性成果，更有效、更科学的课程设置和课堂教学内容及方法还必须经过更多的尝试和摸索。

参考文献

EMT Group. European Master's in Translation: Competence for professional translators [OL]. 2009. Online resource accessible at http://ec.europa.eu/dgs/translation/programmes/emt/key_documents/emt_competences_translators_en.pdf.

Gopferich, S. et al. Exploring translation competence acquisition: Criteria of analysis put to the test [A]. In O'Brien, S. (ed.) *Cognitive Explorations of Translation*. London/New York: Continuum International Publishing Group, 2011.

Lesznyak, M. Conceptualizing translation competence. *Across Languages and Cultures*, 2007, 8 (2): 167–194.

PACTE. Results of the validation of the PACTE translation competence model: Translation project and dynamic translation index. In O'Brien, S. (ed.) *IATIS Yearbook 2010*. Londres: Continuum, 2011.

Pym, A. Redefining translation competence in an electronic age: In defense of a minimalist approach. *Meta*, 2003 (4): 481–497.

Shäffner, C. Standardization and benchmarking for improving translator training. *Chinese Translators' Journal*, 2012 (6): 37–45.

教育部高等学校教学指导委员会：《普通高等学校本科专业类教学质量国家标准》，高等教育出版社2018年版。

姜秋霞、权晓辉：《翻译能力与翻译行为关系的理论假设》，《中国翻译》2002年第6期。

李瑞林：《从翻译能力到译者素养：翻译教学的目标转向》，《中国翻译》2011年第5期。

苗菊：《翻译能力研究——构建翻译教学模式的基础》，《外语与外语教学》2007年第4期。

苗菊、王少爽：《翻译行业的职业趋向对翻译硕士专业（MTI）教育的启示》，《外语与外语教学》2010年第3期。

穆雷、沈慧芝、邹兵：《面向国际语言服务业的翻译人才能力特征研究》，《上海翻译》2017年第1期。

王树槐、王若维：《翻译能力的构成要素和发展层次研究》，《外语研究》2008年第5期。

姚亚芝、司显柱：《基于大数据的语言服务行业人才需求分析》，《中国翻译》2018年第3期。

张瑞娥：《翻译能力构成体系的重新建构与教学启示——从成分分析到再范畴化》，《外语界》2012 年第 3 期。

仲伟合、赵军锋：《翻译本科专业教学质量国家标准要点解读》，《外语教学与研究》2015 年第 2 期。

Language Courses for Undergraduate Translation Students: Course Setting and Teaching Implementations

Yang Dongmin

Abstract: Language courses, with their aim to develop students' bilingual competence, are important components of the course setting for undergraduate translation students. In addition, the teaching of language courses in the translation program should also differ from that of the foreign language program and take its own features of the translation discipline. This paper makes analysis of the course setting of language courses in some translation programs of universities and colleges in China, and discusses the basic rules of course setting of language courses. In addition, some of the teaching practice and reforms are discussed with the researcher's own teaching experience. It is believed that language courses of different types and natures and in different languages should be offered to undergraduate students of the translation program. Besides, in the teaching practice language learning should be combined with translation practice, and language courses can be integrated with translation courses for better teaching and learning effects.

Key words: undergraduate translation students, language courses, translation teaching

句群——翻译的单位

黄 梅

摘 要：翻译单位是翻译理论中的一个关键问题，也是颇有争议的问题。国内外的翻译家和翻译理论家从不同的理论视角出发，提出了不同的话语划分方法来确立翻译单位。从语言学的观点出发，他们提出了从词素、词、短语、小句、句子、段落到篇章的划分话语的不同观点。本文作者认为，讨论翻译单位的划分，理论上必须有合理性，实践上要有可操作性。同时，还应考虑需要转换的特定的一对语言。就汉英/英汉翻译而言，作者提出了以句群作为翻译过程中分析和操作的单位，并指出了其在五个方面所表现出的优势。

关键词：翻译单位；句群；汉英/英汉翻译

一 何为翻译单位

近三十年来，对翻译单位的探讨已成为翻译研究领域的一个热门话题。国内外的翻译家和翻译理论家从不同的理论视角出发，提出了不同的话语划分方法来确立翻译单位。而关键问题在于，我们如何界定"翻译单位"这个概念？著名语言学派翻译理论家巴尔胡达罗夫在《语言与翻译》一书中指出，翻译单位"是指原作中存在而在译作中能够找到对应物的单位，而且组成部分分开来看在译作中并没有对应物。换言之，翻译单位乃是译出语言作品中存在，而在译入语言作品中有对应物的最小语言单位，这个单位可能具有复杂的结构，就是说，可能由更小的单位组成"（巴尔胡达罗夫，1985）。根据这一理论，翻译单位可能是以下任何一个层面的语言单位：音位层，词素层，词层，词组层，句子层，话语层。巴

作者简介：黄梅（1979— ），陕西师范大学外国语学院讲师；西安外国语大学英语语言文学专业在读博士生；研究方向：英语语言文学。

氏最后又强调，翻译一篇作品自始至终的全过程中，翻译单位是不断变化的，译事之难的原因之一就在于是否善于针对每一具体情况判断翻译单位。翻译单位的选择应该根据具体情况在语言等级体系的相应层次中进行；各个层次的翻译单位本身并无主要或次要、基本或辅助、恰当或不恰当的问题，其实践意义是避免永远以词为翻译单位，形成"逐词死译"，或者不必要地提高翻译单位的层次，形成"自由发挥"。（彭长江，2000，36）由此，我们看出由于翻译活动的复杂性，其思维跨度是一个参照性的动态概念，翻译单位受其影响也是动态概念。不存在一成不变、始终如一的翻译单位。（汤箐，2001，38）

二 翻译单位的研究概述

翻译单位对翻译理论和翻译实践都具有十分重要的意义，它是翻译过程中必然涉及的具体操作单位。就翻译作品而言，翻译单位是判断翻译对等的工具。由于翻译理论家和翻译家在翻译对等问题上的分歧，因此，对于翻译单位的问题也众说纷纭，有的学者根本否认翻译单位的存在，说研究这个问题不会有什么收获（Rabadan，1991；Nord，1997；Toury，1995）。笔者对这一派观点的是非得失，暂且存而不论，仅粗略回顾一下承认翻译单位的学者们的观点，以助于观察现代翻译学形成的轨迹。国外翻译家和翻译理论家从不同的理论视角出发，提出了不同的话语划分方法来确立翻译单位。维奈（Vinay）和达尔贝勒纳（Darbelnet）（1958）提出了"思维单位"（unitédepensée）的概念。他们认为，思维单位、词汇单位和翻译单位是一致的。拉多（Rado）（1979）提出了复杂的"逻辑素"（logeme）作为翻译单位。巴斯内特（Bassnett）认为篇章是基本的翻译单位，她和勒弗费尔（Lefevere）甚至提出"文化"（the culture）作为基本的翻译单位（Shuttleworth & Cowie，1997）。巴斯克斯-阿约（Gerardo Vazquez-Ayora）（1982）在语篇分析的基础上列出了五种翻译单位：词汇层（Lexies）；义素和同项（Sememe and isotopy）；主位、述位/主题、述题；逻辑素（logeme）；加工单位（processing units）。巴尔胡达罗夫在《语言与翻译》（1985）一书中把翻译单位分为音位（书面语里是字位）、词素、词、词组、句子和话语六个层次。此外 Sarvali（1986）又提出了所谓"信息素"（inforemes）的概念，而 Rosa Rabadan 则提出了"翻译素"（transleme）的概念（Rabadan，1991），而功能语言学则提出按功能

划分翻译单位的观点。关于翻译单位这一问题的辩论尚在继续中（Nord，1997）。

在国内，由于引进了国外翻译界在这方面的研究成果，因此也引起了我国翻译界的重视。我国首先集中介绍国外这方面研究成果的是罗进德，他早在 1984 年就对国外有关这一问题的研究成果作了简要的介绍，包括巴尔胡达罗夫、敏雅尔-别洛鲁切夫、巴斯克斯-阿约等人的研究成果，重点介绍了 Rado 提出的逻辑素（logeme）这一新概念。此后蔡毅等编译的苏联巴尔胡达罗夫所著《语言与翻译》（1985）一书中专门谈到翻译单位，李晓棣（1990）也撰文重点介绍了巴斯克斯-阿约的《论翻译的分析单位》（1982）。吕俊（1992）对我国翻译界关于翻译单位的研究有过一个小结。他谈到了王德春、罗国林和王秉钦等有关翻译单位问题发表的一些看法。吕俊认为，"他们的共同特点都是以语义确定法来划分单位的，但他们所划分的层次都各有不同。"罗国林（1986）从四个层次划分单位：词素、词、短语、句子。王秉钦（1987）划分为六个层次：音位（字位）、词素、词、短语、句子和话语。王德春（1990）则划分为七个单位：音位（字位）、词素、词、熟语、词组、句子和话语。在分析评论上述划分方法的基础上，吕俊提出了以语段作为翻译单位。随后，国内翻译界有关翻译单位问题的讨论也体现出了基于不同体会的多种视角。如罗选民（1992）提出了以小句（clause）作为话语层的翻译单位，司显柱（1999）主张以语篇为翻译的基本单位，刘士聪、余东（2000）提出以主位-述位作为翻译单位，郭建中（2001）提出以自然段落为翻译单位。还有学者认为翻译单位应该可大可小，灵活运用。这些具有代表性的讨论和研究成果对翻译理论和实践都有很强的指导意义。

虽然，在翻译一篇作品的过程中，翻译单位是在不断变化的，有时是词，有时是词组，有时是整个句子或是段落等，在一定条件下，这些单位都可作为翻译单位，但是对于一个语篇来说，基本单位或常用单位应该只有一个。词和词组及以下层次的翻译局限性较大，以句子为翻译单位得到了很多翻译学者的认可，因为语法学历来认为句子是最大的语法单位，它具有相当固定的形式和特征，便于识别和分析，并且通过对翻译实例的分析对比也可以发现，在很多情况下，句子作为翻译单位是可行的。但句子层翻译的一个主要问题是容易将其孤立对待，忽略句与句之间的连贯。若以段落为单位，如果遇到段落有一个以上的主题时则不那么容易把握；而

若以语篇为单位，尽管其作为宏观结构，对文本中的每一个具体的词、词组、句子都有决策和导向意义，但却不便操作。因此，笔者根据自己的教学实践和体会，认为应该以句群（sentence group）为翻译单位，尤其是在汉英/英汉翻译中。

三　句子和句子以下的层次作为翻译单位的不足

考虑翻译单位，不能脱离具体转换的一对语言，既要以两种语言的特点为基础，又要考虑从哪一种语言译为哪一种语言。Toury（1995）说过，翻译单位必须建立在两种语言比较的基础之上，即应以"目的语和源语这一对语言的比较分析单位"出现。Rabadan（1991）也指出，"翻译单位只能基于两种文本的基础之上，因为其存在取决于两种文本之间翻译对等的模式"。尽管在翻译单位的划分问题上众说纷纭，但有一点大家都同意，即两种语言的亲缘关系越近，翻译单位就可能越小，反之则越大。因此，从不同的一对特定的语言出发的研究者，就可能对翻译单位的划分也不同。例如，一直从事印欧语系语言之间翻译的人，就往往主张以词为翻译单位，Newmark（1981）就是一个例子。他曾认为，"理想的翻译单位是词"。但从事英汉/汉英翻译的人都知道，由于两种语言在词汇、句子结构和文化方面的巨大差异，很难做到以词或短语为翻译单位。不论原语是汉语还是英语，孤立地以词或短语作为翻译单位，就会将原语篇看作由独立的词或短语构成的，把它们作为一个个分隔的单位来处理，缺少对其内部有机联系的考虑，这样就会将文章的内部联系人为地割裂。其结果必然是重形式、轻功能，重单个、轻整体，虽然译出来的东西从一个个词或句子来看，可能很精确、很考究，但常会支离破碎，难以达成整体观念。（高芳，2003，77）此外，在汉英/英汉翻译实践中，以词汇或短语为操作单位所面临的最大问题是：汉语寓繁于简，以寥寥数语传达丰富内涵，英译为了最大量地传情达意，一般以句法手段再现词汇单位，这样做往往使译文以牺牲行文的简洁为代价；其次，汉语悠久的象形文字传统以及语言中的纷繁形象是英文所不具备的，所以译文常常要面对形象方面的缺失。（汤箸，2001，39）因此，以词或短语作为翻译单位，脱离语境、丧失语用色彩、剥离了语体特色的译词，对于译文来说，只能使其减色。

鉴于此，比较多的英汉/汉英翻译工作者主张以句子（sentence）为单位。这在语言学上也确实有一定的依据。例如，Bell（1991）就认为，

"能够描述的最大的语言单位是句子"。但以句子为翻译单位,笔者认为依然是有缺憾的。以汉英翻译而言,一个英语句子必须同时包括语义和结构的完整性,既是语义上能够独立表达一个完整意思的词组组合(Timmon & Gibney, 1980, 148),结构上又必须包括主语和谓语两个组成部分,因为主语和谓语相互依存是句子之所以成为独立语言结构的基本要求(Bussmann, 1996, 461),在书面上用句号、问号或感叹号表示结束。但是,汉语相对于英语的情况复杂得多。汉语的句界是模糊的,意思的完整没有固定标准,"断句往往不太分明"(吕叔湘,1979,28),有时句子终了却不用句号,而是继续用逗号,直至一长串句子结束,有时用了句号的地方前后却可以连起来,作者、读者对同一段话的停顿断句有时也不同。"汉语句子在句法上的限制不清楚,重要的词项往往可以人详我略。句首连续出现的主题语和句中连续出现的动词都没有结构标记。因此汉语的句界是不清楚的。"(申小龙,1988,34)如果说英译汉时还能大致做到汉语句子与英语句子相对应,而汉译英时就很难做到这一点。

四 段落或语篇作为翻译单位的不足

考虑到词、短语、句子作为翻译单位的缺陷,不少翻译理论提倡以大于句子作为翻译单位。这一见解是同现代语言学的交际语言观相符合的。郭建中提出:在汉译英中,以自然段为翻译的单位。笔者认为,郭建中不拘泥于微观语言单位,建立整体观念的思路是很好的。但笔者同时认为,在特定的一对语言之间,翻译单位的划分,理论上必须有合理性,实践上要有可操作性。英语段落一般只有一个主题或一个中心意思,常常含有主题句,其他句子则围绕此主题展开,句间联系紧密,因此在翻译过程中便于分析操作。而汉语段落则不那么严谨,有的段落可能很长,出现一个以上的主题,可以包括好几个句群,但因为谈论的是相关话题,就可以构成一个段落。这样一来,在翻译时就需要作适当的结构调整,根据语义划分句群,确定句子结构,甚至重新划分段落,这正说明段落作为翻译单位的不足之处——处理不便,不易操作。作为被译的篇幅不宜太长,语义层次不宜多,包含的意思也不宜太多太复杂。因此我们觉得,作为翻译单位,一个多于一层意思的自然段还应再作分解,在句子与自然段之间再形成一个"句群"的概念。

而不以语篇作为翻译单位亦是同理。"语篇通常是指一系列连续的话

段或句子构成的语言整体。它可以是独白、对话,也可以是众人交谈,可以是文字标志,也可以是诗歌小说,短者,一、二句可以成篇,长者可以洋洋万言以上。"(黄国文,1998,7)由此定义我们不难看出问题。如果"语篇"指的是"洋洋万言以上"的"小说、文章",那么,它就不可能是如翻译单位的定义中所说的"在译入语中有对应物的'最小单位'"。如果"语篇仅仅是一二个句子时,它就可以以句子为单位,不必再提出一个更高一层次的单位。所以,从理论上来说,尽管语篇作为宏观结构,文本中的每一个词、短语和句子的意义都需要在语篇观照下确定,但以语篇作为翻译单位的提法不够科学,不够周密,单位太大也缺乏具体的操作性,因而也就失去了它的意义"(吕俊,1992,33)。

五 以句段作为翻译单位的优势

句群(sentence group)又被称为"语段""句组"或"句段"。章振邦在其主编的《新编英语语法》(1995)一书中专门讨论了"句群"(sentence group)。他认为,句群是"一个相对独立的较大语义单位,它既与上下语段相关联,又与上下语段相区别。正是许多这样的语段相结合,才构成了语篇。所以语段是建筑在逻辑思维基础上的一个语义'层次',是把具有向心作用的一群句子既围绕一个中心话题又通过一定的逻辑顺序组织起来的一个较大的语义整体,是句子组成的语言表达单位,它是句子和语篇之间的中间层次"。黄国文在其《语篇分析概要》一书中也指出:"句组(sentence group)由两个或更多的独立的句子构成,是具有句法上的组织性和交际上的独立性的一段话,它大于句子,但通常小于段落(Paragraph)或等于段落,它是一组按照逻辑句法规则组成的相对完整的超句统一体,它通常处在由句到篇的过渡性位置上。"从以上论述中我们可以得出句群的几个特点:(1)句群或语段是人类思维的一个环节,它是介于句子与语篇的中间语义层次,它是语义单位,不是语法单位。(2)从句群这一层单位同相邻的其他单位的关系来说,它具有意义上的独立性和完整性的特点。对下一层的单位而言,它是小句的有机结合体,体现了小句排列组合的效果,是一个相互依存、相互支持的整体;与上一层的单位相比,它是一个可以体现语域、风格、意义等特征的微型篇章。(3)上述两个方面使得句群在翻译实践中具有可操作性,可以被视为一个翻译单位。

我们说以句群作为汉英、英汉实践中的翻译单位，是具有以下几大优势的。

1. 以句群为翻译单位，可有助于排除词语歧义

独立的单词往往包含多种含意，有些意义模棱两可，但是一旦这个词进入句子，其歧义就可以消失。在多数情况下，对一个词的意义的限定在一个句子中就可以完成，但有时却不能，它需要在更大的语言单位中完成，这个单位就是句群。虽然，有个别情况也可能是在整个篇章最后才得以确定的，但这是极少数情况。

①两个女孩子紧挨着走。走着，走着，林道静突然站住身，回过头，愣愣地对小陈说："小陈，我不能上学了。……"说这话时，她的脸色异常苍白。

The two girls set out, one just in front of the other along a narrow path. They had walked for some time when Tao-ching, who was ahead, turning and starred fixedly at her companion. Her face was unusually white, "I have got to give up my studies, Wei-yu! ……"（此例见吕俊，1992，33）

这是一个句群，包括了三个句子。在第一句中"紧挨着走"，就是一个有歧义的词语，它可以指"肩并肩地挨着"，也可指"一前一后地挨着"，在这一句中它的这种歧义并没有消失，直到第二句时，它的确切意思才确定下来。正因为如此，在翻译中我们要把这一句群作为一个单位来处理，才能译得准确。

2. 以句群为翻译单位，可以体现句间的连贯

有时汉语句子的数量较多且为短句，句子之间的内容关系密切，如果这时把本来关系很密切的汉语短句直接转化成一个个英文短句，就有可能破坏内在的连贯性。这时就需要译者将几个内容关系密切的汉语句子视为一个句群，不再受汉语句号的限制，较好地把握住内在联系，把几个句子合在一起进行"信息打包"，化零为整，用一个英语复合句处理原文句子，使译文简洁、紧凑、流畅。

②说毕，张道士方退出去。这里贾母与众人上了楼，在正面楼上归座。凤姐等占了东楼。（《红楼梦》）

There upon the priest withdrew, while the Lady Dowager and her party went up stairs to sit in the main balcony, Xi-feng and her companions occupying that to the east.（此例见冯庆华，1997，108-109）

译者用了一个英文句子转换原文中关系密切的三个句子，用"张道士"作了译文主语，因为他是一连串动作者中的第一个，后面跟的"贾母""凤姐"等分别放置在状语从句和分词状语中充当主语，原文三个句子的信息"打包"在一个英文句子中，译文一气呵成。如果机械处理，将原文句子分别译为三个英文短句，虽然能够做到语法正确，动作和场景的衔接就没有如此效果，语义的整体性和连贯性也无法得到充分的体现。

3. 以句群为翻译单位，可以反映主题的层次

英语复合句有时会很长且结构层次较多，如果采取分译法，尽管行文忠实通顺，但结构上略显松散、平淡，描述层次不明、重点不突出。应该将句群内部的语义层次进行划分，突出层次感，使原意得到清晰准确的传达。

③ While the present century was in its teens, and on one sunshining morning in May, there drove up to the great iron gate of Miss Mary academy for young ladies, on Catania Mall, <u>a large family coach</u>, <u>with two fat horses in blazing harness</u>, driven by <u>a fat coachman in a three-cornered hat and wig</u>, <u>at the rate of four miles an hour</u>.

当时这个世纪刚过了十几年。在六月的一个阳光明媚的早上，<u>一辆宽敞的私人马车以每小时四里的速度</u>来到卡塔尼亚林荫道上玛丽女子学校的大铁门前。<u>肥胖的车夫头戴假发和一顶三角帽</u>。<u>拉车的两匹马膘肥体壮，马具锃明瓦亮</u>。

原文划线部分，特别是那几个描写性形容词无疑是想表达车马飞扬跋扈的显赫与豪华，但是，如果译为"拉车的两匹肥马套着雪亮的马具，一个肥胖的车夫带着假发和三角帽子，赶车的速度是一小时四里。"就无法突出这一点，且译文描写层次不分明，也不符合汉语习惯。实际上，这一句群可分为四个层次：(1) While the present century was in its teens; (2) on one sunshining morning in May, there drove up to the great iron gate of Miss Mary academy for young ladies, on Catania Mall, a large family coach, …at the rate of four miles an hour; (3) with two fat horses in blazing harness; (4) driven by a fat coachman in a three-cornered hat and wig. 译文正是根据这一划分，将其译为四个句子，既表达出了原意，又符合译语的习惯。

4. 以句群为翻译单位，便于按照译语思维习惯安排语序

由于汉语句子有时结构松散、句界不清，为了有利于译文句子结构的

组建，译者就需要在准确领会原文内在线索的基础上，不拘于原文的排列，重新组织译文，从译语的角度恰如其分地表达原文的信息。

④相传四五千年前，黄河流域发生了一次特大的水灾，洪水冲毁了房屋和村庄，淹没了田地，淹死了许多人。活着的人只好搬到山上去住，或者离开家乡，逃到很远很远的地方去。

Legend has it that some four or five thousand years ago there once occurred in the Yellow River Valley a terrible flood which washed away whole villages with their houses andinundated large areas of cropland. Many people lost their lives in the flood and those who were fortunate enough tosurvive were forced to abandon their homes and go and live onhillsides or migrate to place far, far away. (此例见郭建中，2001，52)

原文采用了汉语思维叙述方式，前因后果。译者在翻译时按照英文句子的逻辑对原文进行重组，将原句群分为两层意思：把与"房屋""村庄""田地"有关的内容以"legend has it that…"作句子的主干统领起来，放在一句中；把与"人"有关的内容以"many people"和"those"作主语放在另一句中；把与"房屋""村庄""田地"有关的内容以"legend has it that…"作句子的主干统领起来，放在一句中；把与"人"有关的内容以"many people"和"those"作主语放在另一句中，表达自然流畅，清楚反映出各部分内容之间的关系，使之成为在语义上有逻辑关系、在结构上衔接连贯的一个句群。

5. 以句群为翻译单位，有利于突出信息中心

⑤（新）凤霞的一生过来不易，受过贫穷，受过冻饿，受过说不尽的欺侮折磨，但是她都能经受，在最强大的压力和打击面前没有屈服，没有讨饶，没有流泪。

Fengxia's life has been hard. She has known poverty, gone cold and hungry, and been cruellytreated innumerable times; but she bore all thiswith fortitude, never submitting, pleading formercy or weeping when under tremendous pressureand attack. (戴乃迭译)

原文采用议论和叙述相结合（先议后叙）的手法来表达一个主题。从形式上看，叙述和议论并没有运用断句等手段将其分为两部分；但从语义来看，原文是由一个或几个意义关联的句群组成的，每个句群都有其相对独立的语义，因此翻译时宜以开头议论部分"（新）凤霞的一生过来不

易"单独译作一个完整的句子。这样处理的好处是主题突出,层次分明,语义连贯,能够准确传达原文的信息。

六、结语

总之,句群作为翻译的基本单位是以源语和译语两种语言的本质差异为基础、以源语思维及表达特征为依据的,将源语表达的有关内容重新组织为译语表达的内容,因而是切实可行的,并具有较大的应用空间。它可以使译者摆脱原文句子和自然段落划分的限制,而从句群这一语义层次着眼,有利于把握句子和句子之间的逻辑关系或亲疏关系,从而完整地传达出原文的内容。因此,笔者认为,句群是最实用也是最合理的翻译单位,尤其在汉英/英汉翻译中。

参考文献

Ayora, Gerado Vazquez. On the Notion of an Analytical Unit of Translation. *Babel*, XXVIII, 1982, 56 (2).

Bassnett, Susan&Lefevere, Andre. *Translation*, *History and Culture*. London & New York: Pinter, 1990.

Bell, Roger T. *Translation and Translating*: *Theoryand Practice*. London and New York: Longman, 1991.

Bussmann, Hadumod. Routledge Dictionary of Language and Linguistics. Routledge, 1996.

Newmark, Peter. *Approaches to Translation*. U. K.: Pergamon Press Ltd., 1981.

Nord, Christiance. *Translating as a Purposeful Activity*: *Functionalist Approaches Explained*. Manchester, UK: St. Jerome Publishing, 1997.

Rabadan, Rosa. The Unit of TranslationRevisited. *Translation*: *Theory and Practice/ Tension and Interdependence*. AmericanTranslators Association Scholarly MonographSeries, Vol. V, 1991, State University of NewYork at Binghamton (SUNY), 1991.

Rado, Gyorgy. Outline of a Systematic Translatology. *Babel*, 1979, 25 (4).

Sarvali, Irma. Inforeme: How to measure Information Content. *Babel*, 1986, 32 (1).

Shuttleworth, Mark & Cowie, Moira. *Dictionaryof Translation Studies*. Manchester, U. K.: St. Jerome Publishing, 1997.

Timmons, Christine &Frank Gibney. *Britannica Book of English Usage*. Doubleday &Company, Inc., 1980.

Toury, Gideon. *Descriptive Translation Studiesand Beyond*. Amsterdam/Philadelphia:

JohnBenjamins Publishing Company, 1995.

Vinay, Jean Paul & J. Darbelnet. *Stylistique Comparée du Francais et de L'anglais.* Paris: Didier, 1958.

巴尔胡达罗夫:《语言与翻译》,蔡毅、虞杰、段京华编译,中国对外翻译出版公司1985年版。

冯庆华:《实用翻译教程》,上海外语教育出版社1997年版。

郭建中:《汉译英的翻译单位问题》,《外国语》2001年第6期。

黄国文:《语篇分析概要(修订本)》,湖南教育出版社1998年版。

李晓棣:《巴斯克斯·阿约教授的〈论翻译的分析单位〉》,《中国翻译》1990年第4期。

刘士聪、余东:《试论以主/述位作翻译单位》,《外国语》2000年第3期。

吕俊:《谈语段作为翻译单位》,《山东外语教学》1992年第1—2期。

吕叔湘:《汉语语法分析问题》,商务印书馆1979年版。

罗国林:《翻译单位及其在实践中的运用》,《中国翻译》1986年第3期。

罗选民:《论翻译的转换单位》,《外语教学与研究》1992年第4期。

彭长江:《也谈翻译单位》,《外语研究》2000年第1期。

申小龙:《中国句型文化》,东北师范大学出版社1988年版。

司显柱:《翻译单位的"句本位"论质疑》,《解放军外国语学院学报》1999年第5期。

汤箬:《再谈翻译单位》,《山东外语教学》2001年第3期。

王秉钦:《话语语言学与篇段翻译》,《中国翻译》1987年第3期。

王德春:《语言学通论》,江苏教育出版社1990年版。

章振邦:《新编英语语法(修订本)》,海译文出版社1995年版。

On Sentence Group as Unit of Translation

Huang Mei

Abstract: Translation unit is a key and controversial issue in translation theory. From different theoretical perspectives, translators and translation theorists at home and abroad have proposed different approaches to discourse division to establish translation units. In the view of linguistics, translation unit varies from morphemes, words, phrases, clauses, sentences, to paragraphs and chapters. The author believes that the division of translation units must be reasonable in theory and practicable in practice, out of the consideration of the peculiarities of the source and target languages. As far as Chinese-English/English-Chinese translation is concerned, the author puts forward that sentence group as the unit of analysis and operation in the process of translation has its advantages in five aspects.

Key words: Translation unit, sentence group, C-E /E-C translation

文化与教学

明治大学芦田文库所藏中国古地图研究

曹 婷

摘 要：明治大学芦田文库的古地图收藏在日本地图学界具有重要的地位和影响力，是了解海内外如何认知日本的重要资料，也是了解江户时期日本对中国国土的理解情况的重要图像资料，体现出近代以前日本对中国认知状况以及中国对日本发展影响的广度和深度。这些古地图或由中国传入，或由日本人仿制或专门制作，可分为世界地图、中国全图、中国区域图、中国专题地图和中国历史地图等不同类别。这些地图涉及范围广，内容丰富，是重要的图像资料，具有很高的研究价值。

关键词：芦田文库；中国古地图；利玛窦

一 引言

古地图文献是一种重要的历史文献，它以地图语言的形式反映历史时期人类的自然环境与社会生活空间。作为历史悠久的文明古国，我国自先秦时代开始非常重视地图之学，迄今为止的漫长历史岁月中，制作并保留下来大量的地图史料。在历史学暨历史地理学的研究中，古地图文献既是重要的研究对象，又是重要的图像文献。因此，中国学术界历来重视古地图的研究。

从二十世纪五十年代开始，中国古代地图的搜集与整理工作取得较大进展。其中中国科学院地理研究所的曹婉如研究员成果最为突出。她先后

作者简介：曹婷（1977— ），女，陕西师范大学外国语学院副教授。研究方向：中日文化交流史，日本社会与文化。本文是2015年度国家社科基金项目"日藏中国古地图的整理与研究"（15BZS021）的阶段性论文成果。

主编出版了《中国古代地图集：战国-元代》[①]《中国古代地图集：明代》[②]及《中国古代地图集：清代》[③]，在学术界产生了较大反响。中国科学院自然研究所教授郑锡煌亦长期致力于中国古地图的研究，他主编的《中国古代地图集》[④]受到学术界的重视。此外，复旦大学葛剑雄教授编写的《中国古代的地图测绘》[⑤]，张修桂先生出版的《中国历史地貌与古地图研究》[⑥]，也在一定程度上代表了我国古地图研究的水平。

值得注意的是，中国古代的地图在历史时期陆续传到海外，被外国政府或个人收藏。有些国家甚至还大量刻印中国地图。七十年代上半叶欧洲、日本（后来中国学者也参加了）的地图学家和汉学家们，纷纷撰文介绍或对比研究其所知道的流散在中国本土以外的中文地图。通过东、西方学者的交流与论证，一些罕为人知的海外中文地图陆续被发现，某些长久以来争论不清的地图源流，终于有了答案。八十年代以来，德国、法国和比利时也曾以不同的主题，对各自收藏的部分中文地图进行过展览和介绍。但是，由于条件所限，中国学者很难了解到底有哪些中国地图流散在国外。近二十年来，以李孝聪先生为代表的中国学者对散落在欧美国家的中国古地图进行了收集和整理。代表著作有：《欧洲收藏部分中文古地图叙录》《美国国会图书馆藏中文古地图叙录》[⑦]《英国国家档案馆皮藏近代中文舆图》《德国普鲁士文化遗产图书馆藏晚清直隶山东县级舆图整理与研究》[⑧]。另外《重庆古旧地图研究》[⑨]《上海城市地图集成》[⑩]在编辑整理的过程中奔赴海外收集相关古旧地图[⑪]。这些学者对海外收藏古地图

[①] 曹婉如：《中国古代地图集：战国-元代》，文物出版社1990年版。
[②] 曹婉如：《中国古代地图集：明代》，文物出版社1995年版。
[③] 曹婉如：《中国古代地图集：清代》，文物出版社1997年版。
[④] 郑锡煌：《中国古代地图集》，西安地图出版社2005年版。
[⑤] 葛剑雄：《中国古代的地图测绘》，商务印书馆1998年版。
[⑥] 张修桂：《中国历史地貌与古地图研究》，社会科学文献出版社2006年版。
[⑦] 李孝聪：《欧洲收藏部分中文古地图叙录》，北京国际文化出版公司，1996年；李孝聪：《美国国会图书馆藏中文古地图叙录》，文物出版社2004年版。
[⑧] 华林甫：《英国国家档案馆皮藏近代中文舆图》，上海，上海社会科学院，2009年；华林甫：《德国普鲁士文化遗产图书馆藏晚清直隶山东县级舆图整理与研究》，山东，齐鲁书社2015年版。
[⑨] 蓝勇：《重庆古旧地图研究》，西南师范大学出版社2013年版。
[⑩] 孙逊，钟翀主编：《上海城市地图集成》，上海书画出版社2017年版。
[⑪] 李孝聪：《文以载道 图以明志-古地图研究随笔》《中国史研究动态》2018年第四期。

的整理和研究为我国古地图研究做出了卓越贡献。

虽然目前学术界在海外中国古代地图的研究方面已经取得了一定成绩，但令人遗憾的是，国内外学者主要收集和整理了欧美国家收藏的中国古地图，对我们的近邻日本收藏的中国古地图重视不够，迄今为止尚没有学者对日本收藏的中国古地图进行整理和研究。事实上，由于历史、地理等因素的影响，日本收藏了大量中国古地图。日本的江户东京博物馆，东京大学、京都大学、明治大学、横滨市立大学等许多博物馆，大学图书馆，以及东洋文库等机构中都收藏有中国古地图。这些地图中有日本收藏的中国刻印的古地图，还有日本刻印的中国古地图，数量庞大，内容丰富。

日本学者也曾对这些古地图进行研究。如，海野一隆的系列著作《東洋地理学史研究・大陸篇》《東洋地理学史研究・日本篇》《東西地図文化交渉史研究》[1]，藤井讓治、金田章裕等共同編著的《大地の肖像——絵図．地図が語る世界》[2] 以及宮紀子的《モンゴル帝国が生んだ世界図》[3] 等，或多或少地论及了日本收藏中国古地图的情况，且均为概说性质的书籍，对日本收藏中国古地图整理研究的意味并不浓厚。因此，有必要对日藏中国古地图展开系统的收集整理以及研究。

因此，笔者选定日藏中国古地图量较多的明治大学芦田文库为对象，对其收藏的中国古地图进行全面收集和整理，详细记述收藏地图的数量、名称以及相关信息，期冀为今后的日藏中国古地图的系统分析和研究奠定基础。

二 明治大学芦田文库所藏古地图来源

芦田文库的古地图收藏数量仅次于南波松太郎与秋冈武次郎的藏品[4]，在日本地图学界具有重要的地位和影响力。芦田文库是日本历史地

---

[1] 海野一隆：《東洋地理学史研究・大陸篇》，清文堂，2004 年。海野一隆：《東洋地理学史研究・日本篇》，清文堂，2005 年。海野一隆：《東西地図文化交渉史研究》清文堂出版 2003 年版。

[2] 藤井讓治、金田章裕等編著：《大地の肖像——絵図．地図が語る世界》，京都大学学术出版社 2007 年版。

[3] 宮紀子：《モンゴル帝国が生んだ世界図》，日本经济新闻出版社 2007 年版。

[4] 蘆田文庫編纂委員会編：《蘆田文庫目録：古地図編：明治大学人文科学研究所創設 40 周年記念》．明治大学人文科学研究所出版．2004。

理学者芦田伊人（1877—1960年）遗留下的藏品。芦田伊人1877年生于福井市，1900年考入早稻田大学史学·英文学科，师从吉田东伍，并协助编撰《日本读史地图》，吉田东伍死后，芦田开始独自修订。1906年到东京帝国大学南北朝时代史编纂部工作，1943年出任松平春嶽编纂刊行会主任，1960年去世，享年83岁。他不仅是编撰《大日本读史地图》①、《大日本地志大系》②的著名历史地理学家，而且是一位具有影响力的收藏家，收藏了大量世界图、日本图、地方图等。

1957年在文部省的资助下，明治大学收购了芦田毕生的收藏品，并且由明治大学中央图书馆冠以芦田文库进行统一管理。其中书籍约1000余部，古地图约2000余幅，无论质量还是保存数量后者所占比重最大。

被称作日本地图文化史研究第一人的海野一隆曾如此评价芦田："始于明治时代的芦田的古地图研究，一直持续了30多年，其间他关注的领域十分广阔，涉及我国的世界地图、北部地图以及道中地图等"③。芦田文库的古地图既包括世界地图、日本全国地图这样的大型综合地图，又有日本区域图、专题图之类地图。时间跨度长，从江户时代初期17世纪中叶到20世纪中叶近300年的地图均有收藏，除了江户时代日本全国地图、地方行政图和村落图、道路图、鸟瞰图外，还包含明治时代以后的以地质图为代表的各种主题图。特别是日本幕府末期到昭和初期，是日本国土急速变化时期，也是地图的制作法、表现法发生重大变化的时期，期间绘制了许多地图。此外，芦田自身手绘了很多地图。由此可以看出芦田收集古地图的目的主要是为了展开历史地理学研究。在这一点上，与以收集稀少的古地图为目的的收藏不同，是非常朴素的古地图集成。

明治大学收藏的古地图已经成为海内外如何认知日本的重要资料。作为明治大学人文科学研究所创设40周年纪念活动的一环，明治大学成立芦田文库编纂委员会，从1998年至2003年对芦田文库收藏的2000多幅古地图进行调查分析，并在2004年3月出版《明治大学人文科学研究所

---

① 吉田東伍 著/蘆田伊人修編：《大日本読史地図》，富山房，1935年。
② 蘆田伊人：《大日本地誌大系》再版本 40卷 雄山閣、1929-1931年。
③ 海野一隆：《古地図研究の過去・現在・未来》《ちずのこしかた》東京：小学館スクウェア，2001。

创设 40 周年纪念 芦田文库目录 古地图编》（以下简称《古地图编》）[①]。此后每年明治大学不断投入经费收集古地图并收藏于芦田文库。2007、2008 年再次出版《新収古地図目録（2003—2005 年）》，《新収古地図目録（2003—2005 年）2》。

《古地图编》中收录作品总数 2349 件，并被划分成国外绘制的世界图，国外绘制的地域图，国外绘制的日本图，日本绘制的世界地图、地域图，俄罗斯，朝鲜，中国，萨哈林岛（即库页岛），书籍等 110 个类别。芦田文库收藏的古地图中也有许多中国绘制的古地图以及日本绘制的中国古地图。具体的收藏情况我们将在下一节重点展开论述。

三 明治大学芦田文库所藏来自中国的古地图

在明治大学芦田文库所藏古地图中，有 7 件来自中国本土的由中国制作的中国地图。这些地图主要包括中国全图、中国区域地图、中国专题地图和中国历史地图。

中国全图包含《古今地舆全图》，《康熙铜版皇舆全览图稿本》。《古今地舆全图》，光绪戊子（1888）桃月重修，京都大顺堂存板，木版彩色，规格为 96.0×151.0 厘米。《康熙铜版皇舆全览图稿本》应为康熙年间印行的《皇舆全览图》的复制图，包括石版印刷 9 幅，白纸 1 张，规格 52.0×77.0 厘米，图中标注除了少数拉丁文以外，其他均为满文。

中国区域图包括《皇朝一统直省府厅州县全图》，《皇朝直省地舆全图》。《皇朝一统直省府厅州县全图》共 4 册，分别为文册、行册、忠册和信册，木版，规格为 29.6×18.1 厘米。文册包括：直隶舆图（1—18 张），盛京舆图（1—7 张），江南舆图（1—26 张），山西舆图（1—21 张），扉页 1 张，空白页 1 张，共计 77 张。行册包括：山东舆图（1—12 张），河南舆图（1—15 张），陕西舆图（1—17 张），甘肃舆图（1—15 张），浙江舆图（1—13 张），共计 72 张。忠册包括：江西舆图（1—15 张），湖北舆图（1—12 张），湖南舆图（1—14 张），四川舆图（1—24 张），福建舆图（1—14 张），共计 79 张。信册包括：广东舆图（1—15 张），广西舆图（1—14 张），云南舆图（1—25 张），贵州舆图（1—15

[①] 芦田文库编撰委员会：《明治大学人文科学研究所创设 40 周年纪念 芦田文库目录 古地图编》，明治大学人文科学研究所，2004。

张），外藩舆图（1—6 张），共计 75 张。《皇朝直省地舆全图》共 1 册，光绪 5 年（1879）上海点石斋缩印，申报馆申昌书画室发行，石版规格 37.2×26.9 厘米，破损较为严重，共 26 幅，均是以北京为中心表示经度和纬度。

中国专题图包括《京城详细地图》《武汉城镇合图》两幅。《京城详细地图》是光绪三十二年（1906）由上海商务印书馆出版，石版 75.2×55.7 厘米。《武汉城镇合图》，木版墨朱套色，117.3×119.5 厘米。

中国历史沿革图有光绪 5 年（1879）杨守敬编撰的《历代舆地沿革险要图》。杨守敬为我国清末著名地理学家，其代表作《历代舆地沿革险要图》为中国晚清时代所绘重要历史地图集。其版本主要有，光绪五年（1879）版《历代舆地沿革险要图》为杨守敬与饶敦秩合作，依据早先杨守敬与邓承修在同治年间编绘的《历代舆地沿革险要图》绘制而成，光绪五年首次刊行，该图在上海，湖北，四川被多次翻刻刊行。光绪二十四年（1898）版《历代舆地沿革险要图说》（1 册）为杨守敬等人编制，江南王尚德重绘，上海文贤阁石印，该版本实为修订版，与光绪五年（1879）版不同之处较多。另一版为光绪三十二年至宣统三年（1906－1911）版。[①] 明治大学芦田文库收藏的《历代舆地沿革险要图》木版朱墨套色，规格 35.5×25.0 厘米，书末付光绪己卯夏五月东湖饶敦秩跋文一篇。包括《禹贡九州图》至「明九边图」40 幅地图以及 7 幅附图。另外，在神户市立博物馆藏有光绪二十四年（1898）版《历代舆地沿革险要图说》一册，石版规格 27.0×30.0 厘米。内容包括《禹贡九州图》《尔雅殷之图》《职方周制图》《元四裔图》《明四裔图》等 64 幅。两处收藏的均为清朝晚期作品，保存较好，具有重要的研究价值。

四　明治大学芦田文库所藏日本仿制的中国古地图

除收藏中国制地图外，明治大学中还有大量的日本仿制的中国古地图。其类型大抵与中国所绘古地图相仿，包括世界地图、中国全图、中国区域地图、专题地图和中国历史沿革图等。

1. 世界地图

明治大学芦田文库收藏的日本所绘世界地图有 60 余种，其中部分是

[①] 孙果清：《杨守敬〈历代舆地沿革险要图〉版本述略》，《文献》1992 年第 4 期。

仿照意大利耶稣会传教士利玛窦所绘的《坤舆万国全图》制作而成。具体而言有日本摹绘的《坤舆万国全图》《地球全图》《舆地图》《地球一览图》等世界地图。

日本摹绘的《坤舆万国全图》，手书彩绘，木板封皮，分为东西两部分，从东至西依次为礼、乐、射、御、书、数，其规格分别为 156.0×63.6 厘米、156.5×62.4 厘米、155.8×61.9 厘米、155.5×62.9 厘米、154.8×62.6 厘米、155.8×63.4 厘米。

《地球全图》是江户后期绘制的。此图椭圆形，手书彩绘，规格 67.0×96.8 厘米。地图本体东西长 86.8 厘米，南北长 53.3 厘米，图上显示，北方有"夜人国"，南方有"南方大陆（Magallanica）"。在被命名为"泥龙海"（大致位于太平洋中部地区）的地方绘制了一条龙，日本仿制的《坤舆万国全图》中仅此图绘有龙，是其一个重要特征[①]。

《舆地图》是原目贞清日本享保五年（1720）绘制的，图上墨书"熊沢貞清"四字，椭圆形世界地图，木版彩色，规格 85.3×151.7 厘米。此图虽为木版印刷，但是除了明治大学外很少有地方收藏。图上有长久保赤水留下的朱笔，墨書和浮签。据推测此图是长久保赤水编制的《地球万国山海舆地全图说》的参照原图，体现出赤水编辑的过程，极具研究价值。

《地球一览图》是天明三年（1783）三桥钓客绘制的，木版彩色 82.0×154.4 厘米。其显著特征体现在南极大陆被描绘成从东西两侧挤压变形的形状以及南美大陆以南还有大陆存在这些方面。另外，天竺（现印度）部分被特别放大，好像融入了佛教地图的要素，体现出宗教因素对地图制作的影响。

以上这些地图虽均是在利玛窦的《坤舆万国全图》的基础上绘制而成，却各有特色。从这些变化中能够窥探出利玛窦的《坤舆万国全图》传入日本后的变化轨迹。这方面的考究有待今后的研究中进一步展开。

2. 日本制中国地图

明治大学芦田文库收藏的日本制中国全图共计 18 幅，分别是：《假制东亚舆地图》，《日清韩三国舆地全图》（实测三百六拾五万分之一图），

[①] 芦田文库编撰委员会：《明治大学人文科学研究所创设 40 周年纪念 芦田文库目录 古地图编》，明治大学人文科学研究所，139 页，2004。

《（实测精密）东亚新地图》（附北京附近特详地图），《日露清韩明细新图》，《经天合地大清广舆图》（两幅），《大清广舆图》，《清国舆地图》，《清朝一统之图》，两幅《清十八省舆地全图》，《清国本部舆地图》，《支那及接近诸邦之图》，《（袖珍）清国及近傍诸州图》，《中国鸟瞰图》，《大明十三省之图》，《大明十三都府之图》，《大明都城图 全》。

限于篇幅，这里仅列出几幅比较有代表性的地图加以介绍。首先是《经天合地大清广舆图》，此图是长久保赤水（1717—1801）于天明五年（1785年）制作。长久保赤水是江户时代中期最著名的地理学学者，其所绘《经天合地大清广舆图》《唐土历代州郡沿革地图》等是江户中期到末期普及最广，最受欢迎的地图。日本现代地图学史研究第一人海野一隆在其论文中曾说道，打开江户时期的日本地图或者世界地图可以说几乎随处可见长久保赤水之名①。可见其影响力之大。长久保赤水绘制的《经天合地大清广舆图》，手绘彩色，规格177.3×179.0厘米，是江户中后期发行的中国地图中最大且最详细的地图。神户市立博物馆，京都日文研所海野文库中都藏有这一地图。

其次是《大明十三都府之图》，手书彩色，规格为106.8×108.4厘米，此图日本江户时代中期绘制，基本描绘出了中国明代的国土概貌及城市所在地，并以颜色区分，标示出当时的中心城市，还记载了多个地名。中心城市名称后面附有"府"字，表示此地设置官厅，是掌管行政和军事的中心地区。图上还附有日本长崎至北京、南京、山东等明十三都府的里程。

最后是一幅《大明都城图全》，日本江户后期须原茂兵卫出版的中国全图，木版彩色，规格为76.7×94.2厘米，此图除记载了大明各省和城市的名称外，还绘制了中国的山川河流，以及万里长城在北部边境的建造情况。通过此图我们可窥见江户时期日本对中国国土的宏观认识。

3. 中国区域地图

明治大学芦田文库藏有中国区域地图2件《福建省全图》《清二京十八省舆地全图》。

《福建省全图》是明治初期日本参谋本部地图课绘制的，铜版，规格

---

① 海野一隆：《長久保赤水のシナ図》，《人文地理》14（30），221—236页，1962.

106.9×88.3 厘米，比例尺为 1∶700000，内付《福州城市全图》《福州南台街市全图》。

《清二京十八省舆地全图》是嘉永三年（1850）东条文左卫门绘制，"一帖"，木版刷彩，规格 33.8×23.2 厘米。包括《华夷一统总图》《二京十八省总图》《京师总图》《盛京全图》《盛京全图附录二 黑龙江、吉林全图》《直隶全图》《山东全图》《山西全图》《河南全图》《江苏全图》《安徽全图》《江西全图》《浙江全图》《福建全图》《湖北全图》《湖南全图》《广东全图》《广西全图》《陕西全图》《甘肃全图》《四川全图》《云南全图》和《贵州全图》。

4. 中国专题地图

明治大学芦田文库中日本制的中国专题图 15 幅，包括《大明九边万国人迹路程全国》、《大清历代人物旧地全图》、《最新大清国交通地图》、《满洲鲁西亚疆界图》、《满洲鲁西亚疆界图》、《亚细亚东部舆地图》、《日露折冲全局面大地图》、《日露交战地地图》、《满韩战要地图》、《东鞑沿海图》、《（清国）渤海地方图》、《北清地图》、《北支那三省地图》（直隶盛京山东三省及朝鲜西岸）、《满洲全图》、《实测详密台湾岛大地图》（附澎湖岛琉球岛）。

在此选择部分重要地图简要介绍。《最新大清国交通地图》，一幅，明治 37 年（1904）河合利喜太郎绘制，东京博爱馆发行，石版彩色，规格 45.3×68.7 厘米，比例尺 1∶7500000。《满洲鲁西亚疆界图》，一幅，嘉永癸丑（1853）绘制，木版彩色 67.0×39.8 厘米。《北清地图》一幅，，是明治 27 年 8 月 9 日（1894）东京时事新报社发行，石版，规格 45.6×31.4 厘米。《北支那三省地图》（直隶盛京山东三省及朝鲜西岸），一幅，明治 27 年（1894）东京猪间收三郎编纂，他同时兼任发行人，横井静三郎印刷，石版彩色，规格 67.8×78.1 厘米，比例尺 1∶1600000。《满洲全图》，一幅，明治 27 年（1894）参谋本部编纂课绘制，博闻社发行，石版二色印刷，规格分别为 84.1×91.6 厘米、20.1×34.1 厘米，比例尺为 1∶1680000。此图是在当时俄国东悉伯里全图的基础上借鉴俄英两国海军测量图完成的。编制时间正值中日甲午战争爆发前期，由此可以窥见日本蓄谋侵华的战前准备。

5. 中国历史沿革图

明治大学芦田文库收藏日本仿制中国历史沿革图多幅。主要包括

《唐土州郡古今沿革图谱》、《唐土历代州郡沿革地图》（三册，内容基本相同）、《唐土历代州郡沿革图全》（两册，内容基本相同）、《古今沿革地图》、《支那历代沿革图全》、《历代分垫之图古今人物事迹》、《唐土中兴沿革地图说 完》。

其中最受瞩目的是长久保赤水手绘的《唐土州郡古今沿革图谱》地图册。此地图册作为日本第一部彩色历史地图集十分受欢迎，包括：《大明国道程图》《禹贡九州图》《周职方氏图》《春秋列国图》《战国七雄地图》《秦三十六郡并越四郡》《西汉州郡图》《后汉郡国图》《唐十道图》《大明一统二京十三省图》10幅图。并且被认为是《唐土历代沿革地图》和天明7年（1787）出版的《唐土古今沿革之图》的原稿。明治大学芦田文库收藏的《唐土历代州郡沿革地图》《唐土历代州郡沿革图全》《古今沿革地图》《支那历代沿革图全》均被认为很可能是《唐土州郡古今沿革图谱》的仿制地图或者与其有着密切关联性[①]。

五　小结

日本收藏的中国古地图大致可分为日藏中国古地图和日刻中国古地图两大类。前者是指日本所藏中国刻印的中国地图，后者是指日本翻刻或编绘的中国地图。从收集的数量来看，明治大学芦田文库中收藏的来自中国的古地图数量不多，以日本仿绘仿刻为主。日藏中国古地图数量虽少，但是种类齐全，中国地图、中国区域地图、中国专题地图和中国历史地图等各种类型的地图基本涵盖。

日刻中国古地图数量多，主要是仿制或者编制明清时期的中国地图。从地图类型来讲，有世界全图、中国全图、中国区域图、中国专题地图，也有中国历史地图。从地图属性来讲，有疆域图、政区图，沿革图，城市图。这说明了中国对日本古地图的发展产生了巨大促进作用。另一方面，这些地图既包括对中国国土概况的描绘，又含有对中国具体区域的细致观测，表明当时的日本对我国自然地理、行政区域、社会状况十分重视，体现出近代以前日本对我国从宏观到微观，从整体到局部的立体综合认知状况，以及中国对日本发展影响的深度和广度。

---

① 垣内景子：《〈唐土歷代沿革地圖〉をめぐって》，《明治大学人文科学研究所纪要》(47)，芦田文库编撰委员会，2000.3。

参考文献

1. 曹婉如：《中国古代地图集：战国—元》，文物出版社 1990 年版。
2. 孙果清：《杨守敬〈历代舆地沿革险要图〉版本述略》，《文献》1992 年第 4 期。
3. 曹婉如：《中国古代地图集：明代》，文物出版社 1995 年版。
4. 李孝聪：《欧洲收藏部分中文古地图叙录》，北京国际文化出版公司 1996 年版。
5. 曹婉如：《中国古代地图集：清代》，文物出版社 1997 年版。
6. 葛剑雄：《中国古代的地图测绘》，商务印书馆 1998 年版。
7. 李孝聪：《美国国会图书馆藏中文古地图叙录》，文物出版社 2004 年版。
8. 郑锡煌：《中国古代地图集》，西安地图出版社 2005 年版。
9. 张修桂：《中国历史地貌与古地图研究》，社会科学文献出版社 2006 年版。
10. 华林甫：《英国国家档案馆庋藏近代中文舆图》，上海社会科学院出版社 2009 年版。
11. 蓝勇：《重庆古旧地图研究》，西南师范大学出版社 2013 年版。
12. 华林甫：《德国普鲁士文化遗产图书馆藏晚清直隶山东县级舆图整理与研究》，齐鲁书社 2015 年版。
13. 孙逊、钟翀主编：《上海城市地图集成》，上海书画出版社 2017 年版。
14. 李孝聪：《文以载道 图以明志——古地图研究随笔》《中国史研究动态》2018 年第 4 期。
15. 蘆田伊人：《大日本地誌体系》再版本 40 卷 雄山閣、1929—1931。
16. 宫田東伍 著/蘆田伊人 修编：《大日本読史地図》，冨山房，1935。
17. 海野一隆：《長久保赤水のシナ図》，《人文地理》14（30），1962。
18. 垣内景子：《〈唐土歴代沿革地圖〉をめぐって》，《明治大学人文科学研究所紀要》(47)，芦田文库编撰委员会，2000.3。
19. 海野一隆：《地図研究の過去・現在・未来》《ちずのこしかた》東京：小学館スクウェア，2001。
20. 海野一隆：《東西地図文化交渉史研究》清文堂出版，2003。
21. 海野一隆：《東洋地理学史研究・大陸篇》，清文堂，2004。
22. 芦田文库编撰委员会：《明治大学人文科学研究所创设 40 周年纪念 芦田文库目录 古地图编》，明治大学人文科学研究所，2004。
23. 海野一隆：《東洋地理学史研究・日本篇》清文堂，2005。
24. 藤井讓治、金田章裕等编著：《大地の肖像——絵図.地図が語る世界》，京都大学学术出版社 2007 年版。

25. 宮紀子:《モンゴル帝国が生んだ世界図》，日本经济新闻出版社 2007 年版。

A study on the ancient map of China in Ashida Collection of Meiji University

Cao Ting

Abstract: the ancient map in Ashida Collection of Meiji University has an important position and influence in the Japanese cartography circle. It is an important material to understand how to recognize Japan at home and abroad, and also an important image material to understand Japan's understanding of China's land during the Edo period, reflecting Japan's cognition of China before modern times and the breadth and depth of China's influence on Japan's development. These ancient maps were either introduced from China or imitated or specially made by the Japanese. They can be divided into world map, full map of China, regional map of China, thematic map of China and historical map of China. These maps cover a wide range and are rich in content. They are important image data with high research value.

Key words: Ashida Collection, ancient map of China, Matteo Ricci

我国近五年来跨文化交际研究现状及思考

贺 敏

摘 要：本文对我国近五年来跨文化交际的研究状况进行了梳理。结果表明：一方面，我国现阶段跨文化交际研究仍然囿于研究方法单一、研究成果层次较低等一仍旧贯的问题；另一方面，跨文化交际研究中一些导向性选题凸显引领作用，兼具学术与现实意义。如果假以跨文化学科体系以研究方法、内容及队伍建设的强化，则有利于构建与推动我国跨文化交际能力的体系与发展。

关键词：跨文化交际研究；现状分析；跨文化交际能力

一 引言

跨文化交际研究肇始于20世纪50年代的美国，其主要目标是描述跨文化交际理论构建及基于此的实证研究。70多年来，在国外，跨文化交际已逐渐发展成为一门独立的学科，且呈现出与其他学科如心理学、社会学、人类学等学科融合的趋势。20世纪80年代以降，跨文化交际学被引入了我国，尽管国内众多学者在此领域的研究付出了极大的努力，也为跨文化交际研究领域的拓展做出了积极的贡献。但"跨文化交际研究在我国虽取得了学术地位，但还没有成为主流性的学术研究。"（刘润清，2011：34）

作者简介：贺敏（1975— ），女，陕西师范大学外国语学院副教授。研究方向：西方文化、跨文化交际学。本文是2019年度陕西师范大学研究生教育教学改革研究项目（学位与研究生教育教学改革研究项目）"英语专业学位硕士跨文化交际教学改革研究——基于社会文化史视阈"（项目编号：GERP—19—37）的阶段性成果。

二　国内近五年跨文化交际研究的发展回顾

　　由于历史的原因，我国学者对跨文化交际的关注与研究起步较晚。像其他从国外引进的学科一样，跨文化交际研究在我国的发展历程也经历了西方理论的引介之路。其中，何道宽（1983）在《外国语文》1983年第2期《介绍一门新兴学科——跨文化的交际》一文，是国内学者发表的介绍跨文化交际的第一篇文章，标志着跨文化交际研究在我国的正式起步。（何道宽，1983）[①]。此后两年国内学界未出现正式的引介，1986年《国外社会科学》第4期刊载了 A. 柯本的"从跨文化研究看跨国研究"。需要指出的是，直至1989年王跃汉在《徐州师范学院学报》第2期发表了《跨文化交际与外语教学——外语教改的一点思考》一文中首次使用了"跨文化交际"这一表述。自此已降，国内期刊刊载的与"跨文化交际"相关的论文涉及的主要内容有：跨文化交际，如外语教学中的跨文化思考、跨文化交际的话语解读、中西文化差异中的跨文化交际的差异；跨文化，如翻译与跨文化、跨文化与教学等；跨文化交际能力，如跨文化交际能力的培养与外语教学、跨文化交际能力与跨文化敏感度；跨文化传播，如跨文化传播学中文化适应问题、跨文化传播的影响等。

　　毋庸置疑，跨文化交际在经历最初的引介阶段后在我国取得了相当大的成绩。其显著标志是1995年中国跨文化交际学会的成立。同年，中国跨文化交际学会第一届年会在哈尔滨工业大学召开，第一任会长是在跨文化交际领域颇有贡献的北京外国语大学的胡文仲教授。2019年7月7日—10日，第十五届中国跨文化交际学会年会在上海外国语大学召开。学会简介中论及跨文化研究的内容："跨文化研究涵盖跨文化（人际）交际、跨文化（媒体/组织）传播、文化比较、比较文学、文化与翻译、跨文化商务交流与企业管理、全球化研究、跨文化汉语教学、语言与文化政策、跨文化教育、跨国移民等多个领域，既关注全球化背景下中外文化间以及世界多元文化间的交流，也关注中国国内多元文化间的互动，提倡跨学科研究视角和定性与定量研究方法，兼顾理论研究与应用研究以及社会

[①] 学界一般认为许国璋老先生在1980年在《现代外语》第4期上发表了 "Culturally-loaded Words and English Teaching" 一文，开我国跨文化研究之先河。请参阅许国璋，1980, Culturally-Loaded Words and English Teaching，《现代外语》(4)：19-24。

培训。"（中国跨文化交际学会，学会简介）

鉴于对外经济贸易大学的史兴松教授与朱小玢已较为详尽地回顾了 2005—2014 年我国跨文化交际研究现状（史兴松、朱小玢，2015），本文主要考察 2015—2019 年我国跨文化交际研究的总体状况，以期了解与把握我国近五年在跨文化交际领域的研究动态，并基于此提出笔者的思考。

（一）教育部人文社会科学基金与国家社会科学基金项目立项

每年一度的教育部人文社会科学基金和国家社会科学基金项目的立项在很大程度上标志着人文社会科学研究发展的水平。鉴于此，笔者分别以"跨文化""文化差异""文化适应""文化"四个词语作为关键词对 2015—2019 年教育部人文社会科学研究重大项目和一般项目立项与 2015—2019 国家社会科学基金重大项目、年度项目和青年项目、西部项目立项进行了检索，整体而言，2015—2019 年间两大类基金对跨文化交际研究的资助力度颇大，总计 116 项，其中国家社科基金资助 42 项，教育部人文社科基金资助 74 项。就近五年间立项总数而言，比 2005—2009 年的 33 项增加了 3.5 倍，比 2005—2014 年十年间的 145 项仅少了 29 项（史兴松 2015：59）。由此凸显高层次基金项目对跨文化交际研究的支持与鼓励。同时，也从侧面显现出我国从事跨文化交际研究学者们研究能力的增强。

（二）两大基金项目立项的学缘结构分布

表 1 显示，跨文化交际研究项目的立项仍然与语言学的相关性最大；其次是新闻学与传播学；交叉学科/综合研究则位居第三。值得指出的是，笔者只是列出了部分与跨文化交际研究相关的学科，其他学科如社会学、马列·科社、心理学等在过去的五年中在两大基金立项项目中分别有 1 项。与 2005—2014 年间两大基金项目立项的学缘结构相比，文学类包括中国文学与外国文学在立项项目中所占比例有式微的趋向 [2005—2014 年间文学类领域跨文化交际的立项数位居第二（史兴松 2015：59）]，艺术学方向的跨文化交际研究可谓经历了"滑铁卢"，从 2005—2014 年间两大基金项目立项从排名第二直接跌落至第七；另一方面，交叉学科与体育科学领域内跨文化交际研究的立项数目呈现出骤升的势头，2015—2019 年五年期间交叉学科的数量大大超越了 2005—2014 年十年间的数量，增幅约为 56%；同时期内体育科学领域的跨文化交际研究立项项目的增幅约为 86%。由此可以看出，跨文化研究的开展与发展已呈现出跨学科的

势头，这应该也能在很大程度上侧证人文社会科学在当代的发展特点。

表 1 2015—2019 年两大基金项目立项项目学缘结构分布

两大基金项目立项项目学缘结构	资助项数
语言学	19
新闻学与传播学	18
交叉学科/综合研究	14
中国文学	10
体育学	7
外国文学	5
教育学	5
管理学	5
艺术学	3
民族学与文化学	3
哲学	3
民族问题	2

事实上，恰如一枚硬币的两面性一般，两大基金项目立项显示跨文化交际研究在近五年取得了一些可喜的发展，如针对我国跨文化交际研究亟待解决的方法问题，2015 年度教育部人文社会科学重点研究基地重大项目之一是"跨文化方法论研究"；无独有偶，2016 年"跨文化学理论与方法"再次被纳入教育部人文社会科学重点研究基地重大项目。与此同时，伴随着"文化自信"方针的倡导，跨文化交际研究也显露出了极大的与时俱进性，例如，"'一带一路'战略构想与跨文化传播"也荣膺 2016 年度教育部人文社会科学重点研究基地重大项目。此外，传统文化的"走出去"以及外国留学生对中国文化的适应研究也引起了学者们的关注，如"与文化交流研究""早期丝绸之路东西文化交流的考古学研究"及"在华留学生跨文化适应性的影响因素及其干预策略实证研究——以云南省为例"等课题也在教育部人文社会科学项目立项之列。

然而，令人遗憾的是，与跨文化交际研究密切相关的心理学领域却在近五年的两大基金项目立项单上仅占有一项。换言之，我国现阶段对跨文化交际研究的探索仍与国际有关学者的探索存在着巨大的差距。仅以美国

跨文化交际领域的权威期刊 International Journal of Intercultural Relations（IJIR）的卷首语为例可一窥其差距：IJIR 致力于增进对跨文化关系领域的理论、研究和实践的知识和理解，包括但不限于移民文化适应和融合等主题……该杂志刊载定量和定性的实证研究和研究文献综述……IJIR 为心理学、传播学、教育学、管理学、社会学及相关学科的学者提供了一个跨学科的论坛。换言之，心理学领域应该与跨文化交际研究联系紧密，据北京外国语大学教授胡文仲对 1999—2002 年 IJIR 上所刊载论文的考察，具有心理学研究背景的学者是美国跨文化交际研究中的主力，心理学与传播学这两个学科领域的学者的文章在 IJIR 上占据了一半（胡文仲，2005）。但如上所述，在近五年内两大基金项目对心理学领域内的跨文化研究资助的立项项目并不理想。

（三）国内期刊论文发表状况

在中国知网输入主题词"跨文化"[①]可得知，2015—2019 年间国内期刊关于跨文化交际的相关研究共计 19985 篇，相比 2005—2014 年十年间的 13397 篇增加了 6588 篇，增幅达到了 49%。就发表数量而言，2015—2018 年间，相关论文数量呈现攀升趋势，但在 2019 年出现了数量减少的态势；其中 2015 年，国内各类期刊发了跨文化交际相关研究 3938 篇；2016 年为 3996 篇；2017 年为 4045 篇；2018 年攀至五年中的巅峰，总数量为 4487 篇；2019 年，相关研究论文数量有所回落，总数量为 3519 篇，为五年间的低谷。

就论文发表层次而言，核心期刊文章 3917 篇，约占 2015—2019 年五年间总数量的 20%；CSSCI 期刊文章 2886 篇，约占期间总数量的 14.4%，其中外语类 CSSCI 207 篇，分别刊载在 9 种外语类 CSSCI 期刊上，如《外语界》《中国外语》《中国翻译》等外语类高端期刊。与 2005—2014 年间 112 篇 CSSCI 刊载文章（史兴松 2015：60）相比，2015—2019 年五年间的数量增加了 95 篇，增幅约为 85%。就 2015—2019 年间所有与跨文化交际研究相关的期刊而言，出现频次排名前十的见下表 2。值得指出的是，关键词"跨文化适应"的出现频次排名在第 24 位，"跨文化能力"的出现频次排名在第 26 位。

---

① 数据来源中国知网，http://epub.cnki.net/KNS/brief/result.aspx?dbPrefix=CJFQ，检索时间，2019 年 12 月 3 日，检索主题词"跨文化"。

表 2　2015—2019 年间我国期刊网与跨文化交际研究相关的关键词词频

关键词	出现频次
跨文化交际	1938
跨文化	1502
跨文化传播	886
跨文化交际能力	848
英语教学	711
大学英语	684
文化差异	601
翻译	481
一带一路	445
文化	443

就外语类 CSSCI 期刊刊载的跨文化交际研究文章而言，关键词出现频次排名见表 3。数据显示在跨文化交际研究中，学者们越来越注重跨文化能力或跨文化交际/交流能力的研究，当然，在我国具体的环境下，跨文化与教学尤其是外语教学的探索紧密相关；除此，跨文化传播也在学者们研究的重点之列。其他在期刊文章主题中，"跨文化适应""跨文化接触""跨文化敏感度"等出现频次较低。同样的，跨文化交际学科和跨文化交际研究方法方面的文章较为罕见，其中"近五年 SSCI 期刊跨文化交际研究方法探析"是一篇难得的上乘之作。文章认为近五年来 SSCI 期刊研究的主题和方法呈现出四个特点：其一，研究所覆盖的学科范围广，且研究的主题颇具现实关怀性；其二，期刊类型、研究主题与研究方法之间存在关联性；其三，国际跨文化交际领域的相关研究以实证研究为主，定性法、混合法及定量法依序排列；其四，国外研究也有其自身的不足，如缺乏数据搜集前的效度检验以及解决概念对等和效度对等的策略（史兴松、单晓晖，2016：594）。

表 3　2015—2019 年间我国 CSSCI 期刊与跨文化交际
研究相关论文主题的关键词词频

关键词	出现频次
跨文化能力	10
跨文化交际、交流能力	9

续表

关键词	出现频次
跨文化交际	8
跨文化教学、外语教学	6
跨文化传播	5

公允地讲，上述论断颇有见地。2015—2019年间中国期刊网关键词"跨文化 实证"搜索显示，跨文化交际相关实证研究期刊论文共有205篇，其中核心类53篇，CSSCI类52篇，实证类期刊论文约占总论文篇数的1%。就外语类CSSCI而言，2015—2019年间与跨文化交际相关的实证研究有9篇，约占总论文篇数的4.3%。由此凸显我国跨文化交际研究与国际相关研究之间的差距。

三 对跨文化交际研究现状的思考

根据上述相关研究现状分析，笔者有如下总结与思考：

（一）导向性选题的引领示范作用凸显

我国近五年跨文化交际相关研究在存在与国际相关研究有差距的同时，也展现出积极的一面。首先，从我国期刊网上相关文章发表的数量来看，跨文化交际研究在引入我国近四十年后的今天依然是一个方兴未艾的探索领域，尽管在本领域的探究存在着诸种不足，但几代学者前仆后继，虽然数量不多，但也时有高质量的文章见端于高端期刊，如葛春萍、王守仁在2016年第2期的《外语与外语教学》上发表的"跨文化交际能力培养与大学英语教学"（葛春萍、王守仁，2016）一文的被引用率达到了120次；孙有中（2016）在2016年第3期的《中国外语》上发表的"外语教育与跨文化能力培养"一文的引用率达到了106次，这也能很好地说明国内学者对跨文化交际研究的持续关注。同时，也有学者尝试与国际研究范式靠近，如黄文红的"过程性文化教学与跨文化交际能力培养的实证研究"（黄文红，2015）、冯金金，陈永捷等与日本学者合作发表的"习取与习得——中国大学生在跨文化实时计算机辅导交流中的互动习取与词汇习得实证研究"（冯金金等，2016）等均是对国际化跨文化研究实证探索的有益尝试。

事实上，除外语学科外，其他学科领域的跨文化交际研究也呈现出同

样向国际化研究范式靠拢的趋势，如2019年度教育学研究领域入选教育部人文社会科学研究一般项目立项的"在华留学生跨文化适应性的影响因素及其干预策略实证研究——以云南省为例"、2016年度管理学领域入选教育部人文社会科学一般项目立项的"中国企业跨国外派人员跨文化适应的动态分析研究"，以及民族学与文化学领域的"撒哈拉以南非洲来华留学生跨文化适应问题调查研究"等。

在书籍选题方面，由陆建非和戴晓东主编的《跨文化交际研究新动态》（陆建非、戴晓东，2015）一书中收录了好几篇"拿数字说话，以案例讲理的论文"。换言之，就是此书囊括了跨文化交际主题的实证研究，如"从儒化到适应：赴泰汉语教师志愿者跨文化心理适应质化研究""美国留学生在中国的跨文化适应研究"等；此外，此书在非言语交际方面的考虑也颇有特色，如"公共空间的行为文化、域外者集中的社区管理、都市跨文化公共服务体系的建立、跨文化沟通顺畅愉悦的新旅游产品的设计、城市跨文化识别体系的完善等"［陆建非、戴晓东，2015：（代序）7］。凡此种种研究方法选题都与国际化研究范式趋于一致，尽管这些选题与研究方法还没有成为我国目前跨文化交际研究的主流，但这在很大程度上说明，我国学者在反思目前国内研究现状，并试图做出一些反拨回应，其中的引领示范作用还是不言而喻的。

（二）相关研究兼具学术意义和现实关怀性

恰如胡文仲［2010（6）：30］教授所言，跨文化学科队伍中"大部分为外语专业教师"，2015—2019年间跨文化交际研究的最大主力军仍然是外国语言文字的从业者们。就外国语言文字这个学科而言，学者们的研究很难逾越语言与教学的范畴。然而，伴随着我国对外开放的发展与深化，外国语言文字的学者们和其他学科领域的研究者们一样，逐渐在所处的时代大背景下扩宽研究的维度，从而使得其相关研究显现出了极大的时代感。如2019年度教育部人文社会科学重点研究基地重大项目立项名单中有2项跨文化交际的相关项目，它们分别是"跨文化视野下的海外汉字学研究"和"跨文化视野下的民俗文化研究"；再如2017年国家社会科学基金新闻学与传播学领域的西部项目"'讲好中国故事'跨文化语境下的叙事策略研究""'一带一路'背景下中国纪录片的跨文化传播战略"等。实质上，这也可被看作目前"一带一路"所倡议的讲好中国故事，贡献中国方案的倡议在跨文化交际领域探索研究的新思路与新路径。

（三）学科体系亟待建设

综观国内研究现状，不难发现"零散罗列现象为多，整体系统研究居少；低层次的概括为多，高层次的抽象居少；实用性的建议为多，理论建树居少"（刘润清，2011：34）。事实上，一些国内外学者对我国跨文化交际研究的现状有着清醒的认识，即研究方法与相关理论方面与国际相关领域的差距甚大。查阅中国期刊网上跨文化交际相关研究成果不难发现"实证性论文只占很小的比例，一般论述和思辨性文章居多"（胡文仲，2005：323）。十年后，学者史兴松和朱小玢在论及相同问题时得出了相同的结论（史兴松、朱小玢 2015：63），可以说，跨文化交际在国内的研究现况包括研究方法和论构建等方面是一种扬汤止沸的处境。但可喜的是，学者们努力在探索这一困境的出路。不同于胡文仲老师发出增强跨文化交际实证研究的呼吁，史兴松和朱小玢两位学者明确指出我国学者目前面临的困境之一是缺乏"基于东方视角创建新型理论框架"，究其本质是因为我国学者主要"依赖西方跨文化交际理论（史兴松、朱小玢，2015：63）。"实际上，一些国外学者对此也持有同样的论见，Bargiela-Chaippin & Nickerson（2003）曾指出亚洲学者需要创建适合自己文化的跨文化交际理论的必要性。公允地说，东西方文化由于地域、历史等原因差异甚大，生搬硬套式地将西方理论引进我国，出现"水土不服"现象实属正常。如今，许多外籍学生或人员来华或学习或工作，我国也有大量莘莘学子赴国外学习、工作，由此关注这些"引进来"和"走出去"人群的跨文化适应或其跨文化交际能力的构建均可成为学者们研究的重点。相信在探索跨文化交际研究的历程中，待各种问题厘清之后跨文化交际研究定能迎来属于其自己的"学术春天"。

参考文献

Bargiela-Chaippin, F. & Nickerson, C. Intercultural business communication: A rich field of studies. *Journal of InterculturalStudies*, 2003（24）: 3-15.

IJIR, https://www.journals.elsevier.com/international-journal-of-intercultural-relations/.

A. 柯本：《从跨文化研究看跨国研究》，《国外社会科学》1986 年第 3 期。

冯金金、陈永捷、李海伟：《中野美知子，习取与习得——中国大学生在跨文化实时计算机辅助交流中的互动习取与词汇习得实证研究》，《中国外语》2016 年第 13 卷第 2 期。

葛春萍、王守仁：《跨文化交际能力培养与大学英语教学》，《外语教学与研究》2016年第2期。

何道宽：《介绍一门新兴学科——跨文化的交际》，《外国语文》1983年第2期。

胡文仲：《论跨文化交际的实证研究》，《外语教学与研究》2005年第5期。

胡文仲：《从学科建设角度看我国跨文化交际学的现状和未来》，《外国语》（上海外国语大学学报）2010年第33卷第6期。

黄文红：《过程性文化教学与跨文化交际能力培养的实证研究》，《解放军外国语学院学报》2015年第38卷第1期。

刘润清：《跨文化交际——外国语言文学中的隐蔽文化》序，转引自戴晓东《跨文化交际理论》，上海外语教育出版社2011年版。

陆建非、戴晓东：《跨文化交际研究新动态》，上海三联书店2015年版。

史兴松、单晓晖：《近五年SSCI期刊跨文化交际演技方法探析》，《外语教学与研究》2016年第48卷第4期。

史兴松、朱小玢：《我国近十年跨文化交际研究回顾与展望》，《中国外语》2015年第12卷第6期。

孙有中：《外语教育与跨文化能力培养》，《中国外语》2016年第13卷第3期。

王跃汉：《跨文化交际与外语教学——外语教改的一点思考》，《徐州师范学院学报》1989年第2期。

中国跨文化交际学会，学会简介［OL］，http：//chinacafic.heep.cn/about/400353.shtml。

Intercultural Communication Studies in the Last Five Years: A Survey

He Min

Abstract: Based on a quantitative analysis of the status quo of intercultural communication (IC) in the last five years, the paper holds that the current studies of IC in China are still confined to long-existing problems including deficiency in research method and low-leveled research publications, while some guiding research topics highlight their leading roles, being of academic and realistic significance. The development and construction of research methods, content and research teams will be beneficial to building and promoting the system and development of IC competence.

Key words: intercultural communication studies, status quo analysis, intercultural communication competence

"构建中国"与价值取向
——美国报刊 TIME 的中国形象误读

张志强

摘　要：历史事实总是一种以价值评判为取舍之标准的镜像重构，不同文化之间的误读更是如此。西方社会历来存在多样的"中国观"，据以重构多样的"中国形象"。数十年来，美国社会的不同阶层以其特有的价值体系为准则，重构了不同的"中国形象"，并体现于其报端，如 Time (2009—2019) 的数则中国报道。中国形象是一种特定历史条件下持一定"中国观"的特定主体的"中国意象"。特定的文化与价值观念是"中国观"深刻根源，而中国观是解读者本身特定的历史过程与中国历史的演进共同作用的结果。"他者眼中的中国"是一种价值重构，这在 Time 周刊等新闻媒体中有直接体现。

关键词：中国形象；中国观；构建中国；价值取向；Time 周刊

一　引　言

"一切历史都是思想史"，历史事实总是一种镜像的重构，而这种重构多以价值评判为取舍之标准。古来如是，不同文化之间的冲突与文化共同体之间的"误解"盖因于此。由于事实重构价值取向的差异，价值解读因之存在显著性差异。不同的文化之间大多数情况下只有"误读"，而没有正读。这种"误读"有不同的表现，且往往不同的表现交织在一起异常复杂。

一直以来，东西方文明之间存在着显著的差异导致的误读。近三百年来这种误读愈演愈烈，尤以近七十年来为甚。这其中又以中美之间的文化

作者简介：张志强，陕西师范大学外国语学院讲师，博士在读。研究方向：外语教学，传统文化国际教育；唐人街移民文化

误读最具代表性，这种误读存在于多个方面，既有学术的，也有社会的。新闻媒体的"中国形象"误读与重构往往具有一定程度的代表性和局限性，代表一定主体（受众）范围的价值取向。美国报刊中中国形象的真实性及其内涵，有待具体考察。

二 文化误读与中国观的构建过程：西方"中国形象"的历史考察

西方中国观的形成与"中国形象"的重构是文化交流的结果，其中，"冲突"是文化交流的常态。这种冲突源自于多种原因，又涉及多个方面，或政治的，或经济的，或文化的。其主体范围往往是有限的，具有鲜明的地域空间性和文化身份特征。其解读亦有正误之别，这取决于不同主体之间的价值原则的差异。由此，在不同的历史阶段便形成了千差万别的文化形象。西方"中国形象"的塑造在一定程度上即为不同中国观的具体构建过程。

西方中国形象的解读，必须将其置于具体历史文化过程中。公元纪元之前的中欧丝绸贸易给西方人造成了中国繁盛的印象。直至西方大航海时代，中国形象仍被描述为地域辽阔、交通完好的最富饶国家的形象。对于中国形象的客观描写始于17世纪初《利马窦中国札记》。18世纪欧洲启蒙时代，西方开始形成不同的中国观。伏尔泰等认为中国文化是最合乎理性和人道的文化；孟德斯鸠《论法的精神》将"中国政府"视作"原则恐惧"的专制主义政府。18世纪晚期的两起事件成为历史的转折点，在华耶稣会士被驱逐和英使马戛尔尼访华改变了西方之前的中国印象。19世纪之后，欧洲思想家将中国看作一种停滞不前的落后形象，鄙视中国的政治思想、文化科学等传统。表面看来，西方中国印象的转变是某些历史事件促成的。然而，这背后却有着深刻的历史渊源。这一时期，西方主要国家完成了资产阶级革命的成功，工业革命取得巨大历史成果。西方对海外殖民地的需求和"欧洲中心"视角的形成成为西方"中国形象"构建的基点。不过，需要说明的是，上述认识并没有广泛的社会基础，仅限于特定的精英阶层。

两次世界大战及其相关历史事件再次改变了西方的"中国印象"。20世纪初，西方传教士大量涌入中国，向西方介绍中国。由于信息渠道的限制，西方社会对中国的了解极其有限。第一次世界大战之后，西方社会精

英开始重新审视东方文明。20世纪30年代开始，以美国为主的西方国家开始出现"中国形象"的大众表达式。赛珍珠的小说《大地》将中国描述为一种遥远神秘色彩的农业帝国和凝固文明的诗意中国。埃德加·斯诺（Edgar Snow）的《西行漫记》则以纪实性的方式客观描述中国社会。新闻媒体逐渐成为更为直接的大众宣传方式。抗战爆发后，美国报刊纷纷的报道逐渐在美国公众中树立起中国英勇抵抗日本法西斯侵略的形象。其中，《Time》周刊将中国塑造成为抵抗日本法西斯的英雄。

中华人民共和国成立以来，西方尤其是美国的"中国形象"几次改易。1949年新中国的成立和朝鲜战争的爆发，"中国形象"再次发生很大改变。1972年尼克松访华后，中美关系逐渐正常化，中美从"敌人"转变为"盟友"，美国媒体对中国进行了积极正面的报道。中国被认为"正在自豪地追求财富和极力摆脱前30年的教条主义"，正在成为一个经济强国，中国的形象日渐好转。西方媒体报道的基调多为同情中国的苦难，谅解中国的混乱，并希望资本主义经济与西式民主政治能救助中国。这种好转与中国的改革开放和西方社会对中国了解逐渐增多有直接关联。

20世纪90年代起，鉴于中国的继续改革开放及经济的逐步发展，西方"中国形象"与"中国观"多以负面为主。近三十年来，美国公众对中国的好感程度一直不高。以《Time》为代表的西方媒体上关于中国的报道，基本上都是"选择"负面消息。媒体报道的意识形态化倾向日益显著，其"中国形象"出现明显分化：一方面，美国公众认为中国对美国越来越重要；另一方面，西方对中国的信任度却持续走低。

实际上，上述问题涉及中国形象与中国观两个相关联的概念。首先需要说明的是，所谓中国形象，是基于一定文化进行构建的结果。其中，中国观是站在西方社会的立场上对中国及中国的历史与文化的认识，并基于这种认识做出的评价。就其内容而言，评价是基于认识做出的，是文化交流所形成的必然结果，具有明显的价值取向。既然是一种价值观念的构建，那么必然存在正读和误读的问题。这里引入文本解释的两个概念用以解释基于同一认识本体而形成的不同文化认知。

报刊媒体是现代社会塑造美国公众中国观的重要渠道。中国观与中国形象重构的取向在很大程度上越来越取决于中美关系与国家以及社会不同阶层的利益。而这其中最为值得注意的是，价值观的差异及其平衡成为"中国观"的内在因素。这必然涉及不同阶层的价值主体问题。从"中国

印象"到中国观的转变，主体（受众）的扩展与分化，总是重大历史事件和趋势的推动。美国"中国观"的形成多有其复杂而深刻的原因，在多元的"中国观"视角下形成多样的中国形象。

三　主要报刊的中国形象塑造：以 Time（2015—2019）为例

由于历史的原因，西方"中国形象"的重构日益出现分化，这种分化涉及多个主体层面与不同内容。其中，大众化亦为其趋势之一。这一趋势多通过大众渠道得以实现，如报刊等信息媒体形式，而不同的信息形态则决定事件的重构形态并反映其内在的价值选择。在不同的主体视角下，报刊皆有其巨大的塑造功能。

就近现代史而言，美国与中国渊源颇深，这也造就了美国各阶层与中国社会的关系。一直以来，美国公众并没有形成一个真实而完整的中国观，美国不同人群对中国形象有不同的构建。美国各大报刊对中国社会多有大量报道，以不同的主体视角来观察中国，塑造了多样的"中国形象"。其中，《Time》周刊对中国有较长时段的报道，这与其创始人不无关系。《Time》周刊创办人亨利·卢斯生于中国蓬莱，其父母是来华传教士。卢斯与蒋宋家族等交往颇深，人们相信"中国即将成为一个信仰基督教的现代化国家"。然而，历史的发展没有验证卢斯的预言：中国逐渐现代化的历史进程中，并没有成为与美英等具有同样信仰的国家。

中国崛起及其国际影响是《Time》重构"中国形象"的核心话题。"As china continues its rise, Beijing will need strong allies"，"China has become the lead trade partner for more than 100 countries around the world. But when it comes to the heavy lifting of great-power foreign policy, there's a big difference between friends and business partners."《Time》的报道将中国形象与"North Korea, Venezuela, Sudan and Zimbabwe"等其视为"Rogues"的国家相并列。这与其报道内容及其基本价值取向有关。

2019 年 1 月 14 日《Time》开篇就在"The View Opener"指出美国在众议院共和党人和特朗普政府最新提出的预算中，用于科学技术研究的联邦资金将再削减 15%。而中国的类似领域则在加大投入。"The potential economic and security ramifications of this shift can be foreshadowed by looking at the opposite approach now being taken by China, which is heavily funding basic scientific research, including in vital fields such as artificial intelligence (AI) and genetic engineering."这无疑能够从媒介的态度判断感触到对中国举措超越美国的隐忧与不安。"The goal of this project is audacious yet simple: to make China the world leader in AI by 2030. Combining government dollars with corporate and academic initiatives, China is now building an ecosystem that would transcend even Bush's wildest dreams."一直以来《Time》对中国的报道主要涉及政治、经济、军事、社会生活、文化教育、科技、医疗卫生等诸多方面,且往往融合于在一篇报道中。一般而言,不同时段,上述几个方面报道的总数量或有变化,如20世纪90年代前期多关注于人权问题,后期则侧重于"中国威胁论",近十数年来尤以负面政治新闻问题为多数向经济、社会、文化多元化方向转变。在不同内容的报道中,中国具有"多面的形象"。由于《Time》的中国报道内容的复杂性,其中国形象重构往往表现出碎片化和复杂性的特点。

2015年的中美关系成为《Time》中国报道基调的主要背景。2015年9月22日,中国国家主席习近平抵达美国,进行了一天的国事访问。"Xi's visit comes amid simmering tensions between China and the U.S. over cybersecurity and China's military buildup."

中美关系与中国的军事力量是《Time》的中国报道最为重要的内容,也最能体现其对中国形象重构。"A U.S. Navy vessel sailed within 12 miles of artificial islands in the South China Sea on Oct. 27 in a seemingly direct challenge to Beijing's territorial claims on the region. China condemned the move and summoned U.S. Ambassador Max Baucus to Beijing to explain."这一事件是一系列传统的延续和历史过程的结果。历史上,世界战略格局及其空间分布的历史演变主要取决于利益的争夺。"IN ANCIENT History, the locus of the world's conflicts and advancements was the Mediterranean Sea; after that, it was the Atlantic Ocean. But today, argues historian Simon Winchester in his new book, all eyes should be on the Pacific."在这一报道看来,"They're home to China's rapidly expanding navy; they enable precision, long-range U.S. missile testing (rockets have been ired4,000 miles from the West Coast to an Army base in the Marshall Islands, landing within inches of their target); and they lap at the shores of the cities (San Francisco, Tokyo) creating the most innovative technology."在《Time》的报道中,"China is the world's only government with a truly global foreign policy strategy. But that strategy involves solving China's problems—not the world's."

《Time》对中国经济增长存在较为复杂多样的评价。西方承认中国经济的发展以及中国政府在这一方面所做出的努力，因为中国经济发展的国际影响是一个不争的事实。"China's economic growth will slow in 2015, but it's all part of Xi's plan. His historically ambitious economic reform efforts depend on transitioning his country to a consumer-driven economic model that will result in levels of growth that are lower but ultimately more sustainable. The continuing slowdown should have little impact inside China. Countries like Brazil, Australia, Indonesia and Thailand, whose economies have come to depend on booming trade with a commodity-hungry China, will feel the pain."

在一则关于上海股市波动和自由市场的报道中有如此评价：

The Shanghai Shenzhen's 300 Index is up 68% over the past 12 months. It's also down more than 30% over the past 30 days. This turmoil tells us little about the strength of China's economy, which continues to slow at a manageable pace. But it does say something about China's bid to reform its financial markets. Beijing wants equity markets to become a crucial source of finance for Chinese companies and an engine of rising living standards for ordinary citizens.

然而该报道又称，"Yet the volatility will likely continue. Investors can't count on courts for protection, and Chinese companies are not known for their transparency. The market will look mainly for signals from the government, delaying Beijing's moves to liberalize its financial system." 言外之意，其核心观点暗指对中国自由市场地位的否定。在《Time》的主流报道中，中国市场过多的受制于政府和政治因素。"But these latest changes provide another useful reminder that when risk rises, China's leaders will always choose political stability over economic innovation."

2019 年之前《Time》的中国经济报道总体上认为中国富起来对美国有好处。"The value of trade in goods between the U. S. and China in the first nine months of 2015, making China the U. S.'s biggest trading partner for the first time. Canada dropped to second place because of falling oil prices. " 2015 年度的报道承认中国经济增长给西方国家带来的机会，进而带动了整个世界经济的增长。然而，《Time》很少将中国经济发展的国际影响界定为一个单纯的社会经济现象或事实。"China won't ill the G-zero vacuum—it's more active on the international stage, but only in pursuit of narrow national interests. Beijing is fully occupied with an anticorruption drive of historic ambition, a bid to revitalize Communist Party rule and a high-stakes economic reform process." 而在 2018 年始的中美贸易战虽然经过多方的共同努力，然而还是使得中美关系进一步走向了复杂和未知。"Even if Trump and Xi cheer markets in March with a broad Mar-a-Lago agreement over coffee and chocolate cake, the damage to relations between the superpower and the rising challenger has already been done. Trust between them now stands at its lowest point in 30 years, and each government will continue a long-term project of making its side less vulnerable to pressure from the other. In short, the U.S.-China relationship is fundamentally broken, and no politically inspired, vaguely worded compromise will change that."

大多数时候，《Time》周刊及其受众群体多将经济问题置于一定的政治与国际关系框架之下，尤其是以西方为主导的国际贸易框架。"China is not among the 12 signatories to the deal, and it has instead cut several rival trade agreements, including one with Australia signed in June. The U.S. hopes that Beijing will eventually have to adopt the standards set out by the TPP, with Obama saying, "We can't let countries like China write the rules of the global economy." 在他们看来，中国这一做法是不负责任的。不仅如此，《Time》对中国经济增长的负面问题与环境代价表现出过多的关注。*Am I hurting the planet?* 一文相信中国污染物排放量几近美印俄三国之和。而最近其关于贸易框架的评价似乎有所改变，"But the escalating trade war between the U.S. and China, the former's lurch toward protectionist trade policy more broadly, and recent data suggesting the global economy is headed for a slowdown all provided the momentum needed for the remaining players to get the deal over the finish line. This is a major geopolitical victory for China and helps further Beijing's argument that in 2019, China is the one defending globalization instead of taking advantage of it. It could also help China accelerate its ongoing trade talks with Japan and South Korea, which have struggled to overcome historical animosity and mistrust." 与之前普遍看到的那种唱衰中国经济体制及经济发展的论调不同的是，他们看出了中国是在捍卫全球化，而不是在利用它。中国正在努力克服同各个势力之间的历史造成的仇恨与不信任。

对于政治性内容的报道，《Time》往往将其与经济问题联系在一起。对于中国正在进行的改革与反腐运动，其报道认为，"But real reform will provoke real pushback, because these changes threaten some of China's most powerful people. That's why Xi has bolstered his reform plans with an anticorruption drive meant to restore public faith in the ruling party and remove those who might block his agenda. In the process, China's President has greatly increased his power—and the number of his enemies. Some, including former Presidents Jiang Zemin and Hu Jintao, have warned Xi not to push too hard."

由于价值取向的差异，中美舆论塑造出不同的历史形象。*Presidents unto themselves*: THE FORCES THAT DROVE THREE HISTORIC MEN (BY MICHAEL DUFFY) 援引 *Thomas' new book on Richard Nixon—Being Nixon*: *A Man Divided*. 塑造了一个与中国舆论中完全不同的美国前总统尼克松的形象。查德·尼克松经常被描绘成一个恶棍和一个战争贩子。而在中国，他是中美关系的开创者。

《Time》关于中国社会状况的报道，很难单独成为一个主题，基本是作为对中国报道的政治观点的一个支撑。这种塑造作用的性质，多取决于事件背后的主体关系及其价值取向。

四 误读与正读之间："中国形象"重构的价值取向

新中国成立以来，美国"中国观"几经变化，重构了多样的"中国形象"。这种多样性既是空间的，也是时间的。解释学的观点一般认为，"正读"是一个相对的概念，"误读"则总是存在。这主要是因为解读主体及其所处环境的差异，其中，尤以价值取向的差异最具有决定性意义。文本具有客观性特征，其意义则是由文本创作者和解读者共同构建的，并且这是一个不断重构的过程。如果将"中国形象"作为解读文本，西方"中国观"则是"中国形象"的解读。

"文本"是解读的基础，中国社会的历史过程是构建"中国形象"、形成特定"中国观"的事实依据。然而，"多数美国精英并不懂中国被瓜

分的历史",美国社会对中国的真实情况缺乏全面的了解,也不可能有较深入的了解。加之历史原因,西方社会容易对中国形成刻板印象。从本质上说,诸如《Time》周刊等新闻媒体对中国新闻的报道只能看作历史真相的零碎片段,难以覆盖全貌,更难以体现历史过程。如此,被新闻棱镜扭曲的报道更多的体现了不同主体或"善意忽视"或"公然敌视"的价值取向。无疑 2019 年《Time》主题词之一必然是"the U. S. -China Trade War",几乎每一期都有关于中美贸易战的不同角度的评价,看似公平公正的分析或零敲碎打的价值引导,实则给受众灌输了一个更加片面的中国形象。

美国新闻媒体"中国形象"重构的影响因素是多方面的,大者既有文化背景与价值观念问题,也有国家利益与意识形态的原因;小者尚有新闻理念与商业利益的影响。意识形态往往是国际新闻的取舍标准;国家利益则是经济问题报道的评价原则上;而就新闻报道自身的特性而言,新闻理念也影响到对新闻事件的评价。

然而,我们更加关注的是文化理念与价值观对重构"中国形象"的决定性作用,这种决定性作用表现为相对稳定的"中国观"。从一定程度上说,任何新闻报道中的"中国形象"从来都不可能脱离社会文化背景而独立存在。社会文化及其历史过程是特定文化共同体成员认识性思维的本源,不同社会文化往往产生不同的价值观念和行为准则以及与之相应的思维习惯。

美国民众"中国观"的形成具有时空两个维度的过程,从而建构多样的"中国形象"。当代多重"中国形象"是历史过程的结果。清中期以来,西方"中国观"经历了四个时期的历史变迁。美国早期"中国观"多沿袭欧洲人之成说。清代中后期,西方人将中国视作"落后""僵化"的农业帝国形象,是东方世界体系的中心。晚近以来的一百年间,西方主要国家将中国看作衰落的掠夺对象的形象。然而汤因比则认为,中国不同于西方的价值判断的形象创造了截然不同的第三条道路。冷战时期,美国"中国观"成为西方世界塑造"中国形象"的核心取向,"极权主义政权"的政治形象掩盖了"中国形象"的多样性。20 世纪 90 年代以来,中国开始以逐渐崛起的"大国形象"出现在国际社会。然而,这一历史阶段却是"中国观"最为复杂多样的时期。

不同的民族和国家有不同的文化习俗、思维方式、道德情操、民族心

理和价值观等，影响文化误读。"跨文化语境中审视阐释者对文本的文化误读，在很大程度上是由于阐释者在心理结构上有民族文化的积淀，这种文化积淀构成了文化主体者审视异质文化的内在尺度。对正确理解文化误读和平衡文化宽容度的把握，既要从不同文化本身差异角度去考虑，又要从社会心理、文化认知、读者角度、哲学、语言学、文学和权力等方面去考虑。"文化的价值系统和思维系统在不同民族中是相对固定的、稳定的，作为该民族理解其文化内部和外来的文化内涵依据。人们总是按照自身的文化传统、思维方式和自己所熟悉的一切去解读另一种文化。这种文化误读是一种意义的生发或转换，是对文本的合理性和创造性阐释。

不同历史文化背景的新闻报道存在着极大的差异，尤其是对异域或异族文化的评价。美国独特的地理和历史造就了美国人特有的价值观，美国社会的价值观念和自我认识直接影响美国普通大众的价值判断。情感和价值判断主导美国人的观念，美国人习惯于对中国作出一种判定。这些因素可以帮助解释情感因素在美国的中国观中的作用，但是美国人的各种感受的综合会随着其他因素发生转变。由于美国同中国的隔绝，即使是中国问题专家也很容易在抽象的层面上分析中国，而不会与他们所知甚少的中国现实发生冲突。《Time》2019 年 9 月 30 日刊在"聚焦中国"栏目原文引用了来自《北京周报》的特写 Green Revolution-Former revolutionary base becomes a model of ecological restoration，对中国现代延安及中国革命史上的延安以及现代延安人的绿色环保生态及生存环境做出积极意义的解读。其中提到延安的绿化也带来了明显的天气改善，年平均降水量增加，水土保持明显，沙尘暴也变得罕见。延安的绿化也带来了明显的天气改善。同样，《Time》2019 年 11 月 18 日刊在"聚焦中国"栏目介绍了焕发活力的现代化大都市西安，向世人展示了中国传统文化的艺术盛宴，诸如书法、绘画、影视、音乐等如何在高科技效果下大放异彩。用事实说话，这不失为世界了解中国的正面窗口。

与精英导向论不同的是，公众更为直接地体现了美国社会广泛存在的价值观念。我们承认精英舆论更趋向于理性化，较多强调对中国客观形象的理解。而公众的误读更能体现其背后的社会价值选择。美国文化历来相信美国模式及其价值观具有高度的普适性，能够也应当被推行到世界各个地区。不同文化群体的接触往往呈现出协调意识较弱而同化心理或者对立心理突出的局面，这就意味着，传播者和接收者在传播文化或者接收文化

时不可避免产生误读。传播过程的非理性化和情绪化加剧了对中国的误读。

在这一视角之下,"中国形象"的性质根本上以美国式价值即特定主体的"中国观"为标准。美国公众"中国观"具有深刻的文化基础,是"美国文化的产物",美国公众眼中的"中国形象"是一个"美国的中国"(America's China)。

与多变的"中国形象"对应的是,"中国观"往往更具有隐喻特性与规定性,一旦形成又极易限定对事实本体的认识。任何形象都是具体的,具有一定的真实性;同时,其价值重构的意义则更为深刻。

五 结 语

《Time》的中国报道深刻地体现了美国特定受众阶层的意识形态作为媒介意识形态的特征。从根本上说,中国形象是一种特定历史条件下"中国观"的重构,更是特定主体的"中国意象"。特定文化与价值观念是"中国观"的基础和深刻根源。文化形象视野下,西方中国观的形成是一种历史性的文化解读,而这种解读具有较强的主观价值倾向,且因其处于不断变化的历史过程中而具有具体的特点。

两种文明之间的影响并不完全来自于文化本身,而是来自于重构的文化形象。中国形象在西方国家呈现多样化的误读意象,其缘由颇为复杂,诸如地理空间阻隔、文化背景差异、社会需要裹挟、材料来源制约等。美国社会以自身发展需求来认识中国,而中国文化和中国现象本身纷繁庞杂难以全面确知。

西方的中国形象解读历来都不是固定不变的,其中国观是解读者本身特定的历史过程与中国历史的演进共同作用的结果。"他者眼中的事实"是一种虚幻的价值重构。不同的价值形象代表特定人群,这种价值选择与其所处的环境条件有着最为密切的关系。需要说明的是,任何影响因素都不可能单独起作用。只是在不同的环境条件下,不同类型的新闻事件的决定因素侧重点有所不同。

参考文献

[1] Kulma. "The Evolution of U. S. Images of China". *World Affairs*, 1999, 162(2): 83.

[2] Ian Bremmer. China's Bad Crowd Beijing has fostered trade ties but lacks reliable allies. *TIME*, 2015-2-2 (14).

[3] Walter Isaacson, INNOVATION HOW AMERICA LOSES ITS EDGE. *TIME*, 2019-1-14 (18).

[4] President Xi Jinping of China arrived in the U. S. on Sept. 22 for a seven-day trip that will include a state dinner at the White House. *TIME*, 2015-10-5 (10).

[5] A U. S. Navy vessel sailed within 12 miles of artificial islands in the South China Sea on Oct. 27. *TIME*, 2015-11-9 (8).

[6] SARAH BEGLEY. Pacific. *TIME*, 2015-11-9 (20).

[7] Ian Bremmer. The absence of international leadership will shape a tumultuous 2016. *TIME*, 2015-12-28 (35).

[8] Ian Bremmer. Sea of Troubles, *TIME*, 2015-1-19 (18).

[9] Ian Bremmer. For thrill seekers, two markets to watch [N]. 2015-7-20 (16).

[10] 441.6 billion. *TIME*, 2015-11-23 (14).

[11] Ian Bremmer. The absence of international leadership will shape a tumultuous 2016. *TIME*, 2015-12-28 (34).

[12] Ian Bremmer, Deal or no deal, the U. S. -China relationship is beyond repair. *TIME*, 2019-3-11 (23).

[13] What will the Trans-Pacifc Partnership do?. *TIME*, 2015-10-19 (14).

[14] Am I hurting the planet? *TIME*, 2015-7-6 (74).

[15] Ian Bremmer, How Trump gave China a win on trade in Southeast Asia, *Time*, 2019-11-18 (25).

[16] Ian Bremmer. Cheap Oil Could Boost Xi Jinping. *TIME*, 2015-1-26 (12).

[17] John Walcott, The real trade war: Whose rules will reign? *Time*, 2019-5-27 (11).

[18] Ian Bremmer, Choppy waters ahead for the U. S. -China trade war *Time*, 2019-8-19 (18).

[19] Charlie Campbell, As trade war escalates, pocketbooks suffer, *Time*, 2019-9-16 (14).

[20] 邹威华. 跨文化语境中的文化误读与文化宽容问题. 江西社会科学, 2007 (5).

[21] Wen Qing, Green Revolution-Former revolutionary base becomes a model of ecological restoration, *Time*, 2019-9-30 (26-27)

[22] Ding Ying, Revitalizing History-A calligraphy and painting exhibition brings the spirit of the Tang Dynasty civilization back, *Time*, 2019-11-18 (6-7).

[23] Aikra Iriye. "North America," *History: Review of New Books* 1997, 25 (3): 107.

"Constructing China" and Value Orientation
——a Misreading of the Image of China by the TIME
Zhang Zhiqing

Abstract: Historical facts are always a kind of mirror reconstruction based on the standard of value judgment, especially the misreading between different cultures. There have always been various views of China in western society, which can be used to reconstruct various images of China. For decades, different social classes in the United States have reconstructed different "China images" based on their unique value system, which are reflected in their newspapers, such as the China reports in Time (2009-2019). The image of China is a "Chinese image" of a certain subject who holds a certain view of China under certain historical conditions. Specific culture and values is the deep root of "China view", which is the result of the interaction between readers' own specific historical process and the evolution of Chinese history. "China in the eyes of others" is a kind of value reconstruction, which is directly reflected in news media such as TIME.

Key words: China image, China view, building China, value orientation, TIME

高校外语教师传统文化素养现状及外宣教学能力提升研究

杨关锋

摘　要：提升华夏文明的世界影响力和中国软实力是我国的基本国策。在优秀传统文化"走出去"的背景下，高校外语教师承担着为国家培养外宣人才的重任。然而，学生对于优秀传统文化的迫切需求与外语教师自身传统文化知识匮乏和素养不高之间的矛盾越来越突出。本文从历史、主观和客观三个方面探讨高校外语教师中国传统文化素养匮乏的原因，提出通过加强外语教师文化修养、培训，养成终身学习传统文化的习惯，推进以提升传统文化素养为核心的继续教育和倡导教育行政部门为外语教师提供学习资源等途径来解决外宣教学能力提升问题。

关键词：高校外语教师；传统文化素养；外宣

一　引言

党的十九大报告指出："没有高度的文化自信，没有文化的繁荣兴盛，就没有中华民族伟大复兴。"要"不断增强意识形态领域主导权和话语权，推动中华优秀传统文化创造性转化、创新性发展"。这从国家政策方面彰显了中国传统文化在中华民族复兴伟业中的重要地位，中国传统文化是实现文化自信的根基，新时代中国特色社会主义的发展需要从中国传统文化中汲取力量。正确认识中国传统文化的内涵和基本精神是重构当代中国传统文化，走出传统文化当代困境的基础。高校的外语课堂是培养文化外宣人才的主要阵地，外语教师应积极响应新时代的新任务，提升自身

作者简介：杨关锋（1978年— ），男，陕西师范大学外国语学院 讲师。研究方向：外语教学；翻译；跨文化交际。基金项目：本文是陕西师范大学教师教学发展中心教学模式创新与实践研究2019年项目：基于"蓝墨云班"的大学英语《中国文化（英语）》翻转课堂教学模式研究阶段性成果。项目编号：JSJX2019Z1。

的语言功底和传统文化素养，培养出符合时代要求的高端外语外宣人才。

2017年1月，中共中央办公厅、国务院办公厅印发的《关于实施中华优秀传统文化传承发展工程的意见》（以下简称《意见》）中指出，"加强面向全体教师的中华文化教育培训，全面提升师资队伍水平"。《意见》对教师的传统文化素养提出了明确要求。然而，目前国内外语课堂传统文化教学的研究主要集中在大学生的"中国传统文化失语"与中西跨文化比较研究等问题上。殊不知，高校外语教师自身中国传统文化素养偏低的现状满足不了目前外宣教学目标已经成为困扰外语教育界中国传统文化教学的根本因素。很少有学者对外语教师自身中国传统文化匮乏现象和对策进行研究。

二　高校外语教师传统文化素养现状

经过多年传统文化外语教学工作的积累，笔者对于学生的传统文化外宣能力有了比较全面的了解，也积累了一些提升学生传统文化外宣能力的教学模式和方法，撰写了一些文章来总结自己的研究和教学工作。如，《大学外语教学中传统文化的构建策略》《大学生外宣能力提高途径研究》，和《翻转课堂在〈中国文化（英语）〉课堂的应用研究》等。为了更好地了解当前高校外语教师的传统文化素养现状，笔者对二十五位高校外语教师进行了问卷调查。问卷题目分为三部分，第一部分内容包括传统文化典型话题的历史背景、文化典故，文化缘起、名词解释等的外语掌握程度调查，旨在掌握受访者的整体外语文化知识结构。第二部分内容包括受访者的教育背景、培训经历、单位选聘和晋升要求等，试图分析教师自身学习经历、培训经历和职业考核要求与其传统文化知识结构的联系。第三部分题目包括对传统文化输入与对学生的传统文化素养培养在外语教学中重要性的认识，是否在外语教学中有意识融入传统文化，如何提高自身文化素养等，意在呈现外语教师对于传统文化的意识程度，及对传统文化在教学中的态度。受访者来自五所本地高校，不同的年龄层次和学历职称水平，具有一定的代表性。

从调查结果我们发现，高校外语教师整体而言具有比较扎实的语言技能和外语基本功。然而，他们对于其他人文学科知识的涉猎，尤其对于传统文化的了解还是比较欠缺，传统文化素养偏低，通识教育不足。部分外语教师对目标语国家文化的掌握程度超过了对中国传统文化的掌握程度。

这一现象与教师的学历职称水平并无明显联系。受访教师的学科背景一般以语言文学或语言教学类为主，参加的业务培训也主要为语言教学，文化翻译类，鲜有传统文化类的外语水平提高培训经历。教师普遍认为文化在语言教学中是重要的，但是在具体的教学实践中更多融入课堂的是目标语国家的文化，很少涉及中国传统文化。由此，可以得出这样的结论，在教学过程中，外语教师倾向于受到自身学习经历的影响，在教学实践中着重强调语言知识和目标语国家的文化。另外，大多数高校外语教师选聘标准包括毕业院校、学历学位和外语等级证书等。在晋升和评价机制中，主要考察课堂教学和论文课题等科研指标，这也在一定程度上成为教师对传统文化素养重视不够的原因。高校外语教师在外语人才培养中处于重要位置，只有不断提高外语教师的传统文化素养，才能更好地培养和发展学生的文化品格与素养。教师自身文化素养的提升是未来外语人才向世界传播中国声音的重要基石。因此，高等院校应在政策上和实际教学工作中对高校外语教师文化素养的发展给予适当的帮助与支持。对于在发展过程中出现的问题能够理性分析积极应对，共同承担起培养符合时代要求并能够完成文化外宣使命的人才的重任。

三 高校外语教师中国传统文化素养偏低的原因

（一）现实原因

很多学者已经意识到，我国外语教育存在专业教育面狭窄，传统文化熏陶过弱，功利导向过重的问题。长期以来，我国高等院校外语人才培养的首要目标都是具有扎实的外语语言基础。由于各种因素的影响，外语人才培养的课程体系中很少有中国传统文化类课程，高校外语教学中中国传统文化的缺失，"中国文化失语"已是不争的事实。其次，高校外语教学中国传统文化匮乏是应试教育和高校外语教学对优秀传统文化重视不足的结果。一方面，在应试教育体制下，外语学习者自开始学习外语以来，只强调基本语言知识，轻文化知识；重考试结果，轻语言的应用技能。而且，外语应试教育强调词汇、短语、语法、阅读、写作等基本语言知识的学习，而忽略了对文化知识，尤其是中国传统文化知识的学习，这从根本上限制了外语学习者，包括外语教师自身文化素养的提升。另一方面，中国高校外语教学对中国文化重视不够，主要体现在中国高校外语教学中的文化教学只重视目的语文化的输入，轻视汉语文化的教授也是导致大学外

语教师中国文化知识匮乏的历史原因。在相当长的一段时间内，外语文化教学片面强调目的语文化对外语学习的重要性，没有认识到母语及母语文化的重要作用。

（二）主观原因

高校外语教师中国文化知识匮乏的主观原因在于教师自身学习和教授中国文化的意识淡薄。外语教师的受教育的学科背景几乎都为外语语言、文学类专业，这就决定了教师自身母语文化自觉意识比较薄弱、导致优秀传统文化文化输入相对匮乏。长期以来，部分外语教学工作者将跨文化交际简单地等同于目的语的交际，跨文化交际意识等同于目的语文化意识，跨文化交际能力等同于目的语移情能力。这种对跨文化交际曲解让外语教学工作者以为目的语文化学好了，跨文化交际能力就提高了，这种观念夸大了目的语文化在跨文化交际中的作用。久而久之，外语教学工作者在教学过程中主动渗入中国文化的意识会越来越淡薄。另一方面，长期以来，高校外语教师以提高学生的专四、专八或四、六级成绩作为自己的教学目标，这种思想根深蒂固，老师的课堂教学基本是围绕这两方面展开的，很少涉及中国文化知识。

（三）客观原因

我国近代备受西方国家的压迫，经济文化发展缓慢，在中西文化交流的过程中，西方文化始终处于强势地位，中国文化工作者盲目地照搬照抄西方文化，中国文化的话语权被严重削弱。受社会历史文化语境的影响，国内高校在文化教学上片面强调目的文化的输入和目的语在跨文化交际中的作用，对中国传统文化视而不见。面对西方文化的强势地位，中国外语教育工作者必须保持清醒的头脑以扭转大局。

四 提高高校外语教师的中国文化素养的必要性

高校外语教师是外语教学组织实施的主导，外语教师的文化素养对于外语人才的培养起着至关重要的作用。外语教师要有高度的文化自信，深入了解中国文化，谙熟中华民族的历史和文明，才能在教学中承担起弘扬优秀传统文化的使命，从而培养出能够讲好中国故事的高端外语人才，忠实全面地向世界发出中国声音、传播中国文化。因此，在高等院校外语课程实施过程中必须要加强外语教师的文化素养建设，不断完善和提升教师的文化素养尤其是母语文化素养。

（一）世界格局变化和中国文化发展的需要

世界格局变化和中国文化发展需要广大外语教师提高自身的中国传统文化素养。随着经济全球化和信息化的发展，世界各国在政治和经济方面的交流日益密切，文化之间的交流、影响和渗透也达到了前所未有的程度。经过几十年的快速发展，中国的综合国力显著增强，在国际舞台上扮演了越来越重要的角色。为了推动优秀的中国传统文化走向世界，提升中国文化的软实力、影响力、扩大对外文化交流和提高国际话语权，中国政府制定了中国文化走出去战略。中国文化要想走向世界，离不开广大优秀的外语工作者。外语人才需要用外语讲好中国故事，外语不仅仅是理解和学习的对象，更是文化表达的载体。讲好中国故事是始于母语终于外语的跨文化传播过程，不仅需要具有良好的母语和外语运用能力，更需要深厚的中国文化底蕴。外语人才担负着一系列的历史重任，要增强中国国际传播能力，建设中国话语体系，向世界讲好中国故事，传播好中国声音，增强在国际上的话语权。这无疑对外语教学提出了更高的要求。

（二）培养优质外语人才的需要

随着全球经济一体化的发展，世界各国之间的文化交流日益密切。世界文化多元化趋势和中国文化走向世界急需大量优质外语人才。目前，国内培养外语人才的主要途径是通过高等院校的外语学院，而外语教师是培养外语人才的直接参与者。作为外语教学活动的策划者、决策者和管理者，外语教学工作者自身的观念和意识在很大程度上影响着外语教学的各个环节，影响着外语人才培养的质量。优秀的外语教育工作者不仅要拥有坚实的双语基础，还要肩挑中西文化。外语教育工作者具备丰富的中国传统文化知识储备是培养高质量外语人才的先决条件。

（三）传承、传授和传播中国文化的需要

中国文化走向世界已然成为一个不可逆转的趋势。中国传统文化不仅需要政府明确表态，更需要中国普通民众的共同努力。作为既懂外语又懂汉语的高校教育工作者，外语教师是传承、教授和传播中国文化的重要人士，在弘扬中国传统文化的过程中责任重大。通过课堂授课、讲座、课外活动等多种形式将自身掌握的传统文化教授给学生。合格的外语教师应该熟练掌握两种语言和文化，外语教育工作者可以积极响应国家号召，翻译中国传统经典，将其传播到海外。

五 提升高校外语教师中国文化素养的途径

(一) 强化个人学习传统文化意识

个人意识是支配个人行动的内在观念和思想。个人意识强，行动力坚决。要想从根本上提升大学外语教师的中国传统文化素养必须强化其中国文化意识。浓厚的中国文化意识能督促大学外语教师自觉地学习中国传统文化，有意识地引导学生认识和理解本民族文化，并通过各种途径将中国传统文化传播到海外。在教学过程中，大学外语教师要摆正母语文化的地位，有意识地将中国传统文化知识融入日常教学中，实现母语文化与目的语文化的平等对话。

(二) 养成终身学习中国文化的好习惯

终身学习是每个社会成员为了适应社会发展和实现个体发展的需要，贯穿于人的一生的、持续学习的过程。活到老学到老和学无止境已经成为众所周知的道理。中国传统文化源远流长经过五千年的沉淀和发展而成。首先，阅读中华传统文化经典文献。阅读是教师实现个人文化素养提升的重要途径。教师可以通过加强对优秀传统文化经典著作的阅读和学习来积累丰富的文化素养。通过阅读，教师不仅可以知晓和掌握传统文化知识，更能够提升对中华优秀传统文化的认知和感悟，增强自身的文化认同感和使命感，激发其家国情怀和弘扬传统文化的兴趣和热情。学校可以定期举办读书沙龙、阅读感受分享等活动，为教师提供互相交流分享的平台。中华传统文化是以老子道德文化为本体，以儒家、庄子、墨子的思想以及道家文化为主体等多元文化融通和谐包容的实体系。它经历的时间跨度之久，包含的内容之广阔，是世界上任何一种其他文化都无法比拟的。对于这样一种动态的、代代传承的文化，只有养成终身学习的好习惯，才能真正理解和把握住其精髓，也才能有资历将其传承下来。外语教育工作者只有养成终身学习中国传统文化的好习惯，才能领悟中国文化的魅力所在，才能做好学生的引路人。

(三) 推进以提升中国文化素养为核心的继续教育

积极推进以提升中国文化素养为核心的继续教育是全面提升高校教师文化素养的重要方式。针对目前高校外语教师中国传统文化知识储备不足的情况，继续教育可以在较短的时间内较快地帮助他们改善现状。学校可以有计划、有组织地开展以讲授中国文化课程为主的继续教育形式，如开

展与中国传统文化相关的培训班、进修班。学校也可以邀请校外专家进校开展学术讲座或举办相关的学术会议。高校外语教师也可以选择利用寒假和暑假报名参加与中国传统文化相关的各种课程。在网络高度发达的时代，高校外语教师应该充分利用各种网络资源为自己充电。例如，中国精品课程网上就有很多讲授中国传统文化的课程，利用网络可以随时随地地学习中国传统文化。可见，参加各种以讲授中国传统文化为主的高质量的继续教育可以帮助高校教师在短时间内提升自身的文化素养。另外，参加中华传统文化类专题培训或专题活动，比如中华礼仪文明、茶艺文化、经典文学解读等。在多种多样不同专题的培训和活动中，教师们近距离地聆听学习或亲身体验中华优秀传统文化之美，加深对中华传统文化的理解，感悟文化魅力和文化价值，从而培养家国情怀，提升民族文化认同。只有教师的文化认同提高了，才能在岗位中传播和弘扬优秀的传统文化，促进学生文化品格的发展，实现外语课程中母语文化素养的有效融入。

（四）教育部门为外语教师提供学习资源

提升高校外语教师的中国传统文化素养有赖于丰富的学习资源。教育部门有责任也有义务组织相关专家编写与中国传统文化相关的英文教材，或者利用慕课等现代教育手段为迫切需要提高中国传统文化素养的高校教师提供学习的资源和平台。令人欣慰的是早在 2010 年，外语教学与研究出版社就率先出版了由叶朗、朱良志主编，陈海燕和章思英翻译的《中国文化英语教程》，教程涵盖了中国文化最具代表性二十四个主题。可以说，这是一次有益的尝试，可以让读者全方位地大致了解中国文化。中国文化走向世界需要熟练掌握中西语言和中西文化的优质外语人才，而优质外语人才的培养离不开优秀的外语教育工作者。全面提升外语教育工作者的中国文化素养是一项紧迫而复杂的系统工程，是时代的需要。只有不断强化教师的自身意识、持续推动以提升中国传统文化为主的终身教育和继续教育，同时由教育部门提供丰富的学习资源与平台，才能从根本上改善中国高校外语教师中国传统文化素养底的情况

（五）外语教师采用多种方式增加跨文化交流体验

多途径增加跨文化交流体验。只有身处跨文化交流的语境中才会真正感受到不同文化的差异，才能跳出思维定式认真审视本民族的文化。在跨文化交流的过程中，面对来自异国文化背景的交流对象，交流主体自身的国家认同、身份认同会更为强烈。这种认同会促使交流者对自身文化传统

的深入理解。因此，外语教师出国研修增加跨文化交流体验也是提升其文化素养的重要路径。除此之外，学校也可以举办中外交流论坛和讲座等多样化的实践活动，为教师的跨文化交流提供更多的机会和平台。将文化素养的提升作为重要课题与外语教学科研有机结合。外语教师要将文化教学融入教学设计和日常教学活动中。学校可以通过优秀课堂观摩、活动成果展示、教学感悟交流等多种方式帮助一线教师了解更多新颖的研究成果，促进研究成果指导实践教学。只有教师精神上实现富足、文化底蕴深厚，才有可能在外语教学中挖掘出目标语言背后深层的文化现象并分析文化的内在价值，并能够将母语文化和目标语文化理性对比和分析，求同存异，培养学生全面辩证的思维模式和文化价值观。

六　结语

国家发展，教育先行；教育发展，教师先行。外语教师要从思想上深刻认识到外语教育是人文教育，培养语言能力扎实且文化素养深厚的外语人才是高等外语教育的着力点。教师应该树立和构建平等的文化观，在学习目标语言和文化的同时重视母语文化素养的提升，对于目标语文化观念和价值取向能够客观理性地批判思考。在实际教学中不断引导学生，使其树立正确的文化价值观。外语教学中通过分析文本中的文化现象，挖掘语言背后的文化意义指涉，有机地融入传统文化教育，不断深化学生对博大精深的中华传统文化的理解和传承。

在实现教师个人专业化发展的同时也促进学生成为新时代所需要的合格的外语人才。高校外语教师立足新时代，肩负新使命，应该切实提升母语文化素养，为不断提高国家文化软实力和中华文化影响力做出应有的贡献。

参考文献

《坚定文化自信推动社会主义文化繁荣兴盛》，《人民日报》2017 年 10 月 19 日（2）。

《新时代坚持和发展中国特色社会主义的基本方略》，《人民日报》2017 年 10 月 19 日（2）。

姚冬梅、郑博元、郭霞：《高校外语教师母语文化素养提升策略》，《大众文艺》2019 年第 13 期。

李小霞：《高校外语教师中国传统文化素养水平研究》，《教育现代化》2017年第13期。

李亮、周彦：《教师传统文化素养提升的几个境界》，《人民教育》2018年第13期。

李红恩：《论英语课程的文化品格》，博士学位论文，西南大学，2012年。

张群星：《外语教学领域对跨文化交际的曲解——"中国文化失语症"的原因之一》，《学理论》2009年第19期。

陈新仁：《全球化语境下的外语教育与民族认同》，高等教育出版社2008年版。

潘一和：《文化与国际关系》，浙江大学出版社2005年版。

A Study on Traditional Chinese Cultural Competence of University Foreign Language Teacher and the Teaching Strategies about Traditional Chinese Cultural International Publicity

Yang Guanfeng

Abstract: It is the national development strategy to enhance the world influence of Chinese civilization and China's soft power. All Foreign language teachers in Chinese universities should take the responsibility to train foreign language learners a better international publicity under the background of "traditional Chinese culture going-out" policy. They should actively think, explore and improve their language skills and traditional cultural competence, and cultivate the traditional culture publicity talents in the new era. However, the contradiction between the the students' demand of Chinese traditional culture and the lack or incompetence of it among foreign language teachers is becoming more and more prominent. This paper probes into the issue from three aspects of history, subjectivity and objectivity, and puts forward the methods to improve foreign language teachers' teaching competence of international publicity of traditional Chinese culture.

Key words: Traditional Chinese Culture Competence, University Foreign Language Teachers, International Publicity

语言与教学

过程性写作教学模式在非英语专业大学生英语写作教学中的应用研究

兰 军

摘 要：在英语学习的四大技能——听、说、读、写中，写作通常被认为是最难提高的一种能力。目前，非英语专业大学生在大学英语四、六级考试中写作水平并不尽如人意，他们的写作语言质量有待提高，这种现状的存在与在日常的大学英语教学中针对写作的训练时间有限、写作策略指导不足、评价方式单一等问题有关。本文首先通过分析笔者所在学校的非英语专业大学生写作教学的现状，结合文献研究和行动研究，提出过程性写作教学模式，以期提高非英语专业大学生的英语写作能力和写作兴趣。该模式包括写前准备阶段、写中修改阶段和写后发布阶段，它以过程写作法的基本内容为基础进行了新的设计，不同主要表现在三个方面：以手机、教学媒体和句酷批改网为手段，以同伴的帮助和评价为助力，以课上和课下结合为支撑。之后笔者在自己所任教的大学对该模式进行了实证研究，通过质化和量化的研究方法收集数据。数据分析表明：本文提出的过程性写作教学模式有利于提高非英语专业大学生的英语写作水平，激发学生写作的兴趣，培养学生良好的写作习惯。

关键词：过程性写作教学模式；非英语专业大学生；英语写作教学；英语写作兴趣

引 言

语言学习的四大基础技能包括听、说、读、写。写作，作为四大技能的重要组成部分，能够展示学生的表达能力以及运用语言的综合技能。然

作者简介：兰军，女，陕西师范大学外国语学院，副教授，研究方向：英语教学；跨文化交际；二语习得。

而，在大学英语四、六级考试及雅思、托福等测试中，非英语专业大学生的表现不尽如人意。笔者随机调查了10位我校非英语专业大学生，记录他们对自己四、六级考试表现的评价，十名同学中有九名同学认为：在四、六级考试中，在写作、听力理解、阅读理解和翻译中，学生对自己的写作表现满意度最低，写作能力和写作成绩亟待提高。此外，在平常的英语教学中，笔者发现教师和学生对写作教学投入的时间和精力有限，对学生写作策略以及写作评价方面都存在一定的问题，这样的教学方式势必会影响学生写作能力的提高，影响教师的教学效果，影响我校学生在四、六级考试、雅思托福等考试中的表现，不利于提高学生英语学习的自信心和学习兴趣。因此，改变我校非英语专业大学生的写作教学的方式，构建课内外相结合、评价方式和主体多样的、能够对学生进行策略指导的写作教学方式具有重要的现实意义。以过程性写作教学模式为导向的大学生非英语专业写作教学应用研究正是在此依据下提出的。

一　理论基础

本研究以过程写作法的相关理论为基础，利用批改网、微信和QQ网络平台等现代化教学辅助手段来研究如何设计出更好的大学英语写作教学模式并将其实际运用到课堂教学中去，以促进非英语专业大学生英语写作能力的提高。

过程写作法是二语写作教学中的一种方法。这种方法最先出现在20世纪70年代末。1999年，Campbell（1999）把过程写作法定义如下：过程性写作的目的是让学习者绞尽脑汁，通过完成一系列的过程，从而写出一篇好的文章，这一系列过程包括在写前阶段提出想法，写出初稿，反复修改，评价自己的写作等。2001年，Brown（2001）总结了过程写作法的如下特征：

（1）关注写作的过程；
（2）从学生写作角度，给予帮助；
（3）在写前、写初稿和修改过程中，帮助学生构建多样的写作策略；
（4）给学生写作和重新写作的时间；
（5）重视对习作的重复性修改；
（6）在学生写作过程中，有助于其发掘信息；
（7）在整个写作过程中提供反馈，而非仅仅对最终写作成果进行

反馈；

(8) 不仅鼓励教师给学生反馈，也鼓励同伴之间的反馈；

(9) 在写作过程中包含师生的讨论。

这种方法和以往的注重结果为导向的写作教学有很大的不同。以结果为导向的写作教学的理论基础是行为主义的理论，教师提供刺激，学生做出反应。这样的写作教学关注的是学生最终的写作成品。教师先给出写作的范文，然后带领学生分析范文，分析之后，学生开始模仿范文进行写作，最后由教师打分，给出评价。学生在以结果为导向的写作教学中，被动接受教师提供的范文和对范文的分析，教师在批阅过程中，常常把注意力放在语言形式上，学生也往往只关注分数本身，对评语和修改意见关注较少。

过程写作法则大不相同，它基于人本主义教育理论、建构主义认知理论和交际语言教学理论。过程写作法，顾名思义，是一种关注过程的写作教学方式。同时，该教学法认为，写作的主体是学生，强调在写的过程中逐步发展学生的思维能力和语言能力，同时注重师生互动和生生互动。此外，在过程写作法中，修改被认为是一个非常重要的组成部分。

根据 Murry（1980，引自史向红 2014）的观点，过程性写作的一般流程包括：预演-练习阶段、打草稿阶段和修改阶段。21 世纪初，国内研究者也一直在做过程写作的相关研究（于飞、张慧芬，1996；贾爱武，1998；李森，2000），努力探索过程写作法对大学生英语写作能力的影响。也有学者认为目前对以英语为外语的写作者而言，他们的写作问题主要在于对写作兴趣不高、写作焦虑和对写作风格、修辞知之甚少（张中载，1981；潘绍嶂，1992）。

二 非英语专业大学英语写作教学中存在的问题

笔者所在学校现行的大学公共英语写作课教学在实际实施过程中存在以下问题：

(1) 写作教学的时间有限

对于非英语专业的大学生而言，每周公共外语课只有两节，一节为综合英语课，另一节为听说课。综合英语课注重语言知识的学习和学生阅读层面的提高；听说课，顾名思义，在该课型中，教师主要关注听说教学。然而，作为英语学习中四项重要技能（听、说、读、写）之一，写被边

缘化了。根据胡华芳（2005），何家驹、张碧（2005），董桂荣（2006）的研究，写作教学在非英语专业中时常被忽视。在实际教学中，写作并未得到应有的重视。

（2）写作策略指导不足

写作是一项复杂的脑力活动，写作的过程需要学生调动自己的审题能力、语言知识运用能力、语篇布局能力、背景知识运用能力和辩证思考能力等。但在实际教学中，教师一般布置写作任务后，由学生课后独立完成。学生在得到写作任务后，就开始上网搜集资料（有些学生直接拷贝网上的材料，用于自己的写作），埋头写作。在整个写作过程中，学生自行开展写作活动，缺乏必要的审题策略、语篇衔接策略方面的指导。

（3）写作语言质量不高，错误较多

笔者从分析所教班级平常的习作上可以看出，大多数学生的写作水平较低，具体表现如下：语言错误（包括语法和词汇拼写错误）较多；运用从句、非谓语动词等复杂结构的意识低，能力弱；篇章整体松散，语篇衔接和语段连贯性差；习惯用低阶词汇；句子翻译的痕迹较重。

（4）写作评价形式、评价主体单一

学生上交作文后，教师对作文的语法错误、拼写错误进行圈圈点点，少数教师会写上一些评语，多数是激励性评语，对文章的观点和语篇布局方面评价较少。在评价方面，教师主要采用评分和 A、B、C、D 等级给学生评价，教师作为唯一的评价主体，评价形式较为单一。

（5）评价效果不能即时转化，反馈有效性低

多数学生在拿到老师辛辛苦苦批改的文章后，一般只关注老师的评价等级和评语。有些学生蜻蜓点水地看看老师圈出的语言错误，便将作文弃之不顾。一些学生对已经犯的错误不够重视，导致同样的语言错误一错再错，写作能力固化，只会套用写作模板。这样的评价方式只发挥了下发作文的一瞬间引起学生关注的作用，对学生写作能力的实质性提高作用甚微。

针对以上的问题，笔者认为改变非英语专业大学生的写作教学的方式、真正提高学生的写作能力尤为必要。因而需要构建课内外相结合、评价方式、主体多样的、能够对学生进行策略指导的写作教学方式。

三　非英语专业大学生过程性写作学习的模式的构建

针对上文中指出的非英语专业大学生写作教学中存在的问题，笔者根据教学实际，结合学校的现代化教学设备、批改网、微信、QQ 等网络资源，以 Murry 的三个阶段为理论基础对过程写作法进行了修改，提出了更适合现代教学实践的非英语专业大学生过程性写作教学模式（图1）。

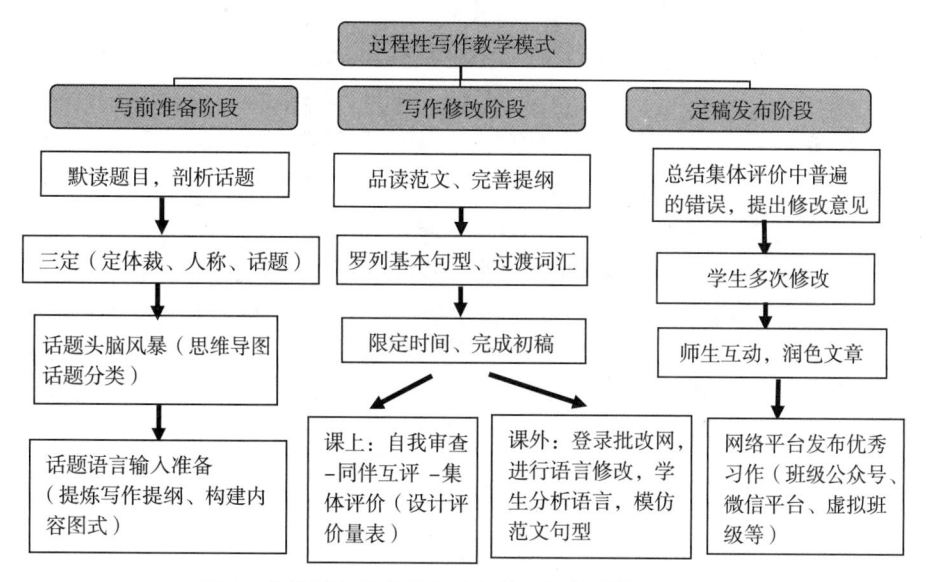

```
                          过程性写作教学模式
        ┌──────────────────────┼──────────────────────┐
    写前准备阶段              写作修改阶段              定稿发布阶段
        │                        │                        │
   默读题目，剖析话题       品读范文、完善提纲      总结集体评价中普遍
                                                   的错误，提出修改意见
        │                        │                        │
  三定（定体裁、人称、话题）  罗列基本句型、过渡词汇        学生多次修改
        │                        │                        │
   话题头脑风暴（思维导图     限定时间、完成初稿        师生互动，润色文章
     话题分类）                  │    │                   │
        │              ┌─────────┘    └─────────┐        │
   话题语言输入准备   课上：自我审查      课外：登录批改网，  网络平台发布优秀
   （提炼写作提纲、构建内  -同伴互评-集    进行语言修改，学   习作（班级公众号、
    容图式）         体评价（设计评    生分析语言，模仿   微信平台、虚拟班
                     价量表）         范文句型）        级等）
```

图 1　非英语专业大学生过程性写作教学模式示例图

总的来看，过程性写作教学模式可分为写前准备阶段、写作修改阶段和最后的定稿发布阶段。因为大学公共英语的课程时间有限，所以授课教师可以利用部分的课堂时间和学生的课后时间，共同完成写作的全过程。

写前阶段需要在课堂上利用 10—15 分钟执行，该阶段主要为学生提供写作的语言支架和观点支架，从审题到写作体裁、时态和人称的确定，该环节为选做环节，如果班级学生的英语水平较高，这个步骤可以直接跳过，如果学生水平较低，这个步骤就为必做环节。

随后，教师可以组织学生进行头脑风暴，发散学生思维，让有话可说的同学充分表达，为无话可说的同学提示观点，在拓展学生思维的同时，

引导学生对问题进行批判性思考，对观点进行分类和评价。头脑风暴之后，教师引导学生提炼写作提纲、构建内容图式，写前阶段完成。

写作修改阶段，教师可以利用课前 5—10 分钟带领学生品读范文，继续丰富学生写作的语言图式和内容图式，随后，教师让学生关注语篇衔接的手段以及意义。学生可以在课后进行限时写作。

学生在课后完成限时写作之后，如果课上有时间，教师可以带领学生进行自我审查、同伴互评（peer review）和集体评价。自我审查表提前发给学生使用。如果课上没有时间，教师可以下发同伴互评表，让学生在课后以小组为单位，进行同伴互评。学生根据同学的意见和建议，修改自己的习作。然后，在下一堂英语课进行集体评价，教师选择学习小组中具有代表性的文章进行集体修改和评价。教师在课后收集学生的习作，对学生的自我审查、同伴评价进行反馈。

写作修改阶段完成之后，教师在下一堂英语课总结学生在写作过程中常见的语言错误和篇章写作中存在的问题，提出修改意见，并下发学生的习作。学生在课后进行多次修改，利用微信、毕博或批改网平台和教师进行一对一互动。学生继续修改后，得出最终的写作成果。教师和学生共同选出优秀习作，在班级的学生群、微信平台或虚拟班级的平台进行发布。发布阶段预示着一个话题的写作的结束。

四　过程性写作教学模式的教学案例分析

以 2016 年 12 月六级作文题目为例：

Step 1 Pre-writing

Directions：For this part, you are allowed 30 minutes to write a short essay on innovation/creation/invention. Your essay should include the importance of innovation and measures to be taken to encourage innovation/creation/invention. You are required to write at least 150 words but no more than 200 words.

教学指导：

（1）要求学生看到作文题目后，在草稿纸上写上写作需要的时态、人称和话题主题。

（2）小组讨论，进行头脑风暴，主要关注该话题需要包含的核心观点和 supporting facts/ideas。

（3）学生根据核心观点和支持性信息，列出自己初步的写作提纲。

Step 2 Writing and Revising

阅读参考范文：

In today's highly competitive world, <u>innovation matters enormously to</u> an organization or a country. It is <u>the driving force</u> behind increased competitiveness.

Take growing a successful business as an example. In this day and age, social media are <u>gaining popularity</u> among the general public. A company that only relies on traditional media doing its marketing is more likely to get eliminated in the digital era. <u>Put in another way</u>, a company with its focus on social media to <u>boost its brand recognition stands a better chance of</u> standing out from the crowd. Clearly, innovation is <u>a vital contributing factor to</u> business success.

What can be done to encourage innovation? <u>To name only a few</u>: Above all, a business or a country should strive to build a corporate culture or a social climate that values innovation. Second, anyone who participates in the innovation process should be rewarded. Third, we are in urgent need of an education system <u>that stresses innovation over mechanical learning</u>.

<u>Simply put</u>, innovation is an important force that pushes our society forward.

（下划线部分为较好的语言表达）

教学指导：

（1）教师在PPT上呈现范文，剖析范文的提纲，挖掘范文的写作思路。

（2）剖析思路后，学生细读范文，找出文中的精彩表达。

（3）学生拓展需要使用的词汇和表达，然后在草稿纸上写出需要使用的衔接词语。

（4）学生课后修改，完成写作。[如果课上有时间，可让学生根据评价量表进行自我评价和同伴评价（见表1）；如果课上没有时间，可以课后登录批改网，由教师进行反馈。]

Step 3 Post-writing

（1）以Step2第四步为准（A or B）

a 学生以小组为单位总结写作评价中出现较多的语言错误和思路上的误区。

b 教师总结批改网上的集中反馈的学生的语言错误和思路错误。
　　c 教师提出修改意见。
（2）学生进行二次或多次修改。
（3）学生选出小组代表作，教师示范，进行文章的润色。
（4）选出优秀习作，在班级 QQ 群、微信群进行发布。

表1　　　　　　　　　　　　学生同伴互评表

作者		文章标题		评论者		日期	
文章内容		是否符合主题					
		是否包含所有要点					
语言表达		语句是否流畅通顺					
		是否有词汇、语法错误（举例）					
		是否有精彩语句（举例）					
篇章结构		是否分段合理					
		是否运用恰当的连接手段					
总体评价		你对文章的总体评价					
		文章最大的优点或缺点是什么					
		提出进一步修改的建议					

五　非英语专业大学生过程性写作教学模式的实证研究

　　为了检验这种教学模式对于学生写作水平和写作兴趣的影响，笔者在非英语专业一年级学生的大学英语课堂教学中进行了为期一个学期的实证研究，通过教学实验、测试、访谈和对学生作文文本的分析的研究方法来收集数据。随机选取非英语专业大学一年级 B 班的两个教学班级共 90 名学生进行教学实验，分为实验班（45 人）和控制班（45 人），实验班使用过程性写作教学模式进行英语写作教学，控制班英语写作教学仍然沿用以前的教学模式（结果写作教学法），讲授内容包括议论文、说明文、应用文和图画作文 4 种不同文体的作文，两个班用于写作教学的教学时长是一样的。在教学实验前对两个班的学生进行了英语写作测试（前测），测试结果显示两个班的学生的英语写作水平没有显著差异。在教学实验结束

之后，又对两个班的学生进行了写作能力的测试（后测），以了解学生在英语写作水平上是否有所变化，两次测试试卷均使用的是写作水平测试卷，总分为20分。为了了解学生对英语写作的看法、他们的写作习惯、写作心理等情况，在教学实验前后对两个班的学生发放了调查问卷，两次使用同样的调查问卷。问卷包含45个选项，问卷采取李克特量表，1表示非常同意，2表示同意，3表示不清楚，4表示不同意，5表示非常不同意。为了更深入的了解学生对过程性写作教学模式的看法以及他们在写作中存在的问题，笔者抽取了实验班英语写作水平上、中、下三个等级各3名同学进行访谈。

通过对实验班和控制班学生英语写作后测成绩的对比，发现实验班学生写作成绩平均分为11.375分，控制班学生的平均成绩为10.3分。经独立样本T检验分析，实验班学生的写作水平与对照班学生的写作水平具有显著差异（t=2.552，p<0.05）。实验班学生的写作水平明显高于控制班学生的写作水平（见表2），说明过程性写作教学模式比传统的结果写作法更胜一筹，效果更明显。

表2　　实验班与控制班后测成绩对比（独立样本T检验）

写作成绩	实验班		控制班		MD	t（42）	Sig.（2-tailed）
	M	SD	MD	SD			
	11.375	1.287	10.3	1.508	1.075	2.552	0.014

同时，通过分别对比实验班和控制班学生的写作前测和后测成绩（见表3、表4），发现经过一学期的教学实验，实验班学生的成绩进步明显，学生的写作水平有明显的提高，控制班学生的成绩虽然也有小幅度提高，但是达不到显著效果。该结果说明：运用过程性写作教学模式授课的实验班学生的英语写作整体水平比实验前有明显的提高，过程性写作教学模式有利于增强学生英语写作水平。

表3　　对照班学生实验前后测成绩对比（配对样本T检验）

	前测		后测		MD	t（19）	Sig.（2-tailed）
	M	SD	M	SD			
控制班学生写作成绩	9.95	1.122	10.3	1.508	−0.35	−1.178	.253

表 4　　实验班学生实验前后测成绩对比（配对样本 T 检验）

	前测		后测		MD	t（23）	Sig.（2-tailed）
	M	SD	M	SD			
实验班学生写作成绩	9.979	1.347	11.375	1.287	-1.396	-6.144	.000

教学实验前进行的调查问卷的数据反映出两个班共同存在以下问题：1. 学生缺乏写作的自信心，认为英语写作是一件艰巨的任务；2. 学生缺乏写作的兴趣和主动性，大部分学生进行写作是为了完成老师的安排；3. 学生没有养成良好的写作习惯，如写前与同学讨论相关主题扩展思路，写后没有进行二次修改等；4. 大多同学经常会在写作中遇见不会用英语表达的短语句子。控制班的两次调查问卷的对比结果没有显著差异，于是笔者重点对实验班的实验前后的问卷结果进行了对比分析，以分析学生对英语写作的兴趣、写作态度是否有所变化，了解学生的写作习惯、平时写作中的问题等信息，统计结果如表 5 所示。

表 5　　　　　　　　　实验班问卷调查数据

选项	实验前均值	实验后均值
我觉得英语写作重要。	1.64	1.36
我觉得英语写作不难。	3.48	2.88
我认为英语写的方面的学习主要靠老师的指导。	3.40	3.48
我认为写作需要长时间的练习才有效果。	1.56	1.20
长时间坚持写作对我来说很难。	4.16	3.84
我很喜欢写英语作文。	3.44	2.84
我进行英语写作是为了在写作中寻找乐趣。	3.52	3.00
在英语写作过程中我减轻了焦虑，增强了信心。	3.40	2.88
我进行英语写作练习总是因为老师布置了相应的作业。	3.68	2.96
写英语作文我有信心。	3.40	3.00
我会主动进行英语写作练习，来提高英语写作水平。	3.40	2.76
我进行英语写作练习，主要是练习学过的英语词汇或语法知识。	2.36	2.52
在动笔之前，我经常会与同学就相关主题进行讨论。	3.48	2.68

续表

选项	实验前均值	实验后均值
在动笔之前，我经常会在头脑中搜索与写作主题相关的素材。	1.88	2.84
写之前，我经常会列出写作提纲。	2.48	1.72
进行写作练习，我要表达的内容总是作业中给定的。	2.52	2.52
用英语写完东西之后，我比较注意是否有语法错误。	2.36	2.52
我经常与同学交流相互的英语作文，取长补短。	3.96	2.04
进行写作时，我总是一气呵成，中间没有较长时间的停顿。	3.20	2.84
与英语其他方面的学习相比听、说、读，我在写作上花费的时间最多。	3.80	2.60
我喜欢课堂写作和课外写作相结合的方式。	2.32	3.48
写作前，我喜欢和老师、同学讨论作文内容和写作构思。	3.12	1.88
写作后，我会再检查作文，自己进行修改。	2.48	2.04
我在英语写作中，经常会有无从下笔的感觉。	2.20	3.01
我熟悉英语作文的特点。	3.00	3.24
我熟悉英语作文的一般结构。	2.20	1.68
我熟悉英语记叙文的写法。	2.52	1.76
我熟悉英语说明文的写法。	2.68	1.96
我熟悉英语议论文的写法。	2.48	2.04
我熟悉英语书信的写法。	2.12	1.72
我了解英语写作过程。	2.12	1.62
我在写作时能熟练运用各种句型短语。	3.44	2.06
我在写作时能熟练运用各种衔接手段。	3.20	2.96
我能准确把握作文的主旨。	2.52	2.06
不同题材的作文能够提高我的英语写作水平。	2.12	1.88
我在写作过程中很少会遇见不会用英语表达的词汇与句子。	3.64	3.06
写作后，我会经常与同学进行互评，互相修改作文。	4.08	3.48
写完之后，我经常会重新阅读自己写的文章。	2.32	1.76
我喜欢老师把同学写的优秀作文作为范文，在课堂上集体讨论。	2.20	1.44
我喜欢老师评阅作文时给出内容方面的具体意见。	1.68	1.76

续表

选项	实验前均值	实验后均值
同学互评有助于我改进作文内容。	1.84	1.60
我喜欢老师评阅作文时给出组织结构方面的具体意见。	1.88	1.60
同学互评有助于我改进作文组织结构。	2.32	1.60
老师集体纠正学生作文中的典型错误，针对性地解决了我在英语表达方面的问题。	1.80	1.96
我总会主动修改老师批改后的写作练习。	2.60	1.60

（注：问卷采用李克特量表，1表示非常同意，2表示同意，3表示不清楚，4表示不同意，5表示非常不同意。）

对问卷数据的分析表明，经过一学期过程性写作教学模式在课堂教学中的运用，学生们改变了以往英语写作难的看法，认为英语写作比以前感觉简单了，写作也是充满乐趣、充满创造力的一个过程。学生对写作的自信心、写作兴趣也都有了一定幅度的提高。同时，学生也表明过程性写作教学模式有利于培养他们良好的写作习惯，改变他们固有的写作思维，比如写前构思，写后多次修改以及同伴互评，进而提高他们的英语写作水平。

为了更深入地了解学生对过程性写作教学模式的看法以及他们在写作中存在的问题，笔者抽取了实验班英语写作水平上、中、下三个等级各3名同学进行访谈。访谈的内容如下：

1）What do you think of your English writing ability this semester?

2）What is the biggest problem in your English writing?

3）How do you improve your writing ability after class?

4）Have you improved your English writing ability after process-oriented writing model?

5）What do you think of process-oriented writing model?

6）Does process-oriented approach help you to solve your writing problems?

7）Do you like the procedures in process-oriented writing model?

8）Do you feel relaxed in the writing class this term?

9）Is peer revision beneficial to your writing ability?

10）Can you find your partners' errors in their compositions accurately?

11) Do you like model presentation? Why?

12) What is your motivation to learn English writing?

通过访谈了解到，学生在写作中最大的困难主要集中在语言表达方面，容易出现中式翻译的问题。大部分学生对过程性写作教学模式持赞同的态度，认为经过一学期新模式下的英语写作教学，他们能够掌握不同文体写作的特征，理解写作的过程，提高写作水平。同时他们也发现写作比以前要有趣多了，写作并不是一个硬性的任务，而是一个可以发散思维、相互交流看法的一个活动。

过程性写作教学模式在非英语专业大学生英语写作教学中应用的实证研究的数据表明，此模式有利于提高我校非英语专业学生英语写作的水平，激发学生写作的兴趣，培养学生良好的写作习惯。

过程性写作教学模式虽然提高了学生的写作能力，改变了学生对英语写作的看法和态度，但是在教学实验实施的过程中，笔者也发现学生写作任务的完成度还没有达到理想要求，尤其是英语基础较弱的学生写作能力提高的幅度不明显。通过多方面的分析以及对学生进行访谈，发现导致该现象发生的原因主要有：1. 学生对关于写作的基础知识了解不多，同时缺乏相应的练习，导致知识机械应用。2. 学生对于写作的积极性不高。本研究的对象大多是免费师范生，未来职业发展对英语的要求不高，因此对英语的学习兴趣不高，影响了其在实验过程中的参与度。3. 部分学生在同伴评价中只能关注于句子层面，在对文章的语言表达、篇章结构上不能提出建设性的建议。

对于这些问题，可通过下面的几条途径来解决：

1. 进行教学设计时，重视写前准备阶段，设计丰富的写前活动，激发学生写作的想法和思维，扩展学生写作的思路。

2. 重视教师在写作过程中的指导作用，比如协助学生做好写前讨论、写后同伴互评，及时给予学生有针对性的反馈评价。

3. 结合多种写作教学方法，灵活运用过程性写作教学模式。

结语

根据笔者目前对研究过程的观察和判断，过程性写作教学模式能够有效地解决目前笔者所在学校非英语专业大学生在英语写作学习中的问题，学生的写作积极性得以提高，让学生能够充分、有效地参与写作过程，教

师能够为学生提供有效的写作策略指导；此外，利用批改网和微信公众号平台等发布学生的习作，激发学生的写作热情，让学生感受到英语写作的成就感。在过程性写作教学模式中，学生进行有效的小组合作，有利于增进同学间的友谊，教师和学生在课后的沟通增强，师生关系和生生关系更加融洽。

建构主义的知识观和学生观要求教学必须充分尊重学生的学习主体地位。全新的过程性写作教学模式充分考虑了学生在学习中的主体地位，在小组合作中，对于不同基础、不同水平的学生，教师将会根据学生的具体情况给予帮助，让每个层次的学生都能够在学习过程中收益最大化，能够体会到老师对他们的关注和尊重；针对学生在写作过程中遇到的问题，过程性写作教学模式能够调动学生英语写作的积极性，帮助学生解决英语写作中的实际问题，更加体现了因人施教的原则，同时还能有助于培养学生的责任感。让学生感到自己受到教师的尊重和关注，有利于建立良好和谐的师生关系。

参考文献

Brown, H. D. 2001. *Teaching by Principles*: *An Interactive Approach to Language Pedagogy*. Beijing: Foreign Language Teaching and Research Press.

Campbell, C. 1999. *Teaching Second Language Writing*: *Interacting with Text*. Beijing: Foreign Language Teaching and Researching Press.

邓鹏鸣、刘红、陈亢、陈艳、章毓文：《过程写作法的系统研究及其对大学英语写作教学改革的启示》，《外语教学》2003 年第 2 期。

董桂荣：《英语作文常见问题对教学的启示》，《安徽理工大学学报》（社会科学版）2006 年第 1 期。

何家驹、张碧：《大学英语写作现状分析与改进尝试》，《中山大学学报论丛》2005 年第 6 期。

胡华芳：《大学英语写作现状及教学对策》，《华东交通大学学报》2005 年第 12 期。

胡新颖：《过程写作法及其应用》，《外语与外语教学》2003 年第 9 期。

贾爱武：《英语写作教学的改进：从成稿写作法到过程写作法》，《解放军外国语学院学报》1998 年第 5 期。

李森：《改进英语写作教学新举措：过程教学法》，《外语界》2000 年第 1 期。

潘绍嶂：《大学英语写作中的问题与对策》，《外语界》1992 年第 1 期。

史向红：《过程写作法对大学生英语写作能力影响的实证研究》，硕士学位论文，延安大学，2014年。

于飞、张慧芬：《写作教学中的"成果教学法"、"过程教学法"和"内容教学法"》，《外语界》1996年第3期。

张英、程慕胜、李瑞芳：《写作教学中的反馈对教学双方认知行为的影响》，《外语界》2000年第1期。

张中载：《用外语写出好文章》，《外语教学与研究》1981年第2期。

A Study on the Application of Process-oriented Writing Model to the College English Writing Teaching and Learning of Non-English Majors

Lan Jun

Abstract: In the four main linguistic abilities——listening, speaking, reading and writing, writing is usually considered the most challenging one to improve. At present, the non-English majors in Shaanxi Normal University are often faced with the undesirable results in the writing test of CET 4 and CET 6. Their writing is not good enough in terms of language itself, with broken English grammar and monotonous sentence patterns. More often than that, students have a lot of ideas to express, but fail to express themselves well owing to their poor writing ability. The students themselves are not the only one to blame. In the teaching practice, teachers also face limited time for writing. And with limited time for teaching, students are not exposed to adequate strategies for writing. Besides, the mono-assessment also contributes to this worrying situation.

Therefore, the author intends to figure out an effective teaching mode to compensate for the harmful effect the current teaching practices poses on the teaching of writing by adopting the improved Process-oriented Writing based on theoretical and action research. The improved Process-oriented Writing Model is, to some degree, in line with the commonly adopted three-stage process, but varies from it in three aspects: first, it combines the use of students' cell phones, advanced teaching facilities, and Correcting Network; second, in the writing process, peer-help and peer assessment are greatly encouraged; third, it is flexible in the practice, as it can be practiced in and after class. The author conducts an empirical study on the application of the model to the English writing of non-English majors in her university. Data collected by means of qualitative and quantitative research demonstrate that Process-oriented Writing Model can improve non-English majors' writing proficiency and arouse their interest in English writing and help them to form good writing habits.

Key words: Process-oriented Writing Model, non-English majors, English writing teaching and learning

试论翻译专业翻译教学与翻译能力培养

操林英

摘　要：本文从中国翻译学科设立背景出发，首先对中外学者有关"翻译教学"和"教学翻译"的研究进行了梳理，进而对语言能力、翻译能力和译者能力的关系进行了探究，并在此基础上，结合本校教学实际提出翻译能力习得过程。

关键词：翻译专业；翻译教学；翻译能力

一　研究背景

翻译的学科地位的独立进程足以折射中国翻译教学的发展。20世纪70年代末，外交的需要催生了高端翻译人才的培养，如北京外国语学院于1979年始建联合国译员培训部。之后随着外语教育的发展，翻译教学在我国逐步得到重视。改革开放以后，一批以"翻译理论与实践"命名，或在"外国语言文学"学科之下的"翻译"方向的硕士点、博士点相继建立但本科层次的"翻译"专业在内地并未设立，"翻译学"的学科地位仍然没有得到合理的确认，只是一个三级学科，位于一级学科"语言学"中的二级学科"应用语言学"之下。

严格意义上的翻译专业，还应是经国家教育主管部门正式批准开设的以"翻译"命名的专业，主要体现在招生目录和学科目录上。在翻译界和外语教育界的长期呼吁和努力之下，本科层次的"翻译"专业于2006年3月获准设立。复旦大学、广东外语外贸大学、河北师范大学自2006年秋季

本研究是2019年度陕西师范大学教学改革综合研究项目（19JG17）和2020年度陕西师范大学研究生教育教学改革项目（GERP-20-35）的阶段性成果。

作者简介：操林英（1975—　），女，陕西师范大学副教授，研究方向：翻译理论与实践。

起开始招收"翻译"专业本科生,学位授予门类为"文学"。这是国家教育主管部门第一次批准在高校设立本科翻译专业,是翻译专业正式进入我国本科学历教育体制的一个里程碑,标志着"翻译学"已作为一门新兴学科,真正从语言学和应用语言学中分离出来,具有了自己独立的学科地位。对翻译教学来说,学科地位的独立则意味着翻译教育已不再是外国语言文学学科内的"方向性教育",而是具有自身学科特性和专业建设价值的专业教育。随后的两年内,教育部又批准了10所院校设立本科翻译专业。截至2011年3月,共有42所高校获得教育部批准,试办翻译本科专业学位,陕西师范大学翻译专业就是第六批11个试点单位中的一员。

2007年3月国务院学位委员会审议通过了《翻译硕士专业学位设置方案》,决定设置翻译硕士专业学位(MTI)学位。为翻译人才培养打造了新的平台,同时也有更多的院校更加关注翻译专业教育和翻译人才培养,积极参与申报和建设翻译专业。除了正规的学历教育,非学历翻译专业教育伴随着市场的需求日益兴盛起来,其中包括各种以口笔译资格证书为教学目的的培训和考试。至此,我国大陆高等教育体制中的翻译专业已经初具规模,形成了从本科生到研究生、从学术型到应用型、从学历教育到非学历教育的比较完整的教学体系。毫无疑问,翻译学科的独立,对我国大陆的翻译教学和教育来说,具有里程碑的意义。同时也给我国翻译教学界提出了新的问题、带来了新的挑战。

二 翻译教学和教学翻译

本科翻译专业的设立,必须认清两个概念:翻译教学和教学翻译。加拿大学者德利尔(Jean Delisle, 1981)首先提出了"教学翻译"(Pedagogical/Academic Translation/Teaching Translation)与"翻译教学"(Translation Teaching/Pedagogy of Translation)的概念。

在他看来,"翻译教学"的开展是为翻译本身,"不是为了掌握语言结构和丰富语言知识,也不是为了提高文体的水平。纯正意义的翻译目的是要使学生学习在特定的场合下传递具体内容的语言运用,是要出翻译自身的成果"(1988:26),也就是说,教给学生翻译的知识和技巧;翻译教学是指为了满足翻译人才培养的特定需求、以塑造正确的翻译观念和培养必要的翻译能力为目的的教学活动。从严格意义上讲,翻译教学包括口译教学和笔译教学。由于社会对笔译工作者的需求量远大于口译工作者,

因此大部分的翻译教学都侧重笔译教学，一般把翻译教学默认为笔译教学。

而"教学翻译"是指语言教学中的翻译活动。德莱尔认为，教学翻译是为了学习某种语言而采用的一种教学方法，只是外语教学中的一种工具，在这一背景下，翻译只是用来检查学生对语言点的理解程度，"是为了学习某种语言或在高水平中运用这种语言和深入了解这种语言的文体而采用的一种方法。学校翻译只是一种教学方法，没有自身的目的"（1988：24）。在外语教学法中，这种方法被称作语法翻译法，属于比较传统的语言教学方法。随着听说法、交际法等方法的出现，语法翻译法逐渐失宠。

德莱尔的观点在国内外翻译界引起了共鸣，许多学者进一步阐述了教学翻译与翻译教学的差异，加深了人们对翻译有关的教学活动的认识。

纽马克（Newmark）认为翻译教学是一种新职业，应该和语言教学中的翻译教学区分开来（1991：137）。丹尼尔·吉尔（Daniel Gile）在《口笔译训练的基本概念和模式》（*Basic Concepts and Models for Interpreters and Translator Training*）一书中对翻译教学和教学翻译的区别也作了论述，他指出学校翻译的目的是提高并且（或者）测验学生外语的主动和被动知识，母语和外语的互译活动可以帮助学生掌握外语词汇、语言结构，提高外语理解和写作水平；翻译则是一种交际行为，具有明确的受众和目的（1995：21—24）。

勒代雷（Marianne Lederer）强调教学翻译是教授语言的工具，教学翻译建立字词对应，而翻译教学以学生掌握语言为前提，旨在传授建立意义对等的方法，培养职业翻译人员（2001：124）。

在中国，一些学者也针对中国教学情况进行了细致的区分。鲍刚和刘和平指出，"教学翻译指语言教学中的中外互译，作为教学法，也指传统法语法翻译法"（1994：20—22）。林璋在其《翻译教学：目标、内容与方法》一文中清楚地阐明了"教学翻译"是"作为教学手段的翻译"，"主要是检验对外语原文的理解是否正确"和"能否正确运用所学的语法项目"。只有"翻译教学才会教授如何去获得最好的译文"（林璋，1997：60）。黄忠廉等（1997）撰写的文章明确指出"教学翻译指语言教学中的中外互译，它对译文的要求较低，比较适合于翻译专业课之外的其他形式的外语教学；而作为教学目的的翻译教学则是专业的，它对译文的要求较

高"。穆雷在《中国翻译教学研究》一书中提出,"教学翻译是利用翻译进行外语教学,翻译是语言教学的手段而非目的。翻译教学是把翻译作为一门专业来教,使学生树立正确的翻译观,培养良好的翻译工作习惯,学会初步的翻译技巧,了解一定的翻译理论,具备基本的翻译能力"。并将现有的涉及翻译内容的教学按其目的分为三类,第一类是辅助外语教学进行的翻译教学,即教学翻译;第二类是为培养专业译员而进行的翻译教学,即真正意义上的翻译教学;第三类是为推行素质教育而进行的翻译教学,即对非语言专业的学生开设的不以日后成为专业译员为目的的翻译课(穆雷 1999：114)。

清华大学罗选民则认为翻译教学应该由"专业翻译教学"和"大学翻译教学"组成,似乎对应穆雷的第二类和第三类。当这种教学针对的对象是非外语的人文社科或理工科专业的学生时,就被称为大学翻译教学;如果该教学针对的是外语专业或翻译专业的学生,则被称之为"专业翻译教学"(2002：56—57)。

刘宓庆认为,区分"教学翻译"与"翻译教学"两个概念是对的,"但'教学翻译'似乎不大容易使人一看就明白,而且可能产生歧义,以为说的是教学的翻译'(the translation of teaching)或'教翻译和学翻译'(to teach and learn translation),其实作者意在指 to teach foreign language by means of translation。如果用'TTBS'和'TTPS'来分别指'教学翻译'和'翻译教学'可能比较明白,不会使人产生误解"(2003：257)。因此,刘宓庆把翻译实务教学分为两个大的领域,"一是作为外语基本功训练的组成部分的翻译教学(teaching of translation as a basic skill, TTBS)。另一个大的领域是作为专业技能训练的翻译教学(teaching of translation as a professional skill, TTPs),其核心任务为：培养学生的翻译能力和强化学生对翻译的认识"(刘宓庆 2003：71)。

鲍川运重新界定教学翻译的内容：大学本科非翻译专业的翻译课程,无论针对非外语专业还是外语专业,都属于教学翻译,翻译课程是学习外语的一种方法,其教学目的和课程设置与培养专业翻译为目的的翻译教学有质和量的差别。鲍川运明确指出大学本科口译课程属于教学翻译,是学习外语的重要手段,但也有助于翻译培养。

2008年,穆雷在《建立完整的翻译教学体系》一文中,对这对概念再一次做了修正。如表1所示：

表 1　　　　　　　　　　教学翻译与翻译教学的区别

主要区别	教学翻译	翻译教学
学科定位	外语教学（应用语言学）	翻译学（应用翻译学）
教学目的	检验并巩固外语知识 提高语言应用的能力	了解翻译职业的理念与规则 掌握双语转换的能力与技巧
教学重点	外语的语言结构 外语语言应用能力	双语转换能力与技巧 解决翻译问题的能力
培养目标	掌握一门外语的工作者	职业译员译者、双语工作者

在笔者看来，教学翻译和翻译教学确实是不同的，但并不是泾渭截然分开的。例如，本科翻译专业的翻译课程以及更高级别的翻译课（如各地高级翻译学院的硕士口、笔译课程）是明显属于翻译教学的，一般院校外语专业高年级翻译课侧重教学翻译，重点外语院校的外语专业高年级翻译课以及外语专业翻译方向的翻译课则侧重翻译教学，而非外语专业的普及型翻译教学内容等基本属于教学翻译的范畴。就是在本科翻译专业的课程设置之下，低年级的语言课程中经常也会依靠教学翻译的手段。就如匈牙利翻译学者克劳弟（Claudy）指出的，本科翻译专业的教学总是和外语学习平行或相结合的（1995：197）。例如，陕西师范大学本科翻译专业的学生一、二年级精读课和英语专业的学生是一样的教材，也就是说，他们必然也要参与教材提供的翻译练习，即那些巩固所学生词、词组、句型而设计的翻译练习，显然这是教学翻译的一部分。其他设立本科翻译专业的院校也基本是这样的情况。又如一些重点院校的非外语专业学生，因为语言基础和水平较高（有时甚至超过普通院校外语专业的学生），对他们进行的口笔译提高训练也会多少带上翻译教学的色彩。表 2 只能粗略地反映教学翻译和翻译教学在教学上的连续性：

表 2　　　　　　　教学翻译与翻译教学在教学上的连续性

	非外语专业的外语课程翻译教学内容	外语专业高年级翻译课程/外语专业翻译方向的翻译课程	本科翻译专业的翻译课程以及高级别的翻译课程（如 MTI）
培养目标	提高外语应用能力	巩固外语应用能力 提高双语转换能力	培养并提高翻译能力与译者能力
学生基础	一定的外语听说读写基本功	比较扎实的双语基本功	相当的双语基本功和译员基本素质

续表

	非外语专业的外语课程翻译教学内容	外语专业高年级翻译课程/外语专业翻译方向的翻译课程	本科翻译专业的翻译课程以及高级别的翻译课程（如 MTI）
教学性质	教学翻译	教学翻译向翻译教学的过渡	翻译教学

随着经济和社会的迅猛发展、科技文化的不断进步，社会对高层次的专业翻译人才的需求与日俱增，而传统的外语教学根本无法满足社会对专业翻译人才的需求。随着翻译学学科地位的确定，翻译教学终于在现行教育体制中获得了一席之地，这为系统化、专业化、科学化地培养翻译人才提供了坚实的基础。在此背景之下，我国翻译教学呈现出多类型、多层次的特点。多类型翻译教学主要包括：①高校翻译专业的翻译教学；②高校外语专业的翻译教学；③高校大学外语课程中的翻译教学；④非学历教育中的翻译教学，如各类翻译培训机构中的翻译教学。多层次主要是指我国已形成包括本科生、硕士研究生、博士研究生以及非学历教育中的进修生在内的各个教学层次上的翻译教学体系。

目前在设置有翻译本科专业的高校中，大多数任课教师是在原来外语专业翻译方向中开设过课程的教师，他们有多年的翻译教学经验。但是，外语专业的翻译教学和翻译专业的翻译教学在教学内容和教学目的上存在较大差异，必须引起任课教师的高度重视。外语专业的翻译教学主要是满足部分学生对翻译的兴趣，帮助学生通过各类外语等级考试中的翻译项目，增加学生的就业机会。翻译专业的翻译教学则是以翻译实践为主，教学的重心是培养学生的翻译能力和塑造正确的翻译观念，为社会输送合格的翻译专业人才。

三 语言能力、翻译能力和译者能力

所谓能力，是指"能胜任某项任务的主观条件"（《现代汉语词典》第921页）。语言能力，是乔姆斯基（Noam Chomsky）1975年提出的一个概念，是指一个说话人所必须具有的特定语言水平，能够创造无限量的新型句子。

巴赫曼（Bachman）提供了语言能力层次模型。在这个模型中，语言能力首先被划分为组织能力和语用能力两大类。组织能力包括语法能力

（即词汇、形态、句法和语音/笔迹学知识，1990：87）和篇章能力（按照规约把话语组织在一起，形成一个文本的能力，1990：88）；而语用能力包含言外能力（如何使用词语来做事情）和社会语言能力（让我们的语言能够在特定语境下发挥合适的功能，1990：94）。

随着翻译研究的深入，研究者从最初的主要关注翻译涉及的语言发展到后来关注翻译背后的社会、文化因素。人们逐步认识到翻译不是在真空中完成的，需要特定的情境，满足一定的交际目的。译者实际上是交流者，翻译能力实质上是一种交际能力。作为交际能力的一种特殊形式，翻译能力不仅包括掌握的翻译知识，也包括完成翻译所需要的各种技能，这为多元素（维度）翻译能力论的提出奠定了认识论基础。

姜秋霞与权晓辉（2002）认为，翻译能力包括：①语言能力，包括文本知识、文本认知能力、文本生成能力、语言交际能力；②文化能力，指译者的文化知识结构；③审美能力，包括形象感知、意象整合、想象发挥等审美心理机制；④转换能力，指在原文接受和译文再造之间的心理转换机制。

刘宓庆（2003）根据美国教育学家、教育心理学家 Robert Gagne 关于学生习得素质的理论思想，提出翻译能力的五个维度：①语言分析与运用能力，语言分析包括语义（意义和意向）分析、语法结构分析、语段（篇章）分析；②文化辨析和表现能力；③审美判断和表现能力，初级阶段涉及词句是否得体、适当，高级阶段涉及意向、意境、风格的把握；④双向转换和表达能力，包括思维逻辑、句法规范、表达方式三方面的训练；⑤逻辑分析和校正能力。作者认为翻译能力的培训过程就是强化受训者对翻译的认知过程，使其从知之不多到较多，最后达至甚多。

文军（2004）认为，翻译能力包括：①语言文本能力，即双语能力、语域识别和文体辨识能力；②策略能力，包括归化、异化、全译和部分翻译的能力；③自我评估能力，这一能力是帮助译者进行有效翻译的反馈机制。作者指出，翻译能力是一个整体，任何一部分缺陷都会对整体翻译行为造成影响。

2010年，文军与李红霞综合国内外关于翻译能力构成的论述，提出如图3，翻译能力的构成框架（文军、李红霞，2010：3）

在该框架中，翻译能力由两大核心能力组成：实践能力和理论能力。实践能力包括五个子能力：语言/文本能力、策略能力、自我评估能力、

```
                          翻译能力
                             │
              ┌──────────────┴──────────────┐
           实践能力 ◄──────────────────► 理论能力
              │                              │
   ┌────┬─────┼─────┬────┐         ┌─────────┼─────────┐
语言/文本能力 策略能力 自我评估能力 IT能力 工具书使用  翻译学科知识 相关学科知识 职业素养
```

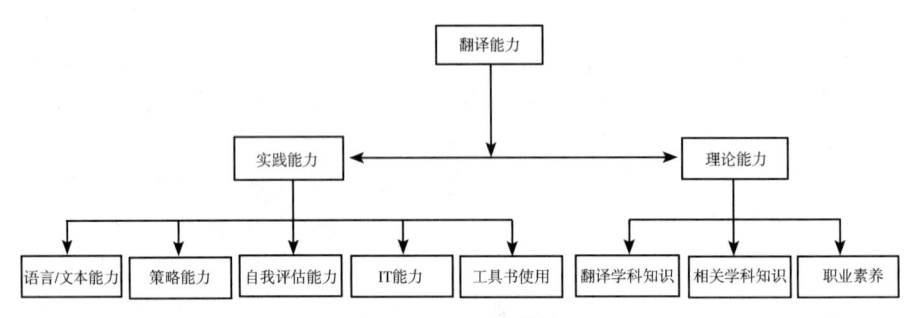

图 3　翻译能力构成框架

IT 能力和工具使用能力。理论能力包括三方面内容：翻译学科知识、相关学科知识和职业素养。虽然文军与李红霞是国内较早提出翻译能力中应包括 IT 能力和工具书使用能力的学者，但是他们并没说明该如何培养学生这两方面的能力。

翻译能力包含哪些内容呢？迄今为止国内外很多学者对翻译能力进行了描述与分析，德国翻译家诺伊伯特（2000：3—18）提出翻译能力包含五个参数：语言能力、语篇能力、主题知识能力、文化能力和转换能力，较好地概括了翻译能力的基本内涵，涵盖了学生通过翻译课的学习后应掌握的翻译综合能力。

对于翻译能力，吉拉里（Kiraly, 2003）基于社会建构主义观念，主张学生在专业译者的指导下，通过参与真实的项目去建构翻译知识和能力。他认为，翻译能力只是注重创造同原文等值的译文，而译者能力则强调发现问题的能力、合作能力、创造能力、权衡能力、工具使用能力、对翻译规范的认识与运用能力。译者能力包括三个维度：合作性、真实性、专业水平。"合作性"体现在单独行动程度的降低，包括没有激发的个体、互动二人、合作的社群三个阶段。"真实性"包括意识的提高和支架反思活动两个阶段。"专业水平"包括生手、学徒、熟练工三个阶段（Kiraly, 2000：10-14, 58-59, 2003），如图 4 所示：

图 4　　　　　译者能力发展维度（Kiraly, 2000：58）

专业能力		
自立	经验	专业技能

专业能力		
合作的社群 互动二人 未激发的个体	支架反思活动 意识的提高	熟练工 学徒 生手
合作性	真实性	专业水平

吉拉里只是分析了译者能力发展的几个维度，并没有具体论述如何培养译者能力，译者能力包括哪些要素也不是很明确。笔者在此基础上，根据翻译教学实践和职业翻译的要求提出了译者能力的构成要素，主要包括五个子能力：语言能力、文化能力、转换能力、工具能力和适应能力。五个子能力还可以具体分解为若干分项能力：

（1）语言能力：包括句法分析能力、结构对比能力、语篇生成能力等；

（2）文化能力：包括文化辨析能力、文化鉴赏能力、主题辨识能力等；

（3）转换能力：包括技巧运用能力、过程管理能力、理论解释能力等；

（4）工具能力：包括工具接受能力、工具使用能力、工具评估能力等；

（5）适应能力：包括环境适应能力、团队合作能力、时间管理能力等。

在五个子能力中，以转换能力为核心，其余子能力的发展服务于转换能力的提高。每个子能力包括的若干分项能力是培养该子能力的重要参照。在培养子能力的过程中，分项能力的培养要根据学生学业水平、教师教学能力、学校软硬件设施等情况采取不同的步骤和手段。五个子能力之间的关系见图5。

翻译能力中的语言能力的重要性无须赘述，下面重点论述另外四个子能力，即文化能力、转换能力、工具能力和适应能力。

文化能力与翻译中涉及的文学文化和主题知识相关。在翻译过程中，尤其是在文学文化作品的翻译过程中，翻译者需要具备一定的文化辨析能力，要能对文本中的文学文化现象有一定的敏感性，能鉴赏原文之美，并

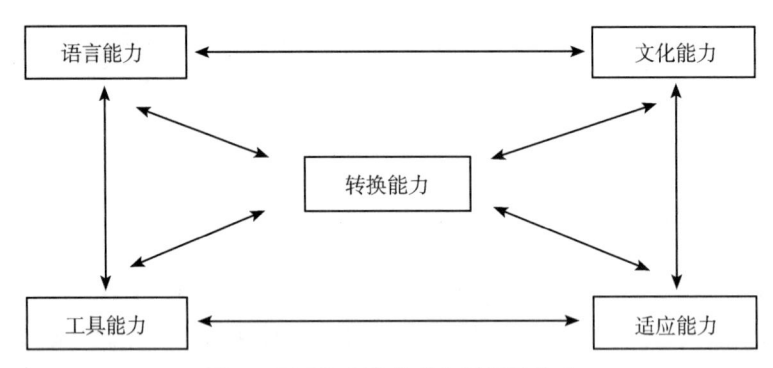

图 5　翻译能力构成成分及相互关系

能对译文中的文学文化要素进行评价。另外，在翻译非文学作品时，翻译者需要对所译领域的主题知识有所了解，对该领域文本的语言文化特征有一定的判断能力。翻译本科专业学生毕业之后能从事文学文化翻译的人数较少，因此培养学生的文化能力应该侧重于让学生具备较多的主题知识。

　　转换能力是恰当运用各种翻译技巧将源语文本转换为目的语文本的能力。它是翻译能力的核心，是翻译教学的最终目的所在。学生除了能在语篇层面进行转换之外，还需要实施科学的过程管理，包括翻译单元的确定、翻译的先后顺序、翻译问题的处理流程等。同时，学生应能解释转换过程中使用的策略，即能够令人信服地回答"我是怎么翻译的？"和"我为什么这么翻译？"等问题。

　　工具能力是指在翻译过程中使用各种工具的能力，包括对翻译工具的接受能力、翻译工具的使用能力以及翻译工具优缺点的评价能力。

　　适应能力是指能在各种环境下从事翻译实践的能力。翻译学习者未来的翻译工作都是在一定的环境中进行的，需要他们尽快适应环境，发挥潜能。就翻译本科专业学生而言，适应能力可分为低年级阶段适应新的学习和生活环境的能力和高年级阶段适应各种翻译任务和翻译场景的能力。从各个学校的培养方案看，翻译本科专业高年级学生都需要参加各类翻译实践，从实践中获取翻译经验。在高年级阶段，翻译授课形式也会发生变化，教师会组织更多翻译团队活动。此时，学生就要学会适应团队学习，合理处理与团队成员之间的关系。适应能力的提高既可以促进转换能力的有效发挥，也可为其他子能力的发展提供心理保障。

　　我们认为，处于核心地位的转换能力的提高依赖于语言能力、文化能

力、工具能力和适应能力的合力作用，而转换能力的提高反过来又可为四种子能力的发展提供动力，促使学生不断挑战新的翻译项目。从我们自己的翻译教学实践和对翻译专业学生能力评估上来看，翻译专业高年级学生的语言能力和文化能力发展已经进入瓶颈期，想获得提高比较困难。适应能力的提高取决于任课教师是否能引入新的教学模式和新的翻译手段或工具。相对而言，工具能力的提高比较容易实现。任课教师需要从翻译市场现状出发，把行业需要的而传统翻译教学课堂无法提供的工具或者资源介绍给学生，教会学生使用，促成"工具能力提高→适应能力提高→语言能力和文化能力提高→转换能力提高→翻译能力提高"这样的良性连锁反应。

四 翻译能力的习得

同其他能力的习得过程一样，翻译能力的习得是动态的、螺旋上升的过程；从低年级双语语言、文化等基础知识的积累，到高年级转换能力不断强化的过程。在这个过程中，工具能力的发展是转换能力提高的外部条件保障，适应能力的发展是转换能力提高的内部心理保障。在翻译能力习得过程中，各个子能力之间相互作用，共同发展。翻译本科专业学生翻译能力获取过程可用图6来直观地呈现。

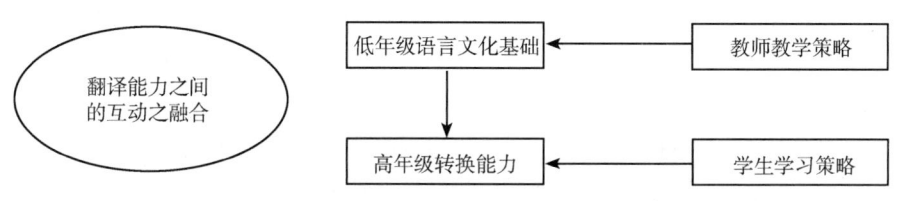

图6 翻译本科专业学生翻译能力获取过程图

在总结我们多年的翻译教学经验和参照国内开设翻译本科专业的高校的课程设置的基础上，我们认为，翻译本科专业学生翻译能力的习得体现出明显的阶段性特征，即低年级阶段（大学一、二年级）为语言能力和文化能力习得阶段，高年级阶段（大学三、四年级）为转换能力习得阶段。适应能力和工具能力则贯穿四年专业学习过程之中，只不过适应的对象和工具的类型随学习阶段不同而各异。就适应能力而言，低年级阶段需要适应新的学习和生活环境，高年级阶段需要适应各种翻译任务以及翻译

实践教学新模式（如团队合作式翻译实践教学）。就工具能力而言，低年级阶段需学会使用基本的纸质资源，如字典、百科全书等，高年级阶段则要学会使用目前翻译行业普遍使用的电子资源及翻译辅助工具，如语料库、翻译记忆等。

翻译能力习得的阶段性特征要求翻译能力的培养也应分阶段进行。刘和平认为，"根据技能培训特点，翻译能力培养应该划分为两个主要阶段：以语言能力培养为核心（1）和以技能训练为核心（2-3-4）阶段。而这两个阶段又以能力与技能交替发展和练习策略培养为主要特征"（刘和平，2011：40）。

从我们自己的教学实践来看，语言能力训练和文化能力训练应该结合，且应该集中在学生入学后的第一年和第二年进行。为了培养这两个子能力，学校需要开设的课程有：综合外语（如综合英语）、外语听力、口语、阅读、写作、现代汉语、古代汉语、汉语写作、语言学概论、中国文化概要、所学外语国家概况、所学外语国家文学概要、跨文化交际等。以技能训练为主的第二阶段应该集中在三、四年级进行，主要侧重培养学生的转换能力和工具能力。在第二阶段，教师应侧重培养学生将掌握的相关工作语言、具备的较强的逻辑思维能力、较宽广的知识面和较全面的跨文化交际素质应用到翻译实践中。教师在强化学生转换能力的同时，需训练学生各种翻译工具的能力，培养学生应对各种翻译场景的适应能力。可以开设的课程有：翻译概论、文学翻译、联络口译（可选）、交替传译（可选）、专题口译（可选）、信息检索、计算机辅助翻译等。

在翻译能力习得过程中，教师要根据翻译能力习得的阶段性特点，采用合适的教学方法和策略，以帮助学生尽快适应翻译专业学习，习得翻译能力。学生则要根据自身特点，选择适合自己的学习方法和策略，充分消化吸收教师课堂上的授课内容，积极有效开展课后自主学习。

参考文献

Delisle, J. (1988) *Translation: an interpretive approach*. Ottawa: University of Ottawa Press.

Gile, D. (1995) *Basic concepts and models for interpreters and translator training*. Amsterdam/Philadelphia: John Benjamins.

Newmark, P. (1991) *About Translation*. Clevedo n: Multilingual Matters Ltd..

Kiraly, D. (2005). *A social constructivist approach to translator education*. Manchester: St. Jerome.

Kiraly, D. (2008). "From instruction to collaborative construction: a passing fad or the promise of a paradigm shift in translator education". In B. Baer and G. Koby (Eds.), *Beyond the ivory tower: rethinking Translation pedagogy*. Amsterdam Philadelphia: John Benjamins.

达妮卡·塞莱丝柯维奇、刘和平：《语言教学中的翻译问题》，《语言教学与研究》1990年第3期。

德利尔：《双翻译理论与翻译教学法》，孙慧译，国际文化出版公司1988年版。

鲍川运：《关于翻译教学的几点看法》，《中国翻译》2003年第2期。

鲍川运：《大学本科口译教学的定位及教学》，《中国翻译》2004年第5期。

鲍刚：《刘和平．技能化口译教学法原则》，《中国翻译》1994年第6期。

鲍刚：《口译理论概述》，中国对外翻译出版公司1998年版。

黄忠廉、李亚舒：《译论研究及其教学的新发展》，《中国科技翻译》1997年第2期。

勒代雷：《释义学派口笔译理论》，中国对外出版翻译公司2001年版。

林璋：《翻译教学的目标、内容和方法》，《外语研究》1997年第3期。

刘和平：《翻译能力发展的阶段性及其教学法研究》，《中国翻译》2011年第72卷第1期。

刘宓庆：《翻译教学：实务与理论》，中国对外翻译出版公司2003年版。

罗选民：《中国的翻译教学：问题与前景》，《中国翻译》2002年第21卷第4期。

穆雷：《翻译教学发展的途径》，《中国翻译》2004年第5期。

穆雷：《建立完整的翻译教学体系》，《中国翻译》2008年第1期。

穆雷：《中国翻译教学现状初探》，《英汉语比较与翻译2》，上海外语教育出版社2006年版。

穆雷：《中国翻译教学研究》，上海外语教育出版社1999年版。

文军：《论以发展翻译能力为中心的课程模式》，《外语与外语教学》2004年第8期。

文军等：《翻译课程档案袋评价的实验研究》，《中国外语》2006年第6期。

文军、红霞：《以翻译能力为中心的翻译本科专业课程设置研究》，《外语界》2010年第2期。

杨晓荣：《翻译专业：正名过程及正名之后》，《中国翻译》2008年第3期。

庄智象：《我国翻译专业建设：问题与对策》，上海外语教育出版社2007年版。

On the Translation Teaching and the Cultivation of Translation Ability for Translation Majors

Cao Linying

Abstract: This paper is set on the establishment of the Chinese translation discipline. First of all, the studies on "translation teaching" and "teaching translation" by scholars from home and abroad has been generalized; and then the relationship between language ability, the ability of translation and the translator has been discussed and explored. Finally the acquisition process of translation ability is put forward based on the translation teaching practice at SNNU.

Key words: Translation Majors, Translation Teaching, Translation Ability

微课在大学英语专业语法教学中的应用研究
——以陕西师范大学英语专业语法教学为例

张春娟

摘　要：英语语法课程是高校外国语言文学专业的核心课程。从目前国内大部分高校语法课堂教学情况看，在外语专业其他各科中已得到广泛使用的信息化教学技术仍未在语法教学中得到推广，这一现状难以满足新《国标》针对该专业学生提出的培养复合型人才的要求。本文把以微课为手段的线上线下混合教学模式引入英语语法专业教学中，分析这一教学模式在实际教学中的应用、成效以及存在问题，试图以此克服以教师讲授为主的语法教学中存在的弊端，探寻一种信息技术与语法教学相结合的有效教学模式。

关键词：微课；信息化；英语专业语法教学

一　引言

随着互联网技术的深入发展，当前在国内教育界，"互联网+教育"的教学模式在各级各类学校中开展得如火如荼。2018年，教育部颁布了《普通高等学校本科专业类教学质量国家标准》，针对外国语言文学专业的学生提出了新的要求，其中主要包括外语运用能力、信息技术应用能力、自主学习能力和实践能力等。《国家中长期教育改革和发展规划纲要（2010—2020年）》也明确提出"坚持以能力为重，着力提高学生的学习能力、实践能力、创新能力；培养大批具有国际视野、通晓国际规则、能够参与国际事务和国际竞争的国际化人才"。具体落实到课堂教学中，

作者简介：张春娟（1975—　），女，陕西师范大学外国语学院副教授。研究方向：英美文学研究。

重视信息教育是实现这一要求的重要手段。早在 2008 年，王守仁（2008：7）就呼吁"各高等学校应充分利用现代信息技术，改进以教师讲授为主的单一教学模式，……使英语的教与学可以在一定程度上不受时间和地点的限制，朝着个性化和自主学习的方向发展"。通过建设英语信息化课程，"倒逼教师使用现代技术手段，开展线上、线下教学，创新教和学的方式和过程，提高教与学效果"（刘宏，2019：33）。在教育部颁布的最新教学大纲中，英语语法课被列为外国语专业的核心课程。近年来，在各级英语教学中由于强调英语的实用性而不断弱化甚至排斥语法教学，以至于一提到语法，无论是教师还是学生都会产生一种刻板陈旧的联想。但是，语法是语言的组织规律，规范着语言的使用与理解，在听说读写译等各英语基本技能的学习方面都起着重要作用。从教学实践看，学生在写作和翻译中所犯的基础性错误大多都与词法、句法以及篇章结构等语法知识有关；在高级阅读阶段，尤其涉及科技、法律文体等专业文章阅读方面，学生对文章基本意义的理解也在很大程度上受其语法知识的限制。此外，对师范专业的学生来说，语法学习对其将来英语教学的重要性不言而喻。

二　信息化背景下的英语语法教学

近年来，随着现代信息技术的发展和网络社交平台的普及，国内外许多学者开始把语法教学问题与多媒体技术联系起来，力图寻求不同于传统语法教学的更为有效的教学模式和方法。这些新的语法教学模式主要有：1. 互动式反馈教学模式。这一模式强调在语法学习过程中，为增进对语言规则的理解并加强记忆，师生间或学生之间利用网络社交平台（如微信、QQ 等）进行各种磋商和修改策略，在互相解释与修正的过程中使学生进一步理解掌握语法形式。2. 基于社交平台的任务型教学。基于现代信息技术的任务型教学注重利用网络资源引导学生完成相关任务。学生首先通过使用相关网络资源，如微课、慕课等掌握所学语法规则，并进而完成教师分配的任务。3. 线上教学与线下教学相结合的语法教学模式。这一教学模式主要是针对教学内容的难易程度设计的。对于一些基础性语法知识，教师在线下课堂统一讲解；而对于语法教学中的重点难点，教师录制微视频并上传到班级社交平台，供学生反复观看，加深理解。除以上几种主要教学模式，目前国内外语法课堂中较为普遍的教学模式还包括信息技术支撑下的体验教学法、支架式教学法、翻转课堂、对分课堂等。从近

几年语法教学改革来看，课堂教学与多媒体技术的结合是当前语法教学发展的趋势。

在以上课堂教学改革模式中，微课（micro-lecture）作为一种重要的教学手段参与其中。微课这一概念最早始于美国北爱荷华大学（University of Northern Iowa）迈克格鲁（McGrew L R A., 1993）所提出的60秒课程（60-second course），即基于明确的学习目标，录制一个集中说明某问题的小课程。2008年，在信息化教学快速发展的背景下，美国新墨西哥州胡安学院（San Juan College）的教学设计师戴维·彭罗斯（David Penrose）正式提出了微课概念，并开始应用于在线课程。彭罗斯（2013）认为，微课是一种以建构主义为指导思想，以在线学习手段，以某个知识点或关键概念为教学内容而设计的短小音频或视频课程，它可以用于在线教学、线上线下混合教学以及远程教学。作为一种信息技术支撑下的新型教学手段，微课在提出之初便受到国外不少学者和教育者的关注，在实际教学和学习等方面取得了较好的效果。就国内教育界来说，较早提出并使用微课的是胡铁生，他把微课定义为"按照新课程标准及教学实践要求，以教学视频为主要载体，反映教师在课堂教学过程中针对某个知识点或教学环节而开展教与学活动的各种教学资源有机组合。'微课'的核心内容是课堂教学视频（课例片段），同时还包含与该教学主题相关的教学设计、素材课件、教学反思、练习测试及学生反馈、教师点评等教学支持资源。"（胡铁生，2011：62）之后，赵国栋（2014）又引入微课程（Micro-course）和微课件（Micro-lecture）概念，扩展了之前人们对于微课的认识和应用。

作为互联网技术和教育结合的产物，微课利用现代信息技术手段，对传统课堂中课前、课内和课后学习和教学内容进行重新规划，通过对知识传递、巩固和内化顺序的安排，满足网络时代学生的需求，它体现并有效利用了大数据时代学习碎片化和网络化的特点。在各类课堂改革模式中，微课与慕课、翻转课堂等平台或教学模式相结合，成为提高教学质量，培养学生自主学习能力的重要教学手段。

三 大学英语专业语法课程微课应用案例报告

（一）课程理念和目标

课程设计指的是"课程的规划、实施、评价及其设计的人、过程和

程序"（Ornstein &Hunkins，2009：15）。在课程规划阶段主要是理清课程理念和目标界定，设定该课程的"教育目的是什么，什么样的科目是有价值的，学生如何学习及使用什么方法和材料"（Ornstein，2011：2）。英语语法课是外国语言文学英语专业的一门基础必修课，它的先修课程为英语专业其他各类基础课程及专业课程。先修课程使学生在学习本课程前具备了一定的语法知识，后续课程使英语语法知识在各类专业课程中得到巩固和加强，并提高学生听、说、读、写、译的技能。该课程的知识目标在于使学生对教材中所讲授的各词类、句式以及语篇等英语语法的基本结构与规律有一个比较清晰完整的概念；通过系统的语法知识讲授，使学生学会运用所学知识分析各种语言现象，利用语法规则指导语言实践，从而提高英语的实际运用能力，巩固和延伸现有的知识体系，为毕业后的继续学习和就业打下坚实的基础。此外，就能力目标来说，通过本课程的学习，学生应具备以下方面的能力：（1）阅读能力：以扎实的语法知识、准确的语法分析为基础，正确识别、理解语法衔接手段，进而对句子和段落进行推理，达到理解文章上下文的逻辑关系，从而了解语篇和段落的主旨和大意，掌握语篇中的事实和主要情节，最终理解作者的目的、态度和观点，以获得对文章准确、彻底的理解。（2）写作能力：以比较系统和完整的英语语法知识为基础，并运用语法规律去指导英语写作，提高运用英语的书面交际能力。使学生在写作中能够做到语法正确，句子结构完整，表达地道且符合逻辑。（3）翻译能力：以系统的英语语法的基本理论和基础知识做指导，使学生能够正确翻译一般语句，基本符合汉语习惯；能够较准确翻译长句；能够较准确翻译工作中的函电、广告、说明书、合同书等。

（二）课程实践

在本次英语专业语法教学实践中，微课的使用主要集中在两个方面：一是基于微课的线上线下混合式教学，二是作为教学补充资源。具体教学实施步骤如下：

1. 微课设计

作为一种教学手段，微课在具体教学过程中的形式和内容也不尽相同。就形式来说，微课的形式丰富多样，可以是微视频、微课件、微教案和微习题等；就内容来说，微课有讲授类、启发类、讨论类、探究类以及练习类等。在微课制作之前，教师应首先根据教材中各章节的性质、内

容、教学环节以及学生对知识的掌握等具体情况选择微课形式，以便充分发挥其教学辅助作用。

目前，陕西师范大学英语专业语法课程所使用的教材是章振邦教授主编的《新编英语语法教程》。该教材在内容方面极为丰富，细节讲解详尽，语法知识全面，但同时存在重点不够突出，各知识点之间的内在逻辑关联不够清楚等问题。考虑到这一点，教师在进行微课设计时应根据学生语法能力、学习精力以及语言的实际使用等方面取其精华、扬长避短。例如本教材中有关无动词分句一章是英语语法中最难理解并掌握的知识点之一。作为从属结构中最为简捷的一种表达方式，它需要学生充分了解分句结构，并以熟练掌握限定分句和非限定分句为前提。但从实际情况看，学生对这一知识点完全陌生，普遍认为难以接受。对于这一类难度较大的语法知识，教师在使用微课进行教学时易采用研究型模式。首先，给学生提供有关这一知识点的大量语言素材，使学生在阅读中形成对这一语言现象的初步感知。在此基础上，教师提出相关研究问题，敦促学生利用网络资源对问题进行深入研究，形成个人观点。在课堂教学中，教师引导、组织学生展开讨论，并在讨论过程中引导解决所提问题。最后教师对该知识点的重点和难点加以提炼概括，并进行系统整合，做成微课供学生课后反复观看消化，将新知识与原有知识整合到一起，达到知识创新。

除了此类难度较大的知识点，对于学生较为熟悉且难度不大的语法知识，如名词、形容词、副词、助动词、主谓一致和状语从句等进行微课教学时，教师可采用O2O（Online To Offline）的混合教学。该教学模式灵活性较大，教师可根据学生对相关知识点的掌握情况具体设计微课内容。例如，对于名词词组、主谓一致和状语从句等知识跨度大、综合性较强的知识点来说，教师在微课中可从宏观角度讲解所学单元在英语整体语法系统中的地位、作用以及与其他单元的相互关系，并以此入手，从总体结构上把其他相关语法知识串联整合到一起，使学生不仅对所学单元有宏观了解和系统把握，从而在具体预习过程中能够区分重点与主次，而且，更为重要的是，使他们对整个英语语法知识的构架形成系统理解。此外，对于一些相对独立的知识点，如形容词、副词和情态助动词来说，微课设计则应着眼于这些知识的重点和难点本身。

2. 线上互动

在这一学习阶段，教师利用微信、QQ等群功能进行任务的布置、跟踪

与检验，做到实时信息共享和交流。此外，使用石墨文档，将分布式理念运用于师生之间的互动。具体办法是，教师将有关材料上传至线上石墨文档，并按协作编写模式分享给学生，然后，学生可以实时学习、补充、提问，而教师能够同时根据学生水平调整难度。通过适当的机制设计，激发学习的主动性和积极性，并对不同的成效加以奖励，进而形成一种激励相容过程。在线上互动阶段，教师可通过发布相关练习、研究文章以及报告等多种形式给学生提供丰富的学习资源。除此之外，教师还应鼓励学生自主进行信息资源搜索，以便多方面深入思考问题，并教会他们有效利用网络资源进行微课学习，例如如何利用搜索工具，网络连接，搜索程序等，如何根据自身的兴趣、目标、需求选择微课等信息，并对信息的真伪、质量、价值进行判断，有所取舍；如何对微课等相关信息进行分类、整理，并通过思考，对知识进行重整合（范建丽、方辉平，2016：111）。此外，随着对微课研究的深入及其应用的扩展，各级各类的微课网站相继建立起来，如以中小学微课为主的中国微课网和 CN 微课等网站，设有高校微课栏目的"微课慕课""微课中国"以及集微课制作、在线学习和微课大赛等于一体的"微课之家"。教师可引导学生进入相关网站学习，发现问题，扩展思路，并且通过学习，进一步鼓励学生自己制作微课，在这一过程中加深对某一知识点的理解，促进知识内化和信息技术的利用能力。

3. 线下教学

在这一教学环节，教师注重培养学生的课堂组织能力和独立解决问题的能力，使学生在独立思考、广泛讨论的学习过程中构建起自己的知识体系。教师在这一阶段的角色是引领者和协调者，根据学生学习情况，利用金字塔理论中互教互学等高阶学习方式对学生进行合理分工，形成互相监督互相评价的动态课堂机制；同时密切观察学生课堂讲解与讨论，适时介入并及时做出引导，一方面保证学生能够准确全面地掌握所学知识，另一方面防止学生在讲解和讨论中走向误区，以实现课堂的高效性。

对于学生来说，在这一阶段，学生已通过线上准备形成教案及讲课思路。每节课上课之初，由单元负责学生检查同伴观看微课的成效以及预习情况，并进行总结，做出相关评价。之后，学生进行课堂讲解。讲解过程中同伴及教师可随时提出疑问，讲课学生根据个人理解做出回答；如果其他学生对答案不满意或仍不能理解，讲解学生可组织课堂讨论，在讨论中解决问题。在课堂活动中引入"头马"模式，充分调动每一位学生的参与

和组织的积极性，每次小组讨论都由不同学生自觉发起，并扮演相应角色。通过讨论，使学生在观点的深度、论述的严谨等方面接受挑战，进而提高批判性思维和辩论能力。授课完成后，教师对于学生授课过程中遗漏或未讲解清楚的重要知识点进行补充说明，并处理课后练习中的重点难点，巩固课堂所学知识。最后由教师和学生根据相关评价制度，对学生线上及线下表现共同做出形成性评价和总结性评价相结合的评价。其中形成性评价主要侧重于学生微课学习、问题分析与探究以及互动与交流等方面的表现；总结性评价则主要考查学生对所学知识的理解、掌握和应用能力。

四 成效

以微课为手段的语法课程改革在注重成效导向的同时，力图向教育部提倡的"金课"靠拢，在高阶性、创新性和挑战度等方面进行了相应的设计，通过线上线下混合式教学，实现对语言、思维、文化与能力的综合培养。在成效性方面，通过课前、课中、课后三个环节的教学设计，将课前预习、课中翻转课堂、课后任务完成等三者有机结合，环环相扣。同时，通过线上平台，随时随地掌握学生的学习状态，及时精准地提供教学辅导或技术支持。在评价体系方面，注重质量和成效，包括综合能力、数据分析能力、文字撰写能力、人际沟通能力、思辨能力等方面，并通过相应的标准进行打分。在高阶性方面，除书本知识外，从语言学、心理学、教学法以及文化等方面进行知识拓展，鼓励学生充分利用线上和线下资源，不仅要横向拓展，更要纵向挖掘。在语言技能方面，不仅关注语言基本规则，更强调规则在语言实际使用的准确性、适当性和灵活性，并及时更正语言使用过程中出现的中式英语，注意区分书面语、口语及各类文体中语言的变化。在思辨能力方面，强调相关理论和知识的铺垫，重视语言规则背后的历史文化因素以及语言内部的逻辑性，恰当引入相关语言学知识，使学生透过语言现象了解人类思维本质。在创新性方面，主要注重教学内容和方法。在教学内容上，将思辨模式作为一种语言分析思路，引导学生在这一框架下剖析语言现象，并在此基础上分析语言与创新教育之间的关系。这意味着教学内容将综合跨文化沟通、批判性思考、创新创业教育等三个方面。在教学方法上，充分发挥互联网优势，将线上资源与线下资源有机结合。在课堂上最大可能地调动每位同学的积极性，激发协同创

新和团队精神，通过提问环节、讨论环节、课上发表环节以及辩论环节，使知识得到更好的内化。

此外，通过近一年的教学改革实践，以微课为基础的英语专业语法课程网站已初具规模，网站主体部分如教学资源、作业批改、在线答疑等已经能够正常运行，为团队成员备课、授课、课上课下的各种师生互动均带来了前所未有的便捷。

五 结语

在以微课为手段的英语语法课堂教学模式中，由于课前预习、课堂授课方式以及评价体系的改变，学生对课堂内容的兴趣有所提高，与教师及同伴的互动明显增多，学生的表达能力、自主学习能力、团队合作能力及批判性思维得到较大提升。与之前的语法课堂相比，学生更认可信息化教学，认为这一教学模式是多渠道、多信息、多感官的聚合。当然，由于各方面的原因，这一教学模式在实施过程中还存在不少缺陷，并面临诸多挑战。在教师团队方面，大部分教师多年来实施以课堂讲授为主的教学模式，对新型信息化教学存在疑虑，而且对信息技术较为陌生。此外，在微视频的制作内容方面，形式比较单一，仍然以知识点的讲授为主，未能充分考虑问题型、结构型微视频，与之前以教师为中心的课堂讲授方式没有本质区别；在学生方面，学生英语语法水平差距较大，有些学生语法知识较为薄弱，自主学习能力较低，对所分配到的任务完成效果不够理想。这些问题都需要在教学过程中通过不断学习与实践来探求相应的解决对策。

参考文献

[1] McGrew, L R A. 1993. A 60-second course in organic chemistry. *Journal of Chemical Education* 70 (7): 543-544.

[2] Ornstein, A C & Hunkins, F P. 2009. *Curriculum Foundations, Principles and Issues*. Boston: Allyn & Bacon.

[3] Ornstein, A C. 2011. Philosophy as a basis for curriculum decisions [A]. In Ornstein, A C, Pajak, E F & Ornstein, S B (eds.). *Contemporary Issues in Curriculum* [C]. Upper Saddle River, NJ: prarson Education, Inc..

[4] Penrose, D. 2013-04-12. Seven things you should know about microlecture [EB/OL]. http://www.educause.edu/library/resources/7-things-you-should-know-about-micro-lectures.

［5］范建丽、方辉平：《"互联网＋"时代高校微课发展的对策及应用——从第二届全国高校微课教学比赛谈微课与教学的整合》，《远程教育杂志》2016 年第 3 期。

［6］胡铁生：《"微课"：区域教育信息资源发展的新趋势》，《电化教育研究》2011 年第 10 期。

［7］刘宏：《新时代复合型外语人才的培养》，《外研之声》2019 年第 2 期。

［8］王守仁：《进一步推进和实施大学英语教学改革：〈大学英语课程教学要求（试行）〉的修订》，《中国外语》2008 年第 1 期。

［9］赵国栋：《微课与慕课设计初级教程》，北京大学出版社 2014 年版。

Study on the application of micro-lecture in grammar teaching for English majors
——A case study of grammar teaching for English majors of Shaanxi Normal University

Zhang Chunjuan

Abstract: English grammar is one of the core courses for foreign language and literature majors in colleges. From the current situation of grammar classroom teaching in most colleges in China, the information-based teaching technology which has been widely used in other subjects of foreign language has not been popularized in grammar teaching. This situation does not meet the requirements of the new *National Standard* for cultivating inter-disciplinary talents for foreign language and literature majors. This paper introduces the online-offline hybrid teaching model with micro-lecture as a means into college English grammar teaching, and analyses its application, effectiveness and problems in practical teaching, in order to overcome the drawbacks of traditional grammar teaching and explore an effective teaching method which combines information technology with grammar teaching.

Key words: micro-lecture, information technology, grammar teaching for English majors

对研究生英语学习焦虑的结构化访谈研究

唐麦玲

摘　要：本文采用结构化访谈的定性研究方法对研究生英语学习焦虑的现状、来源、影响因素以及应对策略进行了广泛深入地调查分析，并获得以下主要结论：研究生英语学习焦虑是一个非常普遍的情感现象；研究生英语学习焦虑感产生的情境多样化；教师对英语学习焦虑的影响不容忽视；研究生英语学习焦虑的来源复杂，需要有针对性的策略予以应对。本研究的访谈结果提供了一些有效缓解焦虑的策略，这对缓解研究生的英语学习焦虑以及促进他们的英语水平的提高具有重要的现实意义。

关键词：研究生；英语学习焦虑；结构化访谈；应对策略

一　引言

20世纪40年代初，一些学者开始探究学生的情感因素对外语学习的影响，其中焦虑感是研究的重点之一。到了20世纪60—70年代，语言研究更加系统化。这一时期，很多研究使用"焦虑感"来描述学生学习外语时的紧张、忧虑状态（Carroll 1963；Chastain 1975；Gardner et al. 1976）。Chastain（1975）调查结果发现，外语学习焦虑感越强，学生的成绩就越差。此外，Gardner & MacIntyre（1992）研究指出，语言焦虑是情意因素的构成之一，而情意因素又是影响外语学习的个别差异因素之一。这个观点从心理学的角度肯定了焦虑对外语学习的重要影响作用。

然而，对于影响外语学习焦虑的因素研究，结果是呈多样化的趋势。

作者简介：唐麦玲（1974—　），女，陕西师范大学外国语学院副教授。研究方向：英语教学心理学。本文系陕西省教育科学"十三五"规划课题项目"对大学生外语学习情感因素-焦虑的教学干预策略研究"（SGH18H047）的阶段性成果。

Tanveer（2007）采用定性的半结构化面试形式和焦点小组讨论方法探讨引发语言焦虑的因素。研究表明，语言焦虑的来源包括学生的自我认知、"自我"意识、语言学习的困难、母语和目标语言之间的文化差异、失去自我认同的恐惧和交流者之间的社会地位差异。外语学习焦虑是一些因素对学习影响的结果，比如，与同伴比较、语言学习策略以及兴趣和动机，这些是最直接地引起学习者焦虑的原因；而不同的宗教信仰、考试方式、性别、课堂组织、教师的特点、父母影响以及语言学能被认为是比较间接地使学生产生焦虑的原因（Yan & Horwitz 2008）。尹锡荣等（2012）探讨了非英语专业研究生英语学习焦虑及成因，认为引起研究生焦虑的原因主要有五个方面：学习者之间的竞争、传统的课堂教学模式、语言能力弱、负面的语言学习经历和文化冲击。

此外，有些研究探讨了缓解外语学习焦虑的有效策略。钟向阳等（2005）研究结果发现，归因等认识因素是影响研究生英语学习积极性和信心的重要因素，应该对研究生的英语学习进行归因干预训练，将内部稳定因素（能力）归因转化为内部不稳定因素（努力），提高学生的努力程度与信心，这将有助于降低和消除焦虑，提高英语成绩。Guo et al. (2018) 调查结果显示，英语学习焦虑水平对学生的策略使用有重要影响。除了回避策略和情感策略之外，低焦虑组在使用所有六类策略时表现出显著的更高的使用频率。相反，高焦虑组最常使用回避策略和情感策略。

但是，英语学习焦虑作为一种复杂的心理情绪，它会影响学习者的学习精力和注意力，减少使用于思考和记忆的能量，使语言储存和输出效果降低，对语言学习造成恶性循环。虽然目前国内外越来越多的学者开始关注这一问题，相关研究中采用实证研究的方法也越来越多，但涉及非英语专业研究生（以下简称研究生）英语学习焦虑的定性研究则是寥寥无几。而且，与本科生和中学生相比较，研究生虽然已经有了十多年的英语学习经验，英语学习观念比较成熟，英语水平有所提高，但仍然存在着语言运用能力和高层次的语言思维能力欠缺的问题。这不仅极大地挫伤了他们的自信心和参与课堂活动的积极性，影响了他们的学习热情和动机，加剧了他们的英语学习焦虑，也影响了英语课堂的教学效果和质量。同时，随着逐渐扩大的研究生人数，扩招后的生源结构变化和差异较大的英语教学条件、统一的教学大纲与当今教和学的矛盾等都促使研究人员去探索思考：研究生英语学习焦虑的现状如何？引发他们焦虑的原因以及影响焦虑的主

要因素是什么？缓解他们负面焦虑情绪的有效策略有哪些？

二 研究方法

(一) 研究的目的

本研究将访谈作为调查的定性研究模式并且对其调查结果进行详细分析。这种调查的定性方法被称为"现场聚焦（Field Focused）"（Eisner 1991：36）。访谈将会提供教学现场-教室内存在的真实情境的数据。本研究选择结构化访谈进行定性研究，并且利用访谈的结果来说明和帮助理解定量统计分析结果的含义，或者用来进一步补充、验证和阐释前者。采用结构化访谈的研究方法的目的是确保每次访谈以相同的顺序呈现完全相同的问题，这样既保证了答案可以可靠地被汇总和整理，也可以在样本各组之间或不同调查时期之间进行比较。这对于最小化情境效应的影响非常重要，因为调查问题的答案可能取决于前面问题的性质。并且问卷收集的数据信息由访谈人员而不是受访者填写。因此，在进行结构化访问时，必须事先对访谈人员加以训练，旨在访问前做好心理、技术以及相关知识的准备。访谈人员完全按照调查问卷中的内容阅读问题，受访者根据自己的实际情况回答问题。本次访谈的目的是为了获得更广泛深入的数据以了解研究生英语学习焦虑的真实状况、形成原因、影响因素以及缓解焦虑的有效策略。这为英语课堂教学干预策略的实施提供了有力的证据支持。

(二) 访谈的问题

本研究通过定性方法深化并完成研究。访谈问题突出了那些答案似乎有多选项或者不同看法的问题。这种方法要求参与者提供他们英语学习的实际情况和经验并对英语学习焦虑进行反思。访谈的重点关注研究生英语学习焦虑的形成原因、影响因素以及他们对有效缓解英语学习焦虑的对策的看法。

研究人员首先收集整理国内外关于英语学习焦虑的相关文献，再由三位教育心理学专家进行讨论，形成访谈问题。访谈的问题主要涉及研究生英语学习焦虑的现状、来源、影响因素以及缓解焦虑的有效策略等四个方面。访谈将围绕以下六个问题具体展开：

①您有英语学习焦虑的经历吗？
②您认为您目前的英语学习焦虑程度是（A. 高　B. 中　C. 低）？
③您一般在什么情况下感到有英语学习焦虑的情绪？

④您认为引起英语学习焦虑的原因有哪些？

⑤英语老师会影响您在英语课堂上的感受（不管是好的还是坏的）吗？

⑥您认为怎么样才能有效地缓解英语学习焦虑？

（三）受访者

本研究对陕西师范大学非英语专业研究生一年级的76名学生进行了有关英语学习焦虑的主要关注问题的访谈。这些学生都是自愿参加本次访谈，并表示对此感兴趣。他们预先了解了本次访谈的目的是用于学术研究。并且他们被告知所调查的涉及个人和情感问题的数据是保密的。研究人员让受访者选择了接受访谈的日期和时间。所有的受访者都要求回答内容和排列顺序完全相同的问题。他们对访谈非常支持并尽量配合研究人员的要求。

表1　　　　受访者的社会背景信息分布情况（$N=76$）

背景变量	性别		年龄			专业		英语水平			
	男	女	18—22	23—29	>30	文科	理科	四级以下	四级	六级	六级以上
频率	29	47	16	59	1	37	39	12	33	31	0
%	38.2	61.8	21.1	77.6	1.3	48.7	51.3	15.8	43.4	40.8	0

表1列出了参与访谈的被试的社会背景信息分布情况，受访者按性别划分，男生人数为29，占总人数的38.2%，女生人数为47，占61.8%；按年龄划分，18—22岁的学生人数为16，占总人数的21.1%；23—29岁的学生人数为59，占77.6%；30岁以上的学生人数为1，占1.3%；按专业划分，文科学生有37名，占总人数的48.7%，理科学生有39名，占51.3%；按英语水平划分，英语四级以下水平的学生有12名，四级水平的学生有33名；六级水平的学生有31名；六级以上水平的学生为0。因此，受访的学生中四级水平的学生最多，占总人数的43.4%；其次是六级水平的学生，占40.8%；然后是四级以下水平的学生占15.8%；没有六级以上水平的学生接受访谈。

（四）访谈程序

访谈的时间是在研究生一年级第一学期上英语课期间，访谈大约进行

了三天左右的时间，访谈组的采访人员由两名经过系统培训的心理学研究生组成，访谈的地点是在学校比较安静的教室里，分别对 76 位学生进行一对一的结构化访谈。根据访谈问题，采用问答的形式与访谈对象进行深入访谈。每个受访者大约需要十分钟左右的时间。结束后给予口头和物质上的感谢。整个访谈过程中研究人员用笔做了笔记而不是进行录音，因为学生反映用录音设备会给他们心理造成压力。为了尊重他们并且取得客观的数据，本研究没有使用任何电子数字仪器，而只是用笔记录下他们当时真实的想法。

访谈结束后，研究人员根据学生的答案统计总结了所有案例的笔记。首先对访谈资料进行了初步整理，将"问-答"式访谈报告逐一编号，共整理了约 2 万字的文本材料；按问题结构表，对文本进行编码整理，将同一类问题的访谈结果按照原始材料整理成表格；在通读表格文本的基础上，查找具有实际意义的关键词句，进行同意义合并和频次统计；就所访谈的问题形成主要的观点，并归纳出有关英语学习焦虑的影响因素和对策等信息。

(五) 访谈问题的描述和统计

完成访谈后，研究人员对访谈的结果进行统计和总结如下：

访谈的第一个问题是"您有英语学习焦虑的经历吗？"其中，有 72 名学生占总人数的 95% 回答有英语学习焦虑的经历，只有 4 名学生回答没有。

访谈的第二个问题是"您认为您的英语学习焦虑程度是：(A. 高 B. 中 C. 低)"，其中，有 17 名 (22%) 学生认为英语学习焦虑程度高；认为英语学习焦虑程度中度的有 44 名 (58%) 学生，只有 15 名 (20%) 学生认为自己的焦虑程度较低。

访谈的第三个问题是"您一般在什么情况下感到有英语学习焦虑情绪（答案可以有多项）？"被访谈者的回答按人数的多少排序总结如下：(1) 在期末英语考试或者英语四六级考试时非常焦虑 (66 名)；(2) 在与同学等其他人英语口语交流时感觉到焦虑 (39 名)；(3) 在阅读英语文章或者文献时感觉太难而产生焦虑 (21 名)；(4) 在老师上课提问时感到焦虑 (19 名)；(5) 在写英语作业或者作文时感到焦虑 (18 名)；(6) 因为感觉自己的英语发音、听力不好而焦虑 (15 名)；(7) 在英语课堂上做报告或演讲时感觉紧张 (15 名)；(8) 上课时的紧张气氛容易

使人焦虑（14 名）；（9）与英语学习较好的同学做比较时感到自卑和焦虑（11 名）；（10）上课听不懂或者忘记单词时感到紧张焦虑（5 名）；（11）不喜欢英语课时或者没兴趣学英语时感到焦虑（4 名）；（12）英语学习目标设定较高的时候容易感觉到压力和紧张（3 名）；（13）当观看欧美的英文电影、电视剧等的时候，因为看不懂而感到焦虑（2 名）；（14）个人情绪化的影响而对英语学习感到焦虑（1 名）等。

访谈的第四个问题是"英语老师会影响您在英语课堂上的感受（不管是好的还是坏的）吗？"被访谈者回答会的有 72 名学生，回答不会的只有 4 名学生。

访谈的第五个问题是"您认为引起您的英语学习焦虑的原因有哪些？"被访谈者的答案总结如下：（1）英语考试压力大（38 名）；（2）英语基础差（29 名）；（3）英语写作和口语表达能力差（27 名）；（4）学习英语的目标不明确，对英语学习缺乏兴趣和重视程度不足（24 名）；（5）在英语学习方面感觉不自信（24 名）；（6）对英语教学方式不适应（19 名）；（7）受老师或其他同学的影响而焦虑（16 名）；（8）对自身英语学习要求较高（12 名）；（9）缺乏英语交流（12 名）；（10）英语词汇量小（10 名）；（11）英语学习时间安排不合理（9 名）；（12）英语成绩与奖学金、学位等挂钩（7 名）；（13）东西文化有很大差异，对英语文化缺乏了解（7 名）等。

访谈的第六个问题是"您认为怎么样才能缓解您的英语学习焦虑？"被访谈者的答案总结如下：（1）老师良好的教学方式，包括老师和学生之间多互动、教学要因材施教等（36 名）；（2）努力提高英语水平（31 名）；（3）多进行英语交流（21 名）；（4）端正学习态度，提高学习英语的兴趣（19 名）；（5）多看英语书籍，多欣赏欧美音乐和电影（19 名）；（6）多练习英语口语及听力（18 名）；（7）降低英语考试难度或者改变英语考查方式甚至要求取消英语考试（17 名）；（8）轻松的课堂气氛和良好的学习氛围（12 名）；（9）增强学习英语的自信心，敢于用英语表达（9 名）；（10）多做英语练习（8 名）；（11）降低英语的重要性（7 名）；（12）多了解中西文化的差异（4 名）；（13）能够获得老师或同学的认可（4 名）；（14）做好课前预习（1 名）等。

三 讨论和分析

本研究在已有研究成果的基础上，进一步通过结构化访谈的质性资料，从个体、他人、学校、社会和文化环境等方面的影响因素中，对研究生英语学习焦虑的现状、来源和应对策略进行更深入详细地探讨。结果表明，主要存在以下六个方面的特点：

（一）研究生英语学习焦虑是一个非常普遍的情感现象

访谈的结果表明，有95%的学生有英语学习焦虑的经历。可见，绝大多数研究生都有过英语学习焦虑的经历，可以说英语学习焦虑是研究生在学习英语过程中出现的一个非常普遍的情感现象。并且，大约有五分之四的学生（80%）认为自己的英语学习焦虑程度处于中高水平。大量研究表明，过度的焦虑会严重影响学生的英语学习效果和成绩（Horwitz et al. 1986；Horwitz &Young 1991；Young 1991；MacIntyre & Gardner 1994；Onwuegbuzie et al. 1999）。因此，缓解学生的英语学习焦虑和探索有效的应对策略是非常必要的。

（二）研究生英语学习焦虑感的产生情境多样化

从访谈的结果可以看出，研究生英语学习焦虑情绪产生的情境根据人数从多到少依次是考试时、与他人交流时、担心负评价时和对英语课堂不适应时等。在被访谈的学生中，具有考试焦虑的学生人数最多，有66名（87%）学生认为考试使他们感到焦虑。

其次，39名（51%）学生回答说在与同学或其他人用英语交流时感觉到焦虑，也就是有一半多的学生有交流焦虑。中国研究生由于缺乏英语学习的真实语境，在日常生活交流中很少用到英语，并且在英语教学和日常练习中更多的是强调英语的阅读和写作能力，而忽视了英语的听说练习和口语表达能力，导致了所谓的"哑巴英语"，学生害怕用英语进行口语交流。而相比较之下，有21名学生在阅读太难的英语文章或者文献时感觉焦虑，并且只有18名学生在写英语作业或者作文时感到焦虑，这些数据都表明，学生的英语阅读和写作焦虑程度要远远低于他们的交流焦虑程度。

再次，担心负评价的学生的人数占第三名。根据以上统计结果，有19名学生在老师上课提问时感到焦虑；15名学生在英语课堂上做报告或演讲时感觉紧张；另有15名学生因为感觉自己的英语发音、听力不好而

焦虑；还有 11 名学生在与英语学习较好的同学做比较时感到自卑和焦虑。可以看出，学生因为担心在英语课堂上回答问题时出错，从而引发老师的批评和其他同学们的负评价，或者在英语课堂上做报告或演讲时出错，或者因为自己的英语发音、听力不好而受到其他同学的嘲笑。同时，与英语学习较好的同学做比较时，也会担心来自于学习较好的同学的嘲笑而产生焦虑和自卑感。总之，以上这些焦虑的状况都可以归纳为负评价焦虑，负评价焦虑也严重影响了大约五分之一的被访谈学生的英语学习。这可能是因为学生在英语课堂活动中担心老师对学生的权威性的、令人尴尬的和羞辱性的态度或批评，特别是当学生犯错误时，会对他们的认知和在课堂交流的意愿产生严重的影响，容易使他们产生焦虑情绪。而且，教师的否定性评价很容易挫伤学习者的积极性，导致焦虑情绪的产生或程度的加剧，从而对他们的英语学习造成严重的影响。同时，来自学习同伴的嘲笑和负评价也是研究生英语学习焦虑产生的原因之一，可见，学习同伴之间的良性竞争以及获得其他同学的认可和支持是缓解研究生英语学习焦虑的有效策略之一。

第四，英语课堂的紧张气氛也容易使学生感到焦虑，有 14 名学生在不轻松的课堂氛围里很容易产生焦虑，有 5 名学生上课听不懂或者忘记单词时感到紧张焦虑，还有 4 名学生因为不喜欢上英语课或者没兴趣学英语时感到焦虑。这些情况说明一个严格而正式的英语课堂环境是焦虑产生的重要原因，教室是学生的错误和不足容易被发现和指出的地方，如果学生在课堂上说错或者表现出不知道的样子会受到其他同学的嘲笑或老师的批评。Price（1991）采用访谈法研究发现，焦虑的原因与学生的语言观念以及压力比较大的课堂经历有关。因此，创造轻松而舒适的英语课堂环境，充分调动学生学习英语的积极性和主动性是缓解焦虑的重要措施之一。

第五，学生的英语学习目标设定过高也容易使他们感觉到压力和焦虑，有 3 名学生因为英语学习目标过高而焦虑，还有 2 名学生在观看英文电影和电视剧的时候，因为看不懂而感到焦虑。因此，教师不能忽视学生的实际水平而对其提出过高的要求或安排难度过大的任务，要帮助学生设定和提供与他们的英语水平相符合的学习目标和内容，即学生的英语学习目标适当明确，学习内容不宜太难或者太简单，否则容易挫伤学生的积极性。同时，学生的自我认知水平对英语学习焦虑起着重要的作用（Yim

2014)。因此，应该鼓励学生更加积极地评价自己的英语水平以减轻他们的学习焦虑。此外，教学过程要注意因材施教，让学生循序渐进，力争把对英语课的焦虑感降到最低，从而达到提高英语课堂学习效率的目的。

第六，有1名学生认为个人情绪化的影响会对英语学习感到焦虑。的确，积极的情绪可以激励学生去努力，起到促进学习的作用，而消极情绪会使学生在学习活动中感到精力不足、没有兴趣。因此，如何转化学生的消极情绪为积极情绪，调动学生英语学习的积极性是教师教学的一项挑战。当学生遇到心理困惑时，甚至有时无法自我调控，如果教师能提供必要的支持和帮助，使他们的消极情绪得以宣泄或转化为积极情绪，便成为学习英语的动力。

（三）教师对研究生英语学习焦虑的影响作用不容忽视

访谈的结果表明，有93.4%的受访者认为英语老师会影响他们在课堂上的感受，这表明教师在研究生英语学习中扮演着关键性的角色，教师对英语教和学的观念以及认知影响着学生的英语学习过程与结果。Tanveer（2007）研究认为，教师在外语学习中扮演着非常关键的角色，所以未来研究需要探索外语教师对外语教和学的观念和认知。在英语教学中，教师采用不同的教学方法和活动形式会导致学生的焦虑程度不一样。尤其是当学生犯错误时，教师对学生的权威性的、令人尴尬的甚至羞辱性的态度或批评，会对他们的认知和在课堂交流的意愿产生严重的影响，容易使他们产生焦虑情绪。

而且，传统的英语教育一直强调以教师为中心，英语课堂教学只重视语言信息的输入，过分关注学生的考试成绩，忽视了学生的情感教育，不关心学生的心理情感因素对英语学习造成的负面作用。实际上，学生才是语言学习过程中的主体和中心，教师只是学生学习的促进者、指导者和帮助者。教师在有效传授语言知识的同时，还要注重对学生的学习心理健康的培养，尤其是要利用各种有效的策略和方法缓解他们的负面焦虑情绪。荣涛（1998）指出，教师应该从情感因素入手，通过降低学习者的感情障碍来消除外语课堂焦虑，并提出"反省""注意-进取"和"共同安全感"三种缓解焦虑的策略。只有减少了不利于学习的负面焦虑情绪等因素，学生才可能进行有效的语言输入，从而提高英语教学的效果。

（四）研究生英语学习焦虑的来源复杂，需要有针对性的策略予以应对

访谈的结果表明：首先，有一半多的受访者认为英语学习焦虑的产生

是因为考试压力大。另有 7 名学生因为英语成绩与奖学金、毕业学位等挂钩而紧张。这说明英语考试本身以及考试不理想所引起的不良后果是目前引起研究生英语学习焦虑的最主要来源。Alsowat（2016）研究认为，学生焦虑的最主要原因是害怕失败，在语言测试中感到不安，甚至忘记以前掌握的知识。研究生英语学习焦虑情绪产生的首要情境是在考试时，这可能与中国研究生的英语水平评价的机制有关，目前研究生英语水平的评价手段太单一，主要通过书面试卷考查形式。因此，如何建立多元化的研究生英语水平评价方法和手段是英语教学工作者亟须解决的问题。

其次，英语基础差是研究生英语学习焦虑的第二来源，有 27 名学生因为英语写作和口语表达能力差而感到焦虑，另有 10 名学生因为英语词汇量小而焦虑。英语水平低容易导致学生缺乏自信心，甚至产生自卑的心理。同时，还有 24 名学生在英语学习方面感觉不自信。这可能受中国传统文化的影响，中国人普遍爱面子、腼腆、较内向、保守。同样，中国学生会因为担心犯错误后老师的批评和其他同学的嘲笑而选择在英语课堂上保持沉默以避免犯错误。在他们的心目中，学习上犯错误会导致他们"丢面子"。因此，英语基础差是研究生英语学习焦虑产生的重要的原因。教师要熟悉学生所处的语言文化环境，了解和分析一些与焦虑有关的行为，有助于采取必要的策略来缓解他们的焦虑。

第三，有 24 名学生会因为英语学习目标不明确，缺乏兴趣而焦虑。虽然英语学习目标设定过高或者过低容易影响学生学习的积极性，但是如果英语学习没有明确的目标，学习者会感到迷茫，学习没有主动性，缺乏兴趣甚至焦虑。同时，12 名学生因为对自己英语学习要求较高而焦虑，这也是因为学习目标设定过高或者自我期望太高难以达成或实现甚至可能失败而导致的担忧情绪。

第四，有 19 名学生会因为对老师的英语教学方式不适应而焦虑，另有 16 名学生会受老师或其他学习好的同学的影响而焦虑。因此，语言能力较高者（例如，教师）与语言能力较低者比如学生交流时会给后者带来压力，使其很容易处于焦虑状态。Oxford（1999）研究指出，影响焦虑的因素可能是学习者的个别特征，也可能是教学方法或活动形式的单调性。对此，解决的途径主要是教师的教学方式要与学生的实际情况相适应，不断改进教学方法和策略，与时俱进、因材施教、寓教于乐，充分调动学生的学习兴趣。

第五，有 9 名学生因为英语学习时间安排不合理，学习计划不能按时完成而焦虑。有一部分学生因为各种各样的理由拖延甚至无法按时完成学习任务，久而久之会跟不上老师的教学进度或者学习成绩退步，引起紧张焦虑。因此，教师要帮助学生制定合理的学习计划，经常督促学生按时完成学习任务，对于学习上有困难的学生要给予及时的帮助和关心。

第六，有 7 名学生因为东西方文化有很大差异，对英语文化缺乏了解而焦虑。英语中有一句谚语"学习一门外语就是学习一种文化"。东西方文化的差异使得学生有时因为不知道英语阅读或者听说的文化背景导致他们无法理解文本内容的深层意涵，从而引起他们的紧张和焦虑。因此，教师需要指导学生更多地去了解和学习英语文化知识，熟悉中英文化的差异，拓宽视野，从而缓解他们的焦虑。

（五）缓解研究生英语学习焦虑的有效策略

访谈的结果表明：首先，有 36 名学生认为，教师良好的教学方式，比如教师和学生之间多互动、因材施教等可以减轻他们的英语学习焦虑。汪琴（2007）和钟冬才（2013）研究也指出，具有共同学习目标、异质分组的合作学习教学模式提高了大部分学生学习英语的兴趣和自信心；加强了学生与学生之间以及学生和教师之间的合作与沟通，一定程度地培养了学生的移情能力，从而有效地缓解了学生的英语学习焦虑并提高了他们的英语水平。另有 12 名学生认为轻松的英语课堂气氛和良好的学习氛围可以缓解他们的焦虑，这与教师的教学组织方法有很大关系。

其次，有 31 名学生认为努力提高英语水平可以缓解他们英语学习焦虑，这一结果与第五个问题的调查结果基本一致，这部分学生认为英语基础差导致他们学习焦虑，如果提高了他们的英语水平，焦虑则可以得到缓解；另有 8 名学生认为多做英语练习可以减轻焦虑，多做练习也是提高英语水平的一个途径。再次，有 21 名学生认为与同学多用英语进行交流能够降低焦虑；有 19 名学生认为端正学习态度，提高学习英语的兴趣可以减轻焦虑；有 19 名学生认为多看英语书籍、多欣赏欧美音乐和电影可以提高英语表达能力，减缓焦虑；有 18 名学生认为多练习英语口语及听力可以提高英语口语表达能力，增强自信心，降低焦虑水平；有 17 名学生认为取消英语考试或降低英语考试难度或者改变英语考查方式可以缓解测试焦虑；还有 7 名学生认为降低英语在学习评价中的重要性可以减少焦虑；有 4 名学生认为应该多了解中英文化的差异；另有 4 名学生认为能够

获得老师或同学的认可也可以减缓焦虑。最后，只有 1 名学生认为做好课前预习可以减缓焦虑。总而言之，以上提出的这些缓解英语学习焦虑的策略是研究生的真实感受或切身体验，是受试者认为行之有效的对策，也是需要深入探讨和值得在英语教学中借鉴的。

四　结语

本研究通过结构化访谈的质性研究对研究生英语学习焦虑的现状、来源和应对策略进行了深入详细地探讨，得到以下主要结论：

首先，绝大多数研究生都有过英语学习焦虑的经历，可以说英语学习焦虑是研究生在英语学习过程中出现的一个非常普遍的情感现象。并且，大部分研究生英语学习焦虑程度处于中高度水平。这表明研究生英语学习焦虑程度比较严重，亟须教育工作者高度关注和全力解决。

其次，研究生英语学习焦虑情绪产生的情境根据选择人数从多到少依次是考试时、与他人交流时、担心负评价时、对英语课堂的不适应、英语学习目标设定过高、不理解欧美的英文电影和电视剧以及个人情绪化的影响等。

第三，绝大多数学生认为，英语教师会影响他们在英语课堂上的感受。这表明教师在英语学习中扮演着很重要的角色，教师在英语课堂上的不恰当言论和行为举止很容易使学生感到紧张焦虑。并且教师的教学方法和策略以及课堂的组织形式等也会严重影响学生的情绪和学习效果。

第四，有一半的受访者认为英语学习焦虑的产生是因为考试压力大，其次是因为英语基础差、写作和口语表达能力差、词汇量小和对英语学习不自信而感到焦虑。再次是因为英语学习目标不明确，缺乏兴趣而焦虑。然后依次有因为对老师的教学方式不适应、受老师或其他学习好的同学的影响、学习时间安排不合理、学习计划不能按时完成、东西方文化差异导致对英语文化缺乏了解而产生焦虑等。

第五，缓解学生英语学习焦虑的主要方法和策略根据选择的人数从多到少依次为：教师良好的教学方式、教师和学生之间多互动、教学因材施教等；努力提高英语水平；与同学多用英语进行交流；端正学习态度，提高学习英语的兴趣；增强学习英语的自信心，敢用英语表达交流；多看英语书籍、欣赏欧美音乐和电影可以提高英语表达能力；多练习英语口语及听力；取消英语考试或者降低英语考试难度或者改变英语考查方式；轻松

的英语课堂气氛和良好的学习氛围；多做英语练习；降低英语在学校评价中的重要性；多了解中英文化的差异；能够获得老师或同学的认可；做好课前预习等。

总之，本研究采用的结构化访谈有助于探索研究生英语学习焦虑的现状、来源和影响因素以及应对策略。换句话说，访谈结果深入发掘了影响研究生英语学习焦虑的因素并提供了缓解焦虑的一些有效策略，这对有效缓解研究生的英语学习焦虑以及促进他们的英语水平和能力的提高具有重要的现实意义。

参考文献

Alsowat, H. H. 2016. Foreign language anxiety in higher education: A practical framework for reducing FLA. *European Scientific Journal* 12（7）：193-220.

Carroll, J. B. 1963. A model of school learning. *Teachers College Record* 64（8）：723-733.

Chastain, K. 1975. Affective and ability factors in second language acquisition. *Language Learning* 25：153-161.

Eisner, E. W. 1991. *The Art of Educational Evaluation*：*Personal View*. London：The Falmer Press.

Gardner, R. C. & P. D. MacIntyre. 1992. Integrative motivation, induced anxiety, and language learning in a controlled environment. *Studies in Second Language Acquisition* 14：197-214.

Gardner, R. C., P. C. Smythe, R. Clément & L. Gliksman. 1976. Second language learning: A social-psychological perspective. *Canadian Modern Language Review* 32（3）：198-215.

Guo, Y, J. Xu & X. Liu. 2018. English language learners' use of self-regulatory strategies for foreign language anxiety in China. *System* 76：49-61.

Horwitz, E. K., M. B. Horwitz & J. A. Cope. 1986. Foreign language classroom anxiety. *The Modern Language Journal* （70）：125-132.

Horwitz, E. K. & D. J. Young. 1991. Preliminary evidence for the reliability and validity of a foreign language anxiety scale. *Language Anxiety*：*From Theory and Research to Classroom Implications*. Englewood Cliffs, NJ：Prentice Hall. 37-40.

MacIntyre, P. D. & R. C. Gardner. 1994. The subtle effects of language anxiety on cognitive processing in the second language. *Language Learning* 44（2）：283-306.

Onwuegbuzie, A. B. 1999. Factors associated with foreign language anxiety. *Applied Socio*

Linguistic 20: 218-239.

Oxford, R. 1999. Anxiety and the language learner: New insights. In J. Arnold (Ed.). *Affect in Language Learning*. Cambridge, UK: Cambridge University Press. 58-67.

Price, M. L. 1991. The subjective experience of foreign language anxiety: Interviews with highly anxious students. In E. K. Horwitz & D. J. Young (Eds.), *Language Anxiety: From Theory and Research to Classroom Implications*. Englewood Cliffs, New Jersey: Prentice Hall. 101-108.

Tanveer, M. 2007. *Investigation of the Factors that Cause Language Anxiety for ESL/EFL Learners in Learning Speaking Skills and the Influence It Casts on Communication in the Target Language*. Master Thesis, Faculty of Education, University of Glasgow.

Yan, J. X. & E. K. Horwitz. 2008. Learners' perceptions of how anxiety interacts with personal and instructional factors to influence their achievement in English: A qualitative analysis of EFL learners in China. *Language Learning* 3: 151-183.

Yim, S. Y. 2014. An anxiety model for EFL young learners: A path analysis. *System* 42: 344-354.

Young, D. J. 1991. The relationship between anxiety and foreign language oral proficiency ratings. *Language Anxiety: From Theory and Research to Classroom Implications*, Horwitz, E. K. & Young, D. J. Englewood Cliffs, NJ. Prentice Hall. 57-64.

荣涛:《从外语学习的焦虑感谈成人英语教学策略》,《浙江师大学报》(社会科学版) 1998 年第 4 期。

尹锡荣、施昌霞、罗欣蓓:《非英语专业研究生英语学习中的焦虑及原因》,《安徽工业大学学报》(社会科学版) 2012 年 29 卷第 4 期。

汪琴:《一项关于英语学习焦虑与合作学习的实验报告》,《福建论坛》2007 年第 10 期。

钟冬才:《合作学习对缓解学困生英语课堂焦虑的作用》,硕士论文,福建师范大学,2013 年。

钟向阳、韩云金、张健:《外语焦虑对研究生英语学习的影响研究》,《华南农业大学学报》(社会科学版) 2005 年第 4 卷第 4 期。

核心素养视角下法语口语教学合作产出法研究

吴 晶

摘 要：随着"一带一路"倡议的实施，法语复合应用型人才需求激增。优化口语教学效果、提高学生语言表达自主性与积极性、拓展学生创新与批判思维，成为我国法语教学的重要任务。本文以核心素养为指导，探析合作产出教学法对法语口语教学的启示及其在口语课堂活动中的运用，以达到帮助学生提高语言精准性、发展思辨能力、增强文化自信的目标。

关键词：合作产出；核心素养；法语口语；复合型人才

一 引言

随着习近平主席"一带一路"倡议的实施与开展，我国法语人才的需求量激增。响应党的十八大、十九大精神，教育部于2017年最新制定、于2018年正式颁发的《普通高中法语课程标准（2017年版）》（以下简称《课标2017》）明确提出，法语课程成为全国高中课程标准修订工作的重要部分，也是国家高考制度改革后将在全国普通中学开设的一门重要学科。国内高等院校法语系与专业点年年增加，招生人数持续扩大，二外课程设置也越来越普遍，各级院校与法国及法语国家学校及科研机构的合作交流愈加频繁，合作办学项目也越来越多。我国在法语教学研究领域的会议与学术论坛也越来越多，法语教学研究受到国内及国际学术界更多的关注。

作者简介：吴晶（1982— ），女，陕西师范大学外国语学院副教授。研究方向：外语学科教学。本文是2019年校级基础教育改革项目"核心素养视角下高中法语教学合作产出模式研究"阶段性研究成果。

法语是讲究精准、思辨逻辑严谨的国际文书使用语言，其语法规则详密、有阴阳性数变化、时态语态多样、语序顺序时而颠倒。基于目前国内法语水平测试，如高考法语、公共法语四级、法语专业四级、八级考试，参照《欧洲语言共同参考框架：学习、教学、评估》（2005）语言测评，如 TEF、TCF、DELF、DALF 等，我国法语学习者的语言水平普遍有些偏失，即阅读理解（compréhension écrite）与写作产出（production écrite）能力较听力理解（compréhension orale）与口语产出（production orale）能力高。很多学生仍面临开口难、表述不精准、表达机会少、"无话可说"等语言交流困难与障碍。很多学习了多年法语的毕业生进入国家单位或工程基地后还须接受再次培训。因此，优化口语教学效果、进一步调动学生语言表达自主性与积极性、启发与拓展学生创新与批判思维，培养法语复合应用型人才，成为国内法语教学的重要任务与法语教学模式改革与研究的重要课题。

二　法语学科核心素养

2016 年我国发布了"中国学生发展核心素养"的研究成果，提出要以培养"全面发展的人"为核心。核心素养分为文化基础、自主发展、社会参与三个方面，综合表现为人文底蕴、科学精神、学会学习、健康生活、责任担当、实践创新六大素养。（核心素养研究课题组，2016：1）2018 年 3 月教育部正式发布《普通高中英语课程标准》（2017 版），"核心素养"变成社会各界关注的焦点与学界教育改革的关键词。新《课标 2017》首次凝练提出"学科核心素养"的概念。学科核心素养是学科育人价值的集中体现，是学生通过学科学习而逐步形成的正确价值观念、必备品格和关键能力。法语学科核心素养主要包括语言能力、思维品质、文化意识与学习能力四个维度。语言能力指在社会情境中以听、说、读、写等方式理解和表达意义、意图和情感态度的能力。思维品质是指在母语思维的基础上，通过外语学习，丰富认知体系，形成批判性思维能力、多元思维方式和创新思维能力。文化意识是指在认同中国文化的基础上，对法语国家与地区文化的感知、认识与理解。学习能力是指获取知识与学习资源、管理与调控自身学习的能力。四个方面相互联系、互相融通，是法语学科育人的根本要求。（《课标 2017》：3）

在核心素养教育的指导下，本文试图探讨一个近年来较新的教学方

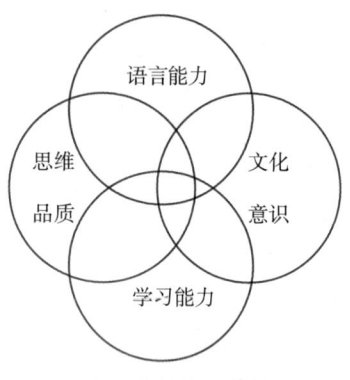

法语学科核心素养

法——合作产出法对法语口语模块教学的启示,旨在提高学生语言表达精准性的基础上使其将法语语言、文化和思维有机融合,在尊重文化差异的基础之上增强文化自信与跨文化沟通能力,为国际化发展与中国文化"走出去"培养实用与全能型人才。

三 合作产出教学法研究现状与理论基础

合作产出(Joint Production/Action Conjointe)作为一种较新的教学处理手段,最初由华东师范大学邹为诚教授(2017)提出,在英语系英语师范教育专业《综合英语课程》中应用,得到教师与学生好评。桑紫林博士(2017)将合作产出模式运用到英语写作模块的教学实验研究中,并取得了促进英语学习者书面语发展的正效结果。合作产出结合写作反馈(written feedback)与合作写作(cooperative writing)两种教学策略,其具体教学方式为:"教师在学习者即时语言输出的基础上与他们进行充分互动,并适时提供必要的协助和反馈,搭好'脚手架',直至学习者完成预期的任务"。(桑紫林,2017:9)桑博士将合作产出运用到英语写作教学的实证研究为法语口语产出与口语教学提供了启示,具有很高的参考价值。除了桑博士的博士论文"合作产出对中国中等水平英语学习者的二语书面语发展影响研究"外,近两年国内关于"合作产出"的研究成果主要集中于将此教学模式运用于英语学科教学的几篇硕士论文,如陕西师范大学黄珍珍的"合作产出对初中学生英语写作成绩和写作焦虑的影响研究"(2019)、湖南师范大学王洁的"合作产出对高中生英语写作的影

响实证研究"（2019）等。法语教学领域还未有人对这一教学模式进行量性或质性的研究。法语语法规则详密、时态语态多样，开口说出流利准确的法语，对母语为汉藏语系的学生而言，确实是有一定难度与挑战性的。在口语课堂上，单向的教师信息输出或淡化教师角色的学生交际互动，都无法达到学生自主运用语言并提高表达精准度的效果。合作产出将教师反馈与合作学习（cooperative learning）两种策略相结合，使用教学干预的形式提升学生对语言形式的关注，培养他们的语言操作能力。

与传统的一些教学方法，例如语法-翻译教学法、自然法、3P模式相比，合作产出的课堂模式具有显著的优点。它既强调与肯定了学生的主动性与创造力，又充分发挥了老师的引导与辅助作用。学生互动的同时也避免了思维的局限与词穷的尴尬，老师的角色既能融入整个活动中，也同时鼓励学生集思广益，在学生输出的基础上进行反馈、纠正、拓展，再与学生一起梳理与整合，最终完成学习任务。教师可充分利用黑板、电子白板、网络等教辅工具，对学生的语言输出进行记录、纠正、优化或提供更多表述方式，提醒时态、语法的精准等，使学生的信息输出再一次转化为信息输入，继而强化对内容的理解与对语言的掌握程度。这是一种"语言形式教学活动，教师与学生在意义协商的过程中，关注语言的形式和功能，实现了两者的结合。"（桑紫林，2017：9）

合作产出教学法的理论基础是社会建构主义，以及输入与输出假设。列夫·维果斯基于1978年提出的社会建构主义学习理论是基于心理学发展理论基础上的教育理论，指出学习不仅是一个社会建设的过程，也是一个高能互动的过程。学习者的认知和潜在能力可以通过与更高一级学习者的合作得以发展。维果斯基提出"最近发展区"（ZPD），即"独立解决问题的实际发展水平与在成人指导下或有能力的同伴合作中解决问题的潜在发展水平之间的差距"（Vygotsky，1978：10）。在合作产出的教学过程中，教师选用与学生的学习能力与水平相适的教材与教学辅助工具，以确保教与授的难度保持在学生的"最近发展区"。在学生学习的过程中，教师应发挥促进作用或搭建脚手架的作用。老师的角色既必须在场，又无须劳心费力、过于抢戏。老师既要及时参与帮助学生，又应为学生提供更多、更精准的信息以引导他们独立的完成学习任务。

美国南加州大学语言学教授克拉什（Krashen，1985）提出输入假设理论（the Input Hypothesis Model），指出学习者在理解了语言输入以后，

语言扩展方面会取得较大进步。教师应该利用各种方法为语言学习者提供更多、更有意义的信息与材料，以使学习者浸入语言环境，接触与吸收"可理解的输入信息"（comprehensible input），由此而产生语言习得效果。可理解性的输入信息须具备 i+1 的条件。i 代表习得者现有的语言水平，i+1 就是输入的语言的水平。如果学习者能够理解输入的语言，并且可理解输入量略超过他们现有的语言水平，他们即可达到第二外语习得效果。合作产出法遵循了克拉什的语言输入基本原理，在整个教与学的过程中，输入和产出是一体的。教师提供给学生的练习材料符合他们的语言熟练程度，属于合格的可理解性的输入。语言学家朗格提出获得可理解输入的三种方法：第一，简化输入：即当语言输入高于学习者的理解能力时，可以对输入信息进行简化，以降低其复杂度与冗余度；第二，利用语言与超语言语境：即用语言和超语言解释、分析输入信息；第三，修正、调整互动结构：即变单向的师生互动形式为双向的师生及学生与学生之间的互动形式，以及进行诸如重复、释义、改变语速等语言上的调整。（Long, 1983：127）合作产出法可以融合这三个途径，确保习得者获得可理解的输入信息。一方面，合作产出遵循"当时当下""即时即刻"的原则，强调教师的口头与书面及时反馈错误、弥补信息漏洞；另一方面，合作产出鼓励学生在语境中运用背景知识，与教师及同伴进行交流与互动、商议信息的意义。

在输入假设与互动模式的基础之上，加拿大语言学家斯韦恩进一步指出，可理解的输入在语言习得过程中虽然发挥很大的作用，但仍不足以使学习者全面发展其二语水平。她在研究了加拿大的沉浸式教学后提出输出假设（the output hypothesis）模式（1985）。斯韦恩认为，若学习者想语言学习既流利又准确，不仅需要可理解的输入，更需要"可理解的输出"（comprehensible output）。"输出能激发学习者从以语义为基础的认知处理转向以句法为基础的认知处理。前者是开放式的、策略性的、非规定性的，在理解中普遍存在；后者在语言的准确表达乃至最终的习得中十分重要。因此，输出在句法和词法习得中具有潜在的重要作用。"（Swain, 1995：25）输出假设强调习得者将所学的信息与知识切实运用到实践中。合作产出法即可帮助学习者从"可理解的输入"转向"可理解的输出"，经过合作与再加工，再转化为"可理解的输入"，继而得到语言学习的深化与内化，提高个体"可理解输出"的阈值。此教学方法可以使学习者

注意到输出与预期目标形式之间的差距，从而加强他们在沟通过程中对语言形式的重视，通过不断的口语与书面拓展练习，多想多说、越说越好，从而更好、更自信的掌握与运用外语。

四　合作产出法在法语口语课堂中的运用启示

基于提高学生法语口语表述精准性与思辨力的教学目标，教师在口语课堂教学中运用合作产出教学手段，应遵循几个原则。第一，单一的语言场域。教师（母语为法语的外籍教师或母语为汉语的中籍教师）的教学语言应统一为法语。老师若懂汉语或英语，也要求学生使用法语表述，老师可适度帮助学生将难度较大的表达由其他语言转换为法语。第二，教师反馈的真实性。教师的任务不是单纯地给予"Très bien！/Bravo！/Tout à fait！"（"很好""太棒了"）等鼓励式的封闭回答，而是对学生所提供的信息本身进行记录、纠正或拓展，比如注意学生的发音、信息的完整性、表述的语境准确性、时态的转换等。第三，即时即地原则（here-and-now principle）。教师以合作者的身份进行类似集体面授（tutoring），对学生的信息进行反馈、纠正，继而引导学生自我纠正、完成再次信息输入。合作产出法要求教师与学生，以及学生与学生之间进行充分互动，教师不仅引导学生表述切入主题，并且要考虑学生的语言程度，确保反馈信息在学生的最近发展区内，使学生能够吸收与消化新的语言点。

在法语完全浸入式的口语课堂上，教师可布置难度适中的语言输出任务，例如对话（dialogue）、角色扮演（rôle jeu）、总结（résumé）、报告（exposé）、陈述（présentation）、辩论（débat）等，调整与组织学生互动，采用学生口述、教师记录的方式，由学生和教师合作完成任务。

具体课堂步骤可分以下五步进行：

第一步：教师为学生提供专题练习材料，学生读或听懂大意。

第二步：教师布置任务，要求学生找出核心词，提出议题（problématique）。

第三步：学生依次或以组为单位以口头形式进行概述，教师在黑板上予以记录，同时给予协助，补充新信息，修正语言。

第四步：教师利用学生的语言输出，要求其他学生或其他小组进行补充、润色或纠正，直至信息较均衡、完整。

第五步：教师展示合作产出结果，要求学生在此基础上梳理逻辑、优

化语言，运用恰当的连词、副词，再次进行语言输出表达。

  最后一步是在师生合作产出的结果上，进一步强化对每一个学生的语言输入输出的培训与监督。教师可以按照学生数量、时间限制、难易程度，给予学生较灵活的考核方式，比如避免时间困难与操作疲惫，可以利用智能工具辅助教学，如利用手机或语音教室录音设备进行课堂即时、同时录音，或要求学生课后在规定时间内在微信群、云端提交语音作业等。

  这里提供一个合作产出的口语课堂教学实验片段。学生的法语水平为基本掌握了法语语法结构，词汇量达到欧标 B1 水平。

  教师组织一节口语辩论课。

  首先，教师给出口语论题的题目：Acheter en ligne, c'est mieux que de se déplacer au magasin. （网购比去商场购物更好）

  学生按人数随机分组，分别讨论正、反方的辩词与论据，讨论结束后，学生按照分组顺序口头陈述，教师在黑/白板上记录。

  学生 1：Je préfère à acheter en ligne parce que il est pratique. （"我更喜欢网购，因为网购很方便"）

  教师：（边记录边提问）Je préfère à acheter, ou je préfère acheter en ligne? . . . et. . . parce qu'il est. . . （教师在记录动词 préfère 后，重读介词 à，并提示不要介词，纠正语法失误，并强调缩写与连读）

  学生 1：Ah, oui! Je préfère acheter en ligne parce qu'il est pratique. （学生完善句子表达）

  教师：Je préfère l'achat en ligne que au magasin. / Je préfère faire mes courses en ligne plutôt que d'aller au magasin. （教师书写与提示动词的用法及其他表达）

  学生 2：Je crois qu'il y a plus d'avantages que d'inconvénients. （"我认为网购的优势超过劣势"）

  教师：Je crois/ Je trouve/ Je pense/Il me semble/Je suis convaincu（e） que/ A mon avis/Selon moi. . . , les avantages l'emportent sur les inconvénients. （教师在黑板上提供更多句型，并顺势介入更地道与高级的法语表达）

  学生 1：l'emporter sur? Qu'est-ce que ça veut dire, s'il vous plaît? （学生重复与提问新信息："请问这个词是什么意思呢？"）

  教师：A l'emporter sur B! ça veut dire, A dépasser B. （教师板书，利用已知动词讲授新词块）

学生 3：Je ne suis pas d'accord avec elle. Il est impossible que nous restons chez nous en touchant les produits sur internet. （"我不同意她的观点。我们不可能在网络上触摸商品，感受物品的质地"）

教师：Il est impossible que +subj. （教师记录 il est impossible que 加主语从句的动词时态，纠正学生虚拟语气的用法）Il est impossible que nous...？（教师提问学生正确动词变位）

学生：Il est impossible que nous restions chez nous.

教师：Vous pourriez nous donner quelques examples concrèts？（教师引导学生给出具体的例子，以支撑论点）

学生 4：Avec plaisir！Par example, en Chine, on célèbre la fête d'achat annuelle：le soi-disant "Double Onze" pendant lequel on peut trouver tous les choses en ligne assez moins chères. Les magasins, par rapport, ne peuvent pas nous offrir tous les choix et aussi nous faitent perdre beaucoup de temps précieux. （"在中国，我们有一年一度的购物狂欢节，即所谓的双十一，在那天，我们可以在网上买到各种各样的商品，价格比平时优惠很多。相对的，商场却不能为我们提供足够全面的货物，逛商场还浪费了我们的宝贵时间"。教师提醒最常见的动词变位错误：nous font，并在此基础上延伸中国消费热潮对法国的冲击，并可补充中法文化差异，例如"双十一"对法国人而言不是疯狂抢购日，而是一战停战纪念日，等）

……

在该授课小节中，教师一边听，一边利用黑/白板等辅助工具将信息记录下来，并认真及时的给予反馈、纠正、拓展与+1的语言与文化信息输入。教师帮助学生输入更多信息，学生也精力集中的吸收、思考与再输出。教师在记录与反馈完所有学生和小组提供的信息以后，要求每一位学生选择更高级的句型、使用正确的语法时态和必要的连接词，结合具体的例子，再次梳理逻辑、优化语言、扩充观点，将整个口语任务表述完成。通过这样的合作产出达到的口语练习效果，可以使每一个学生都有话可说、有词可用，在听其他学生发言的同时，自己的思路得以激发和拓展，在听取老师的反馈、教授与拓展后，表达更准确、语言输入更及时。在一个口语任务的合作产出过程中积累的结构、句型、变位、逻辑连接词等信息，可以在下一个话题的讨论中被举一反三的使用，进而得以内化。学生在相互学习与老师指导的双份协助下，可增强口头产出的自信，也可通过

"看见"教师反馈，加深对语言文字的印象，养成纠正错误、润色语言、拓展思维的良好习惯。从怯场到开口再到说准确、说漂亮、聊深刻，习得者经历了从被辅助学习到自我实现的一个质变。

五 小结

法语的语法精准性与语音重读要求体现了法兰西民族崇尚推理与思辨的思维特点。合作产出法整合了意义的表达与形式的优化，较适用于法语口语教学与训练。合作产出不仅有助于提高学生的语言表达精准度与批判思维能力，而且有利于加深师生之间学习资源的即时与及时输出输入，继而将语言表达提升到文化互补、跨学科跨国界的交流高度。大数据时代信息更新速度快，学生的语言水平随着信息的持续输入而不断提升，教师也在时刻面临与迎接自我刷新的挑战。合作产出法可激励教师在参与与帮助学生完成任务的同时，坚持学习与提升文、史、哲、数、理、化及国内与国际各个新型产业、网络流行信息的语言表达，为学生提供更丰富、更准确、更具时代感的语言信息，在全人教育的时代背景下，为国家培养兼具多元思维模式、创新合作能力与终身学习能力的复合型、应用型的法语语言人才。

参考文献

Conseil de l'Europe. 2005. *Cadre Europeen Commun de Reference pour les Langues*: *Apprendre*, *Ensigner*, *Evaluer*. Paris: Les Editions Didier.

Krashan. S. D. 1985. *The Input Hypothesis*: *Issues and Implications*. London Longman.

Long, M. 1983. Native Speaker/non-native Speaker Conversation and the Negotiation of Comprehensible Input. *Applied Linguistics*, (4): 126-141.

Sajjad S. & Mostafa M. 2016. Oral Corrective Feedback: Teachers' Concerns and Researchers' Orientation. *The Language Learning Journal*, 46 (4): 483-500.

Swain. 1995. *Three Functions of Output in Second Language*. Oxford: Oxford University Press.

Vygotsky, L. 1978. *Mind in Society*: *The Development of Higher Psychological Processes*. Cambridge: Harvard University Press.

核心素养研究课题组：《中国学生发展核心素养》，《中国教育学刊》2016 年第 10 期。

李军：《关于培养法语复合型人才的思考》，《外语学习》2011 年第 5 期。

桑紫林：《合作产出对中国中等水平英语学习者的二语书面语发展影响研究》，博

士学位论文,华东师范大学,2016年。

桑紫林:《合作产出对英语学习者书面语准确性发展的影响研究》,《外语与外语教学》2017年第4期。

王蔷:《从综合语言运用能力到英语学科核心素养》,《英语教师》2015年第16期。

朱莎莎:《新时代基于核心素养培育的高校学风建设实践研究》,《智库时代》104—105。

中华人民共和国教育部:《普通高中法语课程标准(2017年版)》,人民教育出版社2018年版。

邹为诚:《论外语课堂研究的理论基础与研究范式——兼评四项外语课堂研究》,《外语与外语教学》2017年第4期。

A Study on the Joint Production Approach in Oral French Teaching under the Guidance of Core Quality Cultivation

Wu Jing

Abstract: With the implementation of the strategy of "One Belt and One Road", the demand for French inter-disciplinary and practical talents has increased sharply. It has become an important task to optimize the effect of oral French teaching, mobilize students' autonomy and enthusiasm in oral expression, and expand their innovative and critical thinking. Under the guidance of core quality cultivation, this paper attempts to explore the concept of joint production approach and discuss its implication and application in oral French teaching in the aim of improving students' language accuracy, critical ability and cultural confidence.

Key words: joint production, core quality, oral French, inter-disciplinary talents